Ullstein

ÜBER DAS BUCH

Amerika ist anders, denn das amerikanische Geschäftsleben wird von vielen ungeschriebenen Regeln geleitet. Dieses Buch hilft, subtile und schwierige Situationen zu verstehen und zu meistern: Verhandlungsführung, das Arbeiten in und mit amerikanischen Organisationen, gesellschaftliche Umgangsformen, Telefonetikette. Regionale und branchenspezifische Unterschiede werden dargestellt, ihre zumeist verborgenen Zusammenhänge sichtbar gemacht.

Humorvoll und dennoch theoretisch fundiert beschreibt der Autor die Eigenheiten des »American way of life« und vor allem, welche Bedeutung sie für das Geschäftsleben haben.

»Max Otte beweist eine profunde Einsicht in die amerikanische Geschäftswelt. Prägnant formuliert gibt sein Buch höchst nützliche Hinweise für unsere Unternehmer und Manager.«
Prof. Dr. Gerhard Fels, Institut der deutschen Wirtschaft, Köln

»Ein Amerika-Führer, der von Neulingen und Profis im US-Geschäft gleichermaßen mit Gewinn zu lesen ist.«
Jochen Kienbaum, Vorsitzender der Geschäftsführung, Kienbaum und Partner

»Otte kritisiert zu Recht das mangelnde Wissen der Deutschen um den American way of life. Als praktischer Ratgeber ein Muß für jeden Geschäftsmann mit Ziel USA!«
Prof. Dr. Norbert Walter, Deutsche Bank Research

DER AUTOR

Prof. Dr. Max Otte, Jahrgang 1964, lehrt internationales Management und internationale Wirtschaft am Department of International Relations der Boston University in Boston, MA. Er ist ein gefragter Referent zu Themen der Globalisierung und der Unternehmenskultur. Seine Amerika-Seminare erfreuen sich großer Beliebtheit.

Zu den Arbeitsschwerpunkten von Dr. Otte gehören Unternehmensstrategie, Führungsorganisation, Unternehmenskultur und Post-Merger-Integration. Max Otte studierte in Köln (Dipl.-Volkswirt), Washington (M.B.A.-Studien) und Princeton (M.A. und Ph.D.). Er ist Mitglied der Atlantik-Brücke e. V., des American Council on Germany und der Deutschen Gesellschaft für Auswärtige Politik.

Max Otte

AMERIKA FÜR GESCHÄFTSLEUTE

Das Einmaleins der ungeschriebenen Regeln

Ullstein

Ullstein Buchverlage GmbH & Co. KG,
Berlin
Taschenbuchnummer: 35791

Aktualisierte Ausgabe
2. Auflage Juni 1999
Umschlaggestaltung:
Simone Fischer und Christof Berndt
Unter Verwendung von Abbildungen von Tony Stone
und The Image Bank

Printed in Germany 1999
Gesamtherstellung:
Ebner Ulm
ISBN 3 548 35791 1

Die Grafiken und Tabellen auf den Seiten 27, 29, 32, 33 und 113
sind mit freundlicher Genehmigung der Verlage entnommen aus Geert
Hofstede: Interkulturelle Zusammenarbeit. Dr. Th. Gabler, Wiesbaden
1992. Charles Hampden-Turner, Alfons Trompenaars: The Seven
Cultures of Capitalism. Doubleday, New York 1993.

Die Deutsche Bibliothek –
CIP-Einheitsaufnahme

Otte, Max:
Amerika für Geschäftsleute : das Einmaleins
der ungeschriebenen Regeln / Max Otte. –
Aktualisierte Ausg., 2. Aufl. – Berlin : Ullstein, 1999
(Ullstein-Buch ; Nr. 35791)
ISBN 3-548-35791-1

Inhalt

Geleitwort

Mit diesem Buch hat *Max Otte* eine wichtige Lücke gefüllt. Der Autor zeigt uns unterhaltsam und theoretisch fundiert, daß Amerika anders ist, als wir denken. Unternehmenskultur und Führungsstil unterscheiden sich radikal von dem, was wir aus Europa gewohnt sind – und das trotz intensivem transatlantischem Austausch von Ideen, Gütern, Dienstleistungen und Personen. Wir tappen in eine »Kulturfalle«. Wir denken, daß wir Amerika kennen, und achten gerade deshalb nicht auf die Unterschiede zwischen kontinentaleuropäischen und amerikanischen Geschäftskulturen.

Wenn Sie länger mit Amerika zu tun haben, werden Sie wahrscheinlich drei Phasen durchlaufen. In der ersten Phase glauben Sie, alles zu kennen. (Schließlich, so sagen Sie, unterscheiden sich die Kulturen ja kaum!) Dann geht einiges schief. Projekte laufen aus dem Ruder, Verhandlungen kommen nicht voran. Sie merken schließlich, daß sich die Kulturen doch sehr stark unterscheiden. Sie wissen aber nicht genau wie. In der dritten Phase – nach vielen Versuchen und Irrtümern – lernen Sie schließlich die ungeschriebenen Regeln kennen. Das vorliegende Buch wird Ihnen helfen, Anfangsfehler zu vermeiden. Aber auch für den fortgeschrittenen Amerikareisenden findet sich noch viel Neues und Anregendes.

Wir von *Continental Airlines* freuen uns, mit dem vorliegenden Buch verbunden zu sein. Der transatlantische Reiseverkehr hat in den letzten zehn Jahren stark zugenommen, und ein Ende dieses Trends ist nicht in Sicht. Das alleine ist aber noch keine Garantie dafür, daß die Alte und die Neue Welt sich wirklich näherkommen. Dazu ist ein tieferes Verständnis des jeweils anderen notwendig.

Amerika für Geschäftsleute ist ein wichtiger Schritt auf diesem Weg. Ich wünsche dem Buch viel Erfolg.

Wolfgang Gehring
General Manager
Continental Airlines Germany

Vorwort

Die Idee zu diesem Buch entstand im Sommer 1995. Zum ersten Mal seit mehreren Jahren hatte ich wieder längere Zeit in einer deutschen Organisation zu tun. Plötzlich wurde mir erneut bewußt, wie unterschiedlich Amerikaner und Kontinentaleuropäer wirklich sind.

Die Recherche ergab, daß kaum Literatur zum Thema existiert. Auf der einen Seite sind da die allgemeinpolitischen Bücher über Amerika. Auf der anderen Seite gibt es einige technische Handbücher. Aber dazwischen – im Bereich der Etikette und Unternehmenskultur – herrscht weithin gähnende Leere. Es nützt nichts, daß wir viel amerikanische Managementliteratur lesen und die amerikanischen Ideen auch in Deutschland anwenden. Im Gegenteil: Beide Seiten werden oft unter demselben gedruckten Wort höchst unterschiedliche Sachverhalte verstehen. Mit dem vorliegenden Buch möchte ich einen Beitrag zur Überbrückung von europäisch-amerikanischen Unterschieden in Geschäftsleben, Management und Freizeit liefern.

Mein Dank gilt vor allem den folgenden Personen. Frank Schwoerer, mein ursprünglicher Verleger, hat dem Projekt einen großen Teil seiner knappen Zeit und Aufmerksamkeit geschenkt und mir viele wertvolle Anregungen gegeben. Holger Kuntze, Dorle Maravilla und Vera Baschlakow haben eine Taschenbuchausgabe beim Ullstein-Verlag ermöglicht. Mein Autorenkollege Nils Kolditz las das ganze Manuskript und gab wertvolle Hinweise. Sandy und Tyler Clark haben in Princeton, New Jersey, beim Research geholfen, während ich in der Bergwelt von Jackson Hole, Wyoming, das Manuskript fertigstellte. (Die virtuelle Multimediawelt beginnt tatsächlich, unser Leben zu verändern.) Gerd W. Kichniawy gab mir wichtige Hinweise zum Thema Marketing in den USA. Wolfgang Gehring von *Continental Airlines* hat sich schnell und unbürokratisch innerhalb weniger Minuten entschieden, das Buch zu unterstützen. Es gibt hier durchaus ein Element der Gegenseitigkeit: Auf der Strecke Frankfurt – New York bin ich schon immer *Continental Airlines* geflogen – aus Überzeugung. Kürzlich ist auch die Strecke Düsseldorf – New York hinzugekommen.

Dies ist allerdings kein Buch über den Luftverkehr oder über die Vorzüge bestimmter Fluglinien, sondern über kulturelle Unterschiede zwischen dem deutschsprachigen Europa und Amerika.

Amerika *ist* anders: Auch hier wird das Geschäftsleben von vielen oft ungeschriebenen und unbekannten Regeln geleitet. Wir lernen diese Feinheiten in Umgangsformen und Unternehmenskultur nicht durch einige Besuche kennen. Gerade ihre Kenntnis macht aber bei diffizilen Situationen oft den Unterschied zwischen Erfolg und Mißerfolg aus.

Dieses Buch will Ihnen dabei helfen, auch verborgene und schwierige Aspekte der amerikanischen Geschäftskultur zu meistern. Insbesondere werden Sie etwas über amerikanische Geschäftsetikette, Verhandlungsstil, Unternehmenskultur und Führungstechniken erfahren. Wenn Sie sich bei der Lektüre auch noch gut unterhalten, um so besser.

Viel Spaß beim Lesen und viel Erfolg in Amerika!

Max Otte

1 Amerika ist anders

America has been discovered before, but it has always been hushed up.
Oscar Wilde (1854–1900)

Don't get the idea that I'm knocking the American system.
Al Capone (1899–1947)

Things have never been more like the way they are today in history.
Dwight David Eisenhower (1890–1969)

Dieses Buch gibt Ihnen einen Blick in die amerikanische Geschäftskultur und die Besonderheiten einzelner Branchen, Regionen und sozialer Schichten. Es will Sie für die Feinheiten in den amerikanischen Umgangsformen sensibilisieren, die den Unterschied zwischen geschäftlichem Erfolg und Mißerfolg ausmachen können. Solche Feinheiten meistern Sie nicht nach einigen Geschäftsreisen in die USA, und erst recht nicht nach einer Ferienreise nach Florida oder in den Westen. (Sie würden ja auch einem Amerikaner nicht raten, deutsche Umgangsformen durch ausgeprägte Studienreisen nach *Las Palmas* zu erkunden.) Sie lernen diese Feinheiten nur durch einen längeren Aufenthalt in den USA kennen. Aber eine vorherige Sensibilisierung dafür, was Sie zu erwarten haben, kann den Prozeß erheblich beschleunigen. Das ist Ziel dieses Buches. Sie haben kein technisches Handbuch vor sich liegen, in dem Sie Einzelheiten zum Steuerrecht oder Vertragsrecht finden. (Für diese Fragen werden Sie letztlich sowieso einen Spezialisten engagieren müssen.) Was Sie erwarten können, ist ein Führer, der Ihnen hilft, die wichtigsten »Kulturfallen« zu vermeiden und statt dessen Ihre europäische Herkunft gezielt zu Ihrem Vorteil einzusetzen.

Sie können sich in Amerika (fast) alles erlauben. Für jede ausgefallene Verhaltensweise wird es eine Nische oder Subkultur geben, in welcher diese Verhaltensweise nicht nur akzeptiert wird, sondern zur Normalität gehört. Wenn Sie allerdings den geschäftlichen Erfolg wünschen, tun Sie gut daran, die spezifischen Regeln und Umgangsformen der Branche, Region und sozialen Klasse herauszufinden, in der Sie sich bewegen, und sich peinlich genau an diese Umgangsformen zu halten. In einer außengeleiteten Gesellschaft wie der amerikanischen sind es zum großen Teil Verhaltensweisen und Statussymbole, welche den Eindruck bestimmen, den andere von Ihnen haben. Diese Regeln zu erkennen und zu befolgen ist einfacher, als Sie vielleicht jetzt befürchten, aber doch nicht so einfach, daß Sie es als Trivialität abtun können. Mit dem vorliegenden Buch will ich Ihnen helfen, den Lernprozeß zu beschleunigen.

In diesem Kapitel werden zunächst einige Grundlagen der amerikanischen Gesellschaft dargestellt und dann in Kurzform die wichtigsten theoretischen Analysen zu den nationalen Unterschieden zwischen europäischem und amerikanischem Management präsentiert. Kapitel 2 gibt Ihnen das Rüstzeug, sich in den ersten Gesprächen und Situationen in den USA zurechtzufinden. Kapitel 3 beschäftigt sich mit Informationsbeschaffung für den Markteintritt, Unterschieden zwischen dem mitteleuropäischen und amerikanischen Verhandlungsstil sowie Verhandlungstaktik. Kapitel 4 gibt einen Einblick in die amerikanische Unternehmenskultur und beschäftigt sich mit dem Arbeiten in und mit amerikanischen Organisationen. Dazu gehört auch die Frage des Managements bi-kultureller Teams. Kapitel 5 enthält detaillierte Hinweise für Führungskräfte, die in amerikanischen Unternehmen eine Führungsrolle übernommen haben. Kapitel 6 gibt Hinweise zu Geschäftskleidung für Frauen und Männer. Kapitel 7 behandelt die Regeln für gesellschaftliche Anlässe. Im Anhang finden Sie schließlich einige nützliche Adressen.

Grundzüge der amerikanischen Gesellschaft

Der in Brüssel lebende Brite *Richard Hill*, Verfasser zweier Bestseller über die Europäer, schreibt, daß jede Gesellschaft ihre eigenen Widersprüche hat (*Hill 1994* und *1995*). Es mögen gerade diese Widersprüche sein, die es einem außenstehenden Beobachter ermöglichen, den schnellen Zugang zu einer Kultur zu finden.

Im Falle Amerikas sind einige der grundlegenden Widersprüche über die Jahrhunderte hinweg erstaunlich konstant geblieben. Schon 1836 hat sich der französische Adlige *Alexis de Tocqueville* ausführliche Gedanken über die Konsequenzen des demokratischen Experiments in Amerika gemacht. Insbesondere interessierten ihn die Vereinbarkeit von Freiheit und Gleichheit sowie die Auswirkungen der Demokratie auf das tägliche Leben. *De Tocqueville* entdeckte in Amerika Konflikte zwischen Freiheit und Konformismus sowie zwischen Gleichheit und ausgeprägtem Statusdenken.

Diese Gegensätze stehen auch heute noch in einem ständigen Spannungsverhältnis. Wenn Sie die amerikanische Gesellschaft wirklich kennenlernen wollen, müssen Sie ein Gespür dafür entwickeln. Es mag sein, daß Sie Amerika auf Ihren Reisen als ein extrem informelles Land kennengelernt haben, in welchem alle Personen »gleich« sind und in dem es keine Standesunterschiede gibt. Wirklich keine? Bei näherem Hinsehen entdecken Sie eine ganze Reihe subtiler Statussymbole, welche über das bloße Zurschaustellen von Reichtum hinausgehen. Oder Sie haben Amerika als Land der Freiheit kennengelernt und wundern sich, warum in vielen Gebäuden totales Rauchverbot gilt, warum nur noch »politisch korrekte« Sprache verwendet werden soll (sofort kommen *Orwell*sche Reminiszenen auf) und warum die Medien alle mehr oder weniger dieselben Standpunkte vertreten. Was uns zunächst als Widerspruch vorkommt, ist nachvollziehbar – wenn wir uns auf Amerika einlassen.[*]

---

[*] Für umfassende Analysen der amerikanischen Gesellschaft empfehle ich die Klassiker von *de Tocqueville* (zum Beispiel in der von Hefner bearbeiteten »Kurzfassung« von 300 Seiten aus dem Jahr 1984), *Dahrendorf (1963)* und *Scheuch/Scheuch (1992)*.

Die Widersprüche des amerikanischen Charakters lassen sich als Viereck darstellen:

Freiheit und Individualismus

Gleichheit

Triebkräfte und Widersprüche der amerikanischen Psyche

Suche nach Status und Anerkennung

Konformität

Zwei Elemente des obigen Vierecks, Freiheit und Gleichheit, können als das »amerikanische Programm« bezeichnet werden. In der Unabhängigkeitserklärung verkündeten die Gründerväter dieses Programm einer zunächst skeptischen Welt: *»We hold these truths to be self-evident, that all men are created equal, that they are endowed by their creator with certain inalienable rights, that among these are life, liberty, and the pursuit of happiness.«* Die anderen beiden Elemente – Konformität sowie Suche nach Status und Anerkennung – stellen die Gegenpole dar.

Freiheit: Eine der Säulen des amerikanischen Programms ist die Idee der persönlichen Freiheit, basierend auf der Souveränität des Individuums. Die Gesellschaft wird als ein Vertrag zwischen Individuen wahrgenommen, ebenso die Familie und alle anderen sozialen

Gruppen. Diese Grundauffassung, welche auf der englischen Aufklärung von *David Hume* und *John Locke* beruht, stellt das Individuum als endgültigen Bezugspunkt in den Mittelpunkt.

Diese starke Orientierung am Individuum beginnt bei der Kindererziehung. Eltern machen in den wenigsten Fällen Vorschriften oder sanktionieren – geführt wird durch das Instrument des Lobes und der Belohnung. Vielleicht sind viele (aber nicht alle!) Amerikaner deswegen auch so empfänglich für Komplimente, die wir in Europa schon als überzogen ansehen würden. *De Tocqueville:* »In ihrem Umgang mit Fremden erscheinen die Amerikaner ungeduldig bei der kleinsten Kritik und unersättlich nach Lob.«

Der Kitt einer solchen individualistischen Gesellschaft ist der Vertrag, abgeschlossen zwischen Individuen für einen bestimmten Zweck und eine bestimmte Zeitdauer. Die bevorzugte Organisationsform ist die freie Assoziation (Club, Interessengemeinschaft), welche ebenfalls für einen bestimmten Zweck und eine bestimmte Zeitdauer eingegangen wird. Diese Vertrags- oder Dealmentalität hat einen beträchtlichen Einfluß auf das tägliche Leben. Amerikaner sind normalerweise Organisationen (Arbeitgebern, Heimatgemeinden) gegenüber wenig loyal, wenn sich anderswo eine bessere Chance ergibt.

Ein fast »mythischer Individualismus« durchdringt das amerikanische Denken. Der Selfmademan, welcher vom Tellerwäscher zum Millionär aufsteigt *(rags to riches)*, und der einsame Pionier im Wilden Westen sind auch heute noch Leitfiguren des Selbstverständnisses vieler Amerikaner. Diese Personen sind natürlich in der Realität sehr selten. Um so mehr werden Personen als Helden gefeiert, welche dem Mythos entsprechen.

Gleichheit: Die zweite Säule des amerikanischen Programms ist die Gleichheit aller Menschen. Die Unabhängigkeitserklärung spricht davon, daß alle Menschen gleich *geschaffen* worden seien, nicht, daß sie gleich seien. Gleichheit ist als Chancengleichheit zu interpretieren. Die überwiegende Mehrzahl der Bevölkerung ist davon überzeugt, daß diese Chancengleichheit gegeben ist. Man muß nur nach seinem Glück suchen. So ist es zum Beispiel für Amerikaner kein Widerspruch, daß bis heute 30 Millionen Amerikaner ohne

Krankenversicherung sind. Auch die Tatsache, daß die Einkommensunterschiede in den achtziger Jahren stark zugenommen haben, fand nur ein schwaches Interesse.

De Toqueville beobachtete, daß die amerikanischen Menschen sich gleich verhielten und dieselben Ambitionen besaßen. Fast alle Männer waren bestrebt, Vermögen zu erwerben. *De Toqueville:* »Stellen Sie sich einen Mann vor, kompetent und materiell sicher genug, und vor unmittelbarer Not geschützt. Weil materielle Güter weit verbreitet sind, hat er einen Geschmack dafür entwickeln können. Tausende um ihn herum genießen diese Güter, und er selbst möchte seine Bedürfnisse noch besser befriedigen. Aber die Zeit rinnt ihm durch die Finger. Was macht er? Er beeilt sich. Nachdem der Beobachter das belebte Schauspiel für eine Weile gesehen hat, hat er genug davon.«

Dahrendorf untersuchte um 1960 die empirische Literatur seiner Zeit und kam zu dem Schluß, daß der »amerikanische Traum« – vom Tellerwäscher zum Millionär – genau dies ist, nämlich ein Traum, der nur in den seltensten Fällen erreicht wird. Der amerikanische Traum ist damit eine Ideologie, welche mehr über die Ideale als über die Realität aussagt. Seit den sechziger Jahren dürfte sich nicht viel an diesem Bild geändert haben. Zwar sahen gerade die achtziger Jahre den Aufbau einiger großer Vermögen – zum Beispiel durch *Bill Gates* –, aber in dieser Zeit rutschten auch immer mehr Amerikaner in die Armut ab.

Die Suche nach Glück und Aufstieg drückt sich in einer hohen räumlichen Mobilität aus. Noch heute hat die Mobilität in Amerika ein Ausmaß, welches in Europa unbekannt ist. In den letzten zwei Jahrzehnten haben Millionen Amerikaner aus dem Mittelwesten und Nordosten ihre Haushalte aufgegeben und sind in den Süden oder den Westen gezogen. In jüngster Zeit hat die Rocky-Mountains-Region starke Bevölkerungszuwächse erlebt. Amerikanische Häuser sind so gebaut, daß der Umzug möglichst einfach ist. Alle Küchengeräte sind fest installiert. Die meisten Schränke sind in Form von Wandschränken Teil des Hauses. Man packt lediglich Sitzgruppen, Tische und Betten zusammen und kann abreisen.

Freiheit muß mit einem streng kodifizierten Regel- und Gesetzeswerk einhergehen, damit Chancengleichheit funktionieren kann. Der Amerikaner nennt dies *rule of law.* Amerikaner sind Legalisten – und zwar mehr als Deutsche, Österreicher oder Schweizer! Wo für uns das logisch geschlossene System einer bestimmten Rechtsordnung im Vordergrund steht, ist dies für Amerikaner der Text der einzelnen geschriebenen Norm. »In Amerika zeigen alle Klassen den größten Respekt für das Gesetz« *(de Tocqueville 1984 Ed., S. 107).* Die Zahl der in Amerika praktizierenden Rechtsanwälte bestätigt dies: 777 000 Rechtsanwälte für eine Bevölkerung von 254 Millionen, oder ungefähr viermal so viele Anwälte pro Einwohner wie in der Bundesrepublik *(Stand 1992, American Bar Foundation, Chicago).*

Rechtsnormen sind unmittelbar anwendbar und anzuwenden – dabei wird oft kein Unterschied zwischen der eigenen Gruppe und der Gesellschaft, zwischen »Insidern« und »Outsidern« gemacht (siehe Kapitel 4: »Ich folge den Vorschriften«). Wenn der Vorgesetzte etwas falsch gemacht hat, ist es gut möglich, daß sein Mitarbeiter ihn direkt verklagt, ohne das Problem vorher mit ihm zu besprechen. Auch ein Großteil der sozialen Gesetzgebung ist auf Chancengleichheit ausgerichtet. So werden in Universitäten bestimmte Quoten für Minderheiten reserviert. In Vorstellungsgesprächen ist es verboten, Fragen zu stellen, welche nicht unmittelbar mit den Erfordernissen der Position zusammenhängen. Amerikaner nennen dies *»affirmative action«.*

Gleichheit mit Schönheitsfehlern:
Amerika in den neunziger Jahren

Die Ungleichheit in der Verteilung der Nettoeinkommen hat sich in den achtziger Jahren weiter vergrößert.

Schicht	Anteil an Bevölkerung %	1980	1990
		Anteil an Einkommen %	
Oberste	1	8,4	12,4
Obere	19	36,5	37,5
Mittlere	60	50,2	46,9
Untere	20	5,4	4,3

Das Durchschnittseinkommen der zum obersten Prozent gehörenden Haushalte ($ 340 000 pro Familie oder mehr) war 1990 sechzigmal größer als das der Haushalte in den unteren zwanzig Prozent (*Wall Street Journal, 9. 4. 1992, S. 1* und *8*).

14,2 % der Familien lebten 1991 unterhalb der Armutsgrenze. Dies entspricht einem Bruttoeinkommen von 13 400 Dollar für eine vierköpfige Standardfamilie oder einem Einkommen von ungefähr 1675 DM pro Monat *(Frankfurter Allgemeine Zeitung, 30. 9. 1991).* Die Zahlen sind nicht uneingeschränkt mit deutschen Zahlen vergleichbar. Kleidung, Nahrung und Telefon sind in den USA billiger, Wohnungen außerhalb der guten Wohnlagen ebenfalls. Dennoch sind die Mitglieder armer Familien deutlich benachteiligt, insbesondere was soziale Leistungen wie Schulen und Colleges für die Kinder, Krankenversorgung und Altersversorgung angeht.

Auch zwischen den Rassen bestehen deutliche Unterschiede. In den Eliteuniversitäten Harvard, Stanford und Yale sind zum Beispiel trotz *affirmative action* nur 6,5 % Schwarze eingeschrieben, bei einem Anteil an der Gesamtbevölkerung von 13 %. Die Arbeitslosigkeit der schwarzen Bevölkerung betrug 1993 13 %, die der weißen Bevölkerung 6 %. Schwarze Arbeiter verdienten 1992 ungefähr 70 % des Lohnes ihrer weißen Kollegen in vergleichbaren Positionen. Das Median-Einkommen schwarzer Familien betrug 21 000$, das weißer Familien 39 000$. Ein Drittel aller Schwarzen lebte unter der offiziellen Armutsgrenze. 1993 wurden 58% aller schwarzen Haushalte von alleinstehenden Müttern geführt, bei Weißen war der entsprechende Anteil 19%. Der Anteil der Sozialhilfeempfänger bei schwarzen Familien war ungefähr sechsmal so hoch wie bei weißen Familien *(Hacker 1995)*.

Konformität: Amerikaner sehen sich gerne als eiserne Individualisten. Dennoch sind sie in vielen Bereichen konformistischer als Europäer. Wenn die Mehrheit gesprochen hat, ist es Aufgabe der Minderheit, sich anzupassen. Man befolgt, was »in« ist. Dieser Konformität liegt die Annahme zugrunde, daß man sich durch die Zugehörigkeit zu einer bestimmten Gruppe oder zu einem bestimmten Unternehmen für einen gewissen *lifestyle* entschieden hat. Umgekehrt drückt man durch den *lifestyle* seine Zugehörigkeit und Loyalität aus. Wenn Ihnen dieser *lifestyle* nicht paßt, sind Sie frei zu gehen.

Damit haben es auch einzelne Institutionen und Unternehmen leichter als in Europa, Konformität einzufordern. Die Regeln einer bestimmten Unternehmenskultur werden streng befolgt. So ist zum Beispiel der *dresscode* in vielen amerikanischen Unternehmen sehr restriktiv. IBM war lange Zeit dafür bekannt, daß nur weiße Hemden getragen werden durften. Auch heute sind blütenweiße Hemden in den USA noch wesentlich weiter verbreitet als in Europa. In den meisten traditionellen Berufen ist der dunkle Anzug Pflicht. Und auch zwischen den einzelnen Unternehmen und Berufen existieren subtile Unterschiede in der Kleiderordnung (siehe Kapitel 6).

De Toqueville beschrieb die Demokratie amerikanischer Prägung als uneingeschränkte Herrschaft der Mehrheit. Er sah die Gefahr, daß das Freiheitsideal durch das Gleichheitsprinzip dominiert würde. Wenn die Mehrheit sich entschieden hatte, konnte ein Außenseiter sich nirgendwo hinwenden, um Schutz zu suchen, denn die Mehrheit war überall. Freier Dialog war nur innerhalb der von der Mehrheit gesteckten engen Grenzen erlaubt. »Ich kenne kein

Land«, schrieb *de Tocqueville*, »in dem es so wenig Unabhängigkeit des Geistes und so wenig echte Diskussionsfreiheit gibt wie in Amerika.«

Stewart und *Bennett*, zwei zeitgenössische amerikanische Soziologen, folgern, daß die amerikanische Individualität zum Teil symbolisch ist. An der Oberfläche wird individuelle Motivation, Entscheidung und Freiheit betont, zum Beispiel durch die Wahl von Konsumgütern, aber im wesentlichen ist das Individuum durch die »objektiven« Anforderungen des Arbeitslebens und des amerikanischen Programms entpersonalisiert, so daß persönliche Präferenzen nur innerhalb eines eng gesteckten Rahmens wahrgenommen werden können *(Stewart/Bennett 1991, S. 104)*.

Suche nach Status und Anerkennung: Auf den ersten Blick mögen Ihnen die amerikanischen Umgangsformen egalitär vorkommen. Vergessen Sie aber nicht, daß gerade aufgrund dieser postulierten Gleichheit bei vielen Ihrer Gesprächspartner ein sehr starkes Statusbedürfnis vorhanden ist. In einer sich rapide verändernden Gesellschaft ist es oft schwierig, den eigenen Status festzustellen. Amerikaner sind daher häufig bestrebt, Status mit Hilfe vorgegebener Regeln zu demonstrieren. Der britische Philosoph *Anthony Quinton* beobachtete, daß »das Buch der Etikette in seiner modernen Form . . . zum größten Teil ein amerikanisches Produkt ist, geschaffen von Emily Post und Amy Vanderbilt.« *(Fussell 1983, S. 19)*.

Status – und nicht innere Erfüllung – ist die grundlegende Triebkraft der amerikanischen Gesellschaft. *»How am I doin'?«* pflegte New Yorks Bürgermeister *Ed Koch* seine Zuhörer zu fragen. Schon 1805 drückt der Präsident *John Adams* dies wie folgt aus: »Der Lohn in diesem Leben ist Bewunderung und Hochachtung durch andere, die Strafe Vermeidung und Verachtung.« Statusbedürfnis mag sich subtil oder auch sehr offen ausdrücken. Finden Sie heraus, was Ihre Geschäftspartner bewegt. Vielleicht ist es ein privates Hobby, die große Yacht oder das luxuriöse Haus. (Amerikaner geben bis zu einem Drittel ihres Einkommens für das Haus aus. Seien Sie nicht verwundert, wenn Ihr Gastgeber Sie durch das ganze Haus, einschließlich Schlafzimmer, führt.) Vielleicht ist Ihr Geschäftspartner besonders stolz auf seine geschäftlichen Errungenschaften. Zollen Sie uneingeschränkte Anerkennung. Ihre Gesprächspartner werden es Ihnen danken. Sie können ruhig leicht übertreiben.

Das Bedürfnis nach Status führt zu sehr interessanten Blüten. Ich hatte gelegentlich mit einem Amerikaner zu tun, der länger als ein Jahrzehnt als Exekutivdirektor einer erfolgreichen UNO-Institution in New York vorstand. Diese Institution hatte unter seiner Führung weltweit große Erfolge in der Entwicklungshilfe erzielt. Das Büro des Exekutivdirektors war ein Musterbeispiel an Bescheidenheit – eine relativ kleine Fläche, die mit Kiefernholzmöbeln im IKEA-Stil ausgestattet war. Auch der Exekutivdirektor war bescheiden im Auftreten. (*»Call me Jim.«*) Dennoch hörte ich später von einem seiner Mitarbeiter, daß es nur unter größten Anstrengungen gelungen war, ihn davon abzuhalten, einen eigenen Chef-Fahrstuhl im Gebäude installieren zu lassen.

Paul Fussell hat ironisch und treffend das amerikanische Statussystem analysiert *(Fussell 1983)*. Er teilt die amerikanische Gesellschaft in neun (!) Klassen ein. Fussell untersucht Merkmale wie persönliche Ambitionen, Erziehung, Haus, Auto, Sprache, Kleidung und Hobbys und zeigt, wie sich diese über die Klassengrenzen hinweg verändern. Bevor er allerdings seine Beobachtungen preisgibt, spricht Fussell eine Warnung aus: Das Thema »soziale Klasse« ist in Amerika ein Tabu, mit Ausnahme vielleicht einiger (links-)intellektueller Kreise. Die offizielle Ideologie ist der amerikanische Traum einer klassenlosen und mobilen Gesellschaft. Ein Mann, gefragt, ob es soziale Klassen in Amerika gebe, platzte heraus: »Soziale Klassen sollten ausgelöscht werden.« Eine Frau antwortete: »Dies ist die schmutzigste Sache, die ich je gehört habe.« Dabei ist das Klassensystem amerikanischer Prägung ein Abkömmling des britischen Systems, welches bis heute die britische Gesellschaft prägt und eine erstaunliche Überlebensfähigkeit gezeigt hat *(Hill 1995)*.

Paul Fussell: Die versteckte amerikanische Klassengesellschaft

Mitglieder der *upper class* haben einen Großteil des eigenen Vermögens geerbt. Wenn sie einer Arbeit nachgehen, dann in der Finanzwelt, großen gemeinnützigen Stiftungen, in der Exekutive der Bundesregierung oder im Senat. Hüten Sie sich – im Gegensatz zum Rest der amerikanischen Gesellschaft – hier vor Komplimenten. Alles ist *natürlich* von der besten Qualität, und ein Kompliment wäre äußerst grob. In den Villen der Mitglieder dieser Klasse herrscht ein ständiges Kommen und Gehen, Gästezimmer oder Gästehäuser stehen bereit. Segeln und Reiten sind beliebte Hobbys. Intellektualität ist nicht die Stärke der Oberklasse. Die Normen und Verhaltensweisen werden zu einem großen Teil von der englischen Kultur bestimmt: Schließlich waren es Amerikaner englischer Abstammung, welche die ersten großen Vermögen besaßen und an den Schalthebeln der Macht saßen, als die Deutschen, Iren, Polen und Italiener über den Kontinent hereinbrachen. Reichtum wird durchaus zur Schau gestellt, es sei denn, das Vermögen befindet sich schon sehr lange im Familienbesitz. Mitglieder der *upper class* leben in den alten Städten der Ostküste oder auf großen Gütern, meistes ebenfalls an der Ostküste.

Mitglieder der *upper middle class* haben im Gegensatz zur *upper class* ihr Geld selbst verdient. Dies ist die Klasse, mit welcher Sie viel zu tun haben werden. Man ist intellektuell wie kulturell interessiert und zeigt dies auch. Bildung ist wichtig. Konversation wird mit geistreichem Humor betrieben. Komplimente werden dann akzeptiert, wenn sie geistreich sind. Die Familenrollen sind weniger festgelegt als in anderen Klassen: Mitglieder dieser Klasse finden nichts dabei, wenn der Mann zu Hause bleibt und kocht, während die Frau einer Beschäftigung nachgeht. Die Körperbewegungen sind kontrolliert, die Kleidung ist durch einen bestimmten, recht asketischen *dresscode* geregelt (siehe Kapitel 6). Man ist selbstsicher, gestützt durch die eigene Leistung und betrachtet das Leben als eine interessante Herausforderung. Zwar sucht man durchaus Status und Anerkennung (anders als in der *upper class*), aber subtil und nicht in der verzweifelten Weise, wie dies Mitglieder der *middle class* tun.

Die *middle class* scheint das Lieblingsobjekt der Soziologen zu sein. *Arthur Millers Tod eines Handlungsreisenden* charakterisiert treffend das Verhalten der Mitglieder dieser Klasse. Eine natürliche Unsicherheit und ein permanentes Statusstreben bestimmen das Leben. *Fussell:* »Ich kenne viele reiche Leute, die sehr darum bemüht bleiben, was andere von ihnen denken, mit einem Wort, Leute, die nicht über die *middle class* hinauskommen werden.« Mitglieder der *middle class* sind sehr empfänglich für Statussymbole. Clubmitgliedschaften werden »gesammelt«. Es wird ein immerwährender Optimismus zur Schau gestellt. Die Sprache ist voll von übertriebenen Komplimenten, Euphemismen und Übertreibungen. Man ist sehr nett zueinander. Die Mitglieder der *middle class* sind immer in der Gefahr, ihre Position und ihr Einkommen zu verlieren und werden daher zu angepaßten *company men. Fussell:* »*IBM and DuPont hire these people from second-rate colleges and teach them that they are nothing, if not members of a team.*«

Mit Mitgliedern der *upper working class* (von *Fussell* sardonisch die *high proletarian class* genannt) haben Sie vielleicht ebenfalls zu tun. Hier treffen Sie Mitglieder der gelernten Berufe, welche an der Spitze ihrer eigenen sozialen Skala angelangt sind. Das Selbstbewußtsein dieser Personen ist höher ausgeprägt als das vieler Mitglieder der *middle class*, weil die entsprechenden Berufe – Zimmermann, Klempner, Krankenpfleger etc. – eine gewisse Selbständigkeit beinhalten. Weiter unten auf der sozialen Skala, zum Beispiel bei *mid-proletarians*, ist die Unselbständigkeit wesentlich stärker. Hier staut sich auch mehr Bitterkeit auf.

Europäisch-amerikanische Unterschiede und empirische Managementforschung

Erst vor relativ kurzer Zeit sind die Unterschiede zwischen amerikanischem und europäischem Management ein Thema der systematischen Managementforschung geworden, obwohl die kulturellen Unterschiede zwischen Kontinentaleuropa und Amerika beträchtlich sind. Zur selben Zeit, als das Modell des »exotischen« Japan in den Mittelpunkt des Interesses rückte, untersuchte das Ehepaar *Hall* die kulturellen Unterschiede zwischen Deutschen, Franzosen und Amerikanern *(Hall/Hall 1990)*. Ziel der vom *Stern* unterstützten Studie war ein theoretischer Rahmen, der es Führungskräften ermöglichen sollte, die kulturellen Unterschiede der drei Nationen zu erkennen und produktiv zu nutzen. Das Soziologenehepaar führte 180 Interviews mit Führungskräften durch und kam zu dem Schluß, daß zwischen allen drei Ländern erhebliche Unterschiede bestanden. Im täglichen Unternehmensalltag können sich diese Differenzen verschärfen, weil der einzelne in die sogenannte *Kulturfalle* tappt: Gerade weil Deutsche, Amerikaner und Franzosen annehmen, daß sie einander sehr ähnlich sind, legen sie die gewohnten Maßstäbe an, um einander zu beurteilen. Dies kann schnell zu Reibungen und Mißverständnissen führen. Man lastet dem Kollegen persönlich Fehler an, obwohl kulturelle Unterschiede der Grund für abweichende Verhaltensweisen waren.

Hall/Hall identifizieren vier Kriterien, um Kulturen zu unterscheiden: 1. Kontextabhängigkeit der Kommunikation, 2. Beziehung zur Zeit, 3. Beziehung zum Raum und 4. Kommunikationsrhythmus *(Hall/Hall 1990, S. 6ff.)*.

1. *Kontextabhängigkeit der Kommunikation:* Der Begriff der Kontextabhängigkeit beschreibt nach Hall und Hall das Ausmaß, zu welchem die Kommunikation zusätzlich zu den transportierten Inhalten davon abhängt, mit wem ich wann und wo kommuniziere. In Kulturen mit hoher Kontextabhängigkeit erfolgt ein großer Teil der Kommunikation nonverbal. Entweder sind Nachrichten und Kommunikationsweisen schon durch die ent-

sprechende Situation prädeterminiert (Japaner können zum Beispiel nicht kommunizieren, bevor sie nicht den Status des Gegenübers kennen), oder nonverbale Signale spielen eine wichtige Rolle. In Kulturen mit niedriger Kontextabhängigkeit (Deutschland, Amerika) ist die Kommunikation direkter.

2. *Beziehung zur Zeit: Hall* und *Hall* unterscheiden zwischen monochronen und polychronen Kulturen. In monochronen Kulturen werden Aufgaben sequentiell erledigt (Deutschland, USA), in polychronen Kulturen parallel (Frankreich, Japan). Monchrone Kulturen haben eine lineare Auffassung von Zeit, polychrone Kulturen eine parallele Auffassung.

Monochrone Kulturen sehen Zeit als etwas Greifbares an, das aufgespart werden kann. Terminkalender und Tagesordnungen werden streng eingehalten. In polychronen Kulturen werden diese Instrumente oft als Einengung, ja als Beleidigung der eigenen Intelligenz wahrgenommen. Monochrone Kulturen neigen auch stärker dazu, Funktionen und Information zu trennen und zu zerlegen.

3. *Beziehung zum Raum:* Die Beziehung zum Raum kann verschiedene Auswirkungen haben. Büros von Führungskräften in Deutschland und Amerika sind in den Ecken oder auf den oberen Ebenen angeordnet. Im polychronen Frankreich befinden sie sich in der Mitte, damit der Chef eine zentrale Position im Informationsfluß einnehmen kann. In einigen Kulturen benötigen Personen einen größeren persönlichen Raum, in anderen Kulturen ist größere Nähe üblich. Dies alleine kann zu Mißverständnissen führen: Wenn eine Person einer anderen Nationalität aufdringlich oder distanziert erscheint, ist es gut möglich, daß sich ihre Beziehung zum Raum von unserer unterscheidet.

4. *Kommunikationsrhythmus:* In manchen Kulturen wird eher langsam kommuniziert (Japan, Deutschland), in anderen schnell (USA, Frankreich).

Eigenschaft	Deutschland Österreich Schweiz	Frankreich	USA
Kontextabhängigkeit	niedrig	hoch	niedrig
Beziehung zur Zeit	monochron (Österreich: polychrone Elemente) vergangenheitsorientiert, langfristig	polychron vergangenheitsorientiert, langfristig	monochron zukunftsorientiert, kurzfristig
Beziehung zum Raum	unverletzlicher, nicht unbedingt sehr großer persönlicher Raum	kleinerer persönlicher Raum	größerer persönlicher Raum
Kommunikationsrhythmus	langsamer	schneller, aber oft implizit	schnell und explizit

Geert Hofstede hat die empirische Erforschung kultureller Unterschiede auf eine neue Ebene gehoben. In groß angelegten Studien hat er IBM-Angestellte in fünfzig Ländern befragt. Werte und Verhalten wurden anhand von vier Kriterien gemessen und mit einer Skala von 1 bis 100 quantitativ bewertet: 1. Akzeptanz von Machtunterschieden versus Egalitarismus, 2. Individualismus versus Kollektivismus, 3. Maskulinität versus Feminität und 4. Vermeidung von Unsicherheit.

1. *Machtunterschiede:* In Ländern mit einem hohen Index werden Unterschiede in Status und Position eher akzeptiert, in Ländern mit einem kleinen Index herrscht eine egalitäre Kultur vor.
2. *Individualismus:* In Ländern mit einem hohen Index spielt das Individuum, in Ländern mit einem kleinen Index die Gemeinschaft eine größere Rolle.
3. *Maskulinität: Hofstede* bezeichnet damit den Wert, welcher in einer Kultur auf Durchsetzungsfähigkeit und Wettbewerb im Ge-

gensatz zu Ausgleich, Bescheidenheit und ausgeglichenen Beziehungen gelegt wird.

4. *Unsicherheitsvermeidung:* Dieser Index mißt, wieviel Wert auf die Vermeidung von Unsicherheit und auf geregelte Strukturen gelegt wird. In Kulturen mit einem niedrigen Wert wird Unsicherheit als gegeben angenommen. Neue Situationen lösen geringere Streßgefühle aus. Personen fühlen sich in ungewöhnlichen Situationen wohl. Personen, welche in einer Kultur mit starker Präferenz für Unsicherheitsvermeidung leben, fühlen sich durch neue Situationen eher bedroht. Es besteht ein umfassendes Regelwerk. Präzision und Pünktlichkeit sind angeboren.

Amerikaner erlauben größere Machtunterschiede (40) als Deutsche (35), Schweizer (34) und Österreicher (11) am unteren Ende der fünfzig von *Hofstede* untersuchten Länder liegen. Dennoch liegen auch die USA unter dem Mittelwert. Amerika ist das am stärksten individualistische aller fünfzig untersuchten Länder. Nur Großbritannien und Australien liegen in derselben Gruppe. Die deutschsprachigen Länder liegen über dem Durchschnitt, aber deutlich unter den angelsächsischen Nationen. In bezug auf Maskulinität liegen die deutschsprachigen Länder in Hofstedes Skala deutlich über dem Durchschnitt und auch über den USA. Als besonders maskulin wird

Einordnung verschiedener Kulturen nach Hofstede

	Machtunter-schiede	Individualis-mus	Maskulinität	Unsicher-heitsvermei-dung
USA	40	91	62	46
Deutschland	35	67	66	65
Österreich	11	55	79	70
Schweiz	34	68	70	58
Frankreich	68	71	43	86
Holland	38	80	14	53
Schweden	31	71	5	29
Großbritannien	35	89	66	35
Japan	54	46	95	92

Österreich eingeordnet, absoluter Spitzenreiter ist Japan. Bezüglich der Unsicherheitsvermeidung liegen die USA leicht unter dem Durchschnitt, die deutschsprachigen Länder deutlich darüber. In einer späteren Studie hat *Michael Hoppe* im wesentlichen die Ergebnisse von *Hofstede* bestätigt *(Hoppe 1990)*.

Unterschiede in nationalen Organisationskulturen nach Hofstede

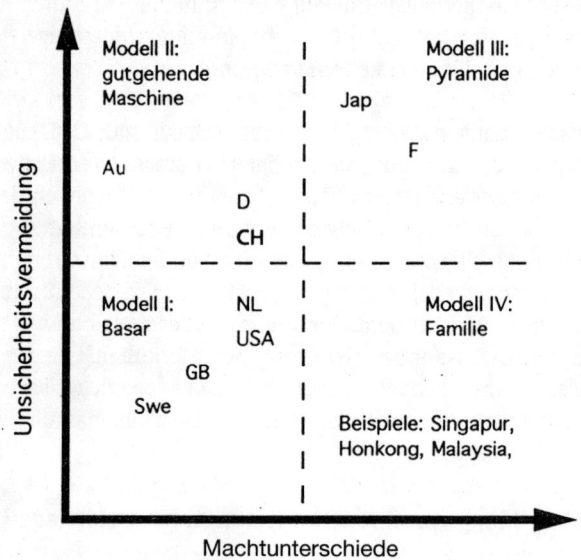

Hofstede hat die Dimensionen »Machtunterschiede« und »Unsicherheitsvermeidung« benutzt, um vier Organisationsmodelle zu charakterisieren. Modell I ist der Basar oder Marktplatz, welcher von Kulturen mit geringeren Machtunterschieden und geringer Unsicherheitsvermeidung bevorzugt wird. Hier ordnet *Hofstede* die USA, Großbritannien und die nordischen Länder einschließlich Holland ein. Modell II ist die gutgehende Maschine, ein Organisationsmodell, welches bei geringeren Machtunterschieden und hoher Unsicherheitsvermeidung bevorzugt wird. *Hofstede* sieht die deutschsprachigen Länder in diesem Quadranten. Modell III, die Pyramide, entspricht einer hohen Unsicherheitsvermeidung und hohen Machtunterschieden. Modell IV, die Familie, kommt einer Kultur mit hohen Machtunterschieden und geringer Unsicherheitsvermeidung entgegen.

Aus meinen eigenen Beobachtungen möchte ich das obige Modell bezüglich der USA modifizieren. Hofstede hat sicherlich recht, wenn er den Basar oder Marktplatz als *ein* amerikanisches Modell bezeichnet. Das Arbeitsrecht ist so gestaltet, daß Sie Ihren Marktwert jederzeit auf dem Arbeitsmarkt testen können. Der amerikanischen Organisation haftet aber ein dualistischer Zug an. Gerade weil das Land so individualistisch ist und Loyalität zur Organisation nicht als gegeben angenommen werden kann, sind die meisten größeren Organisationen als straffe Pyramiden organisiert. Sie können diese Pyramiden jederzeit verlassen (und sich auf den Basar begeben), aber solange Sie von einer großen Organisation angestellt sind, befinden Sie sich innerhalb einer recht stark ausgeprägten Hierarchie. Der Marktplatz ist das amerikanische Ideal, *organization men* und *company men* sind in vielen Fällen die Realität *(Whyte jr. 1956)*. Hofstede scheint vom Ideal geblendet worden zu sein, ein Fehler, den viele Europäer begehen. Seine Einordnung der Kulturen II und III scheint meines Erachtens korrekt zu sein.

In einer Diskussion sagte mir mein Kollege Peter Scott Morgan, Autor des Bestsellers »Die heimlichen Spielregeln«: »Natürlich ist der alte soziale Kontrakt ›Loyalität für Lebensanstellung‹ sowohl in den USA als auch in Europa so gut wie tot. Aber speziell in den USA wurde er häufig durch die Vorstellung ersetzt, daß es die Pflicht des Unternehmens sei, seine Mitarbeiter innerhalb und außerhalb des Unternehmens ›marktfähig‹ zu machen. Dies ist problematisch, weil es gerade in den USA zu einer Armee von angestellten Söldnern führen kann, welche das Unternehmen scharenweise verlassen, wenn ein anderes Unternehmen attraktiver wird. Damit kann ein Unternehmen auch erpreßbar werden.

Hampden-Turner und *Trompenaars* haben 15 000 Führungskräfte in den USA, Deutschland, Japan, Schweden, Holland, Frankreich und

Großbritannien befragt und die Unterschiede der verschiedenen Kulturen anhand von sechs Eigenschaften abgebildet *(Hampden-Turner/Trompenaars 1993)*. Zwei dieser Eigenschaften entsprechen den von *Hofstede* verwendeten Dimensionen: Individualismus und Machtunterschiede. Eine weitere Dimension – monochrone versus polychrone Zeitorientierung – haben sie von Hall übernommen. Vier weitere Dimensionen sind neu:

1. *Individualismus/Gemeinschaftsorientierung* (ähnlich *Hofstede*): Ist es wichtiger, sich auf die Verbesserung der Lage jedes Individuums, zum Beispiel seiner Rechte, Belohnungen, Motivation, Fähigkeiten oder Einstellungen, zu konzentrieren, oder sollte man sich darauf konzentrieren, das Unternehmen als Gemeinschaft zu stärken, dessen Zukunft alle Mitglieder förden sollen? Die USA, Großbritannien Holland und Schweden werden als individualistische Länder eingestuft, Deutschland, Japan und Frankreich als gemeinschaftsorientiert.

2. *Machtunterschiede* (ähnlich *Hofstede*): Ist es wichtig, Angestellte als Gleiche zu behandeln, damit sie ihr Bestes geben, oder sollte die Autorität des Vorgesetzten betont werden? Umgangsformen in den USA, Großbritannien, Deutschland, den Niederlanden und Schweden sind eher egalitär, Organisationen in Frankreich und Japan weisen größere Machtunterschiede auf. (Die Beobachtung für die USA spiegelt aber oft Wunschdenken wider.)

3. *Zeitorientierung* (ähnlich *Hall*): Ist es wichtig, Dinge schnell und in möglichst kurzen Zeitabständen zu erledigen, oder sollen wir uns darauf konzentrieren, Dinge zu koordinieren? Nur Personen in Frankreich und Japan sind polychron orientiert, alle anderen untersuchten Kulturen sind monochron.

4. *Universalismus/Partikularismus:* Wenn keine Regeln oder Gesetze vorhanden sind, einen bestimmten Fall zu lösen, sollte man eine neue, wenn auch vielleicht nicht perfekte Regel aufstellen oder den Fall als Einzelfall betrachten? Wie bei Punkt 3 weichen hier nur Frankreich und Japan von den anderen untersuchten Industrienationen ab und sind eher partikularistisch.

5. *Analyse/Synthese:* Sind wir als Manager effektiver, wenn wir die

Bestandteile von Phänomenen betrachten (Fakten, Daten, Aufgaben, Einheiten) oder wenn wir diese Details zu Beziehungen, Zusammenhängen und Mustern integrieren? Manager in den USA, Großbritannien, Holland und Schweden legen den Schwerpunkt auf Analyse, Manager in Frankreich, Japan und Deutschland auf Synthese.

6. *Selbstmotivation/Außengeleitetheit:* Was sollte unsere Handlungen bestimmen – unsere eigenen Entscheidungen, Beurteilungen und Verpflichtungen oder die Signale, Trends und Anforderungen der Außenwelt, an welche wir uns anpassen müssen? Manager in den USA, Großbritannien und Deutschland sind »selbstgesteuert«, solche in Schweden, Holland, Frankreich und Japan »fremdgesteuert«.

7. *Leistung/Status:* Sollte die Position und Autorität von Personen auf ihren Leistungen oder anderen wichtigen Eigenschaften wie Alter, Erziehung oder Potential beruhen? Lediglich in Frankreich antworten die Teilnehmer der Befragung, daß Leistung nicht das Hauptkriterium für Autorität sein sollte. (Vielleicht stellen Sie sich die Frage, warum Japaner, welche einen großen Wert auf Seniorität legen, ebenfalls »Leistung« nennen. Dies mag mit den unterschiedlichen Zeithorizonten zusammenhängen: Seniorität und Position mögen für Japaner die bisherige Leistung der entsprechenden Führungskraft ausdrücken.)

Die Punkte eins bis fünf ergeben eine relativ klare Einteilung, in welcher Frankreich und Japan, in einigen Fällen auch Deutschland, den Gegenpol zu den angelsächsisch-nordischen Kulturen darstellen. Bei Punkt sechs ändert sich dieses Schema. Bezüglich der Organisationsformen wählen Hampden-Turner und Trompenaars eine andere Einteilung als Hofstede, die jedoch einige Gemeinsamkeiten erkennen läßt:

Bei geringeren Machtunterschieden und einem Vorherrschen analytischer Neigungen ist das dominierende Organisationsmodell das des »westlichen Pluralismus«. Bei geringeren Machtunterschieden und starker Betonung der Synthese – so zum Beispiel im deutschsprachigen Raum – sehen die Autoren »strukturierte Netze« als opti-

Unterschiede in nationalen Organisationskulturen nach Hampden-Turner und Trompenaars

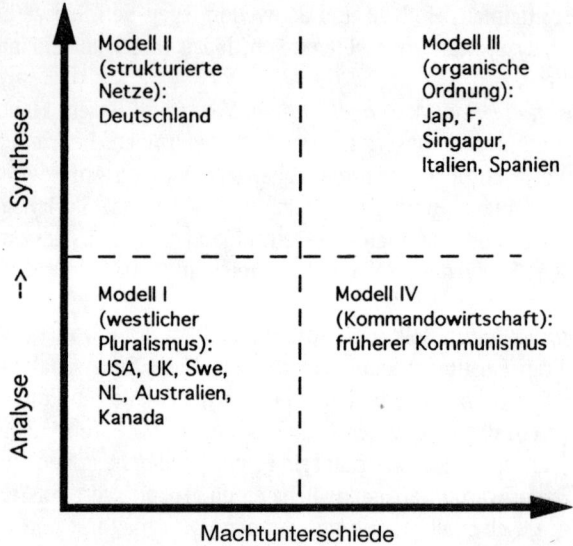

Synthese	Modell II (strukturierte Netze): Deutschland	Modell III (organische Ordnung): Jap, F, Singapur, Italien, Spanien
Analyse	Modell I (westlicher Pluralismus): USA, UK, Swe, NL, Australien, Kanada	Modell IV (Kommandowirtschaft): früherer Kommunismus

Machtunterschiede

mal an. Bei großen Machtunterschieden und Vorherrschen der Synthese wird eine »organische Ordnung« postuliert. Organisationen mit Analyseorientierung und großen Machtunterschieden werden schließlich als »Kommandowirtschaft« bezeichnet. Diese Einordnung beruht auf der gesamtgesellschaftlichen Perspektive der Autoren. Angewandt auf einzelne Organisationen, könnte hier durchaus auch das Modell der »Pyramide« stehen und Modell I als »Basar« bezeichnet werden. Dann wären französische, amerikanische und britische Organisationen zumindest teilweise bei Modell IV einzuordnen.

Hampden-Turner und Trompenaars haben auch die Auffassung von Zeit in den verschiedenen Kulturen getestet. Die Autoren ließen drei Kreise malen, welche die Vergangenheit, Gegenwart und Zukunft symbolisieren. Die Größe dieser Kreise reflektiert die Bedeu-

Auffassung von Zeit in verschiedenen Ländern
nach Hampden-Turner und Trompenaars

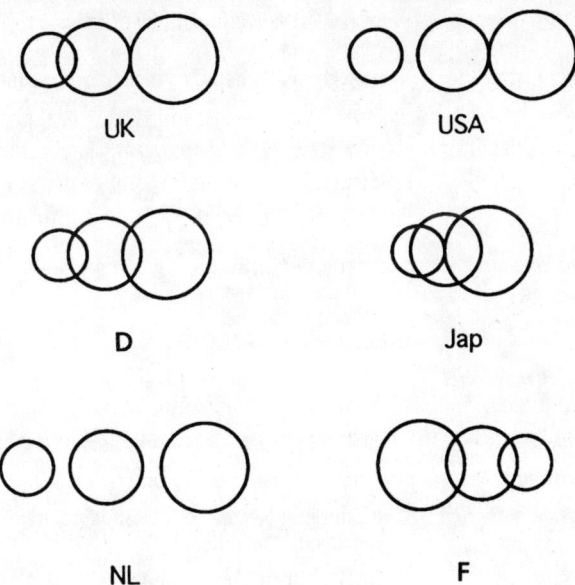

tung der einzelnen Zeiten. Auseinanderliegende Kreise deuten sequentielles Denken an, überlappende Kreise synchrones Denken.

In diesem Test ist ein deutlicher Unterschied zwischen dem synchronen Denken der deutschen, französischen und japanischen Führungskräfte sowie dem sequentiellen Denken der Briten, Amerikaner und Holländer zu erkennen. (Allerdings spielt Großbritanniens *glorious past* eine gewisse Rolle, wenn auch nicht im selben Ausmaß wie in Frankreich.) In Amerika ist die Vergangenheit weit abgekoppelt, der unmittelbaren Zukunft wird Aufmerksamkeit geschenkt.

Deutschsprachige Länder und Amerika: Gemeinsamkeiten und Unterschiede

	deutschsprachiger Raum	Amerika
Beziehung zur Zeit	monochron, vernetzt, langfristig	monochron, sequentiell, gegenwarts- und zukunftsorientiert, kurzfristig
Synthese versus Analyse	Synthese	Analyse
Kontextabhängigkeit	gering	gering
Kommunikationsrhythmus	unverletzlicher, aber nicht unbedingt sehr großer persönlicher Raum	großer persönlicher Raum
Unsicherheitsvermeidung	höher	geringer
Individualismus	mittel bis höher	sehr hoch
Machtdistanz	gering	unterschiedlich
Organisationsformen	strukturierte Netze, gutgehende Maschinen	Basar oder Pyramide
Universalismus	mittel bis hoch	hoch
Leistungsorientierung	hoch	hoch

Es zeichnen sich einige potentielle Konfliktfelder zwischen der deutschsprachigen und der amerikanischen Kultur ab. Ein erstes Konfliktfeld ist die Kommunikation. Mitteleuropäer kommunizieren zwar auch explizit, aber langsamer als Amerikaner. Während in den USA die Analyse im Vordergrund steht, ist es bei uns die Synthese. Zweitens können Konflikte aus den unterschiedlichen Präferenzen zur Unsicherheitsvermeidung entstehen. Drittens sind auch Organisationsformen nicht unbedingt kompatibel.

Kritisch reflektiert – nutzt uns die Theorie überhaupt etwas? Oder trifft das amerikanische Sprichwort »After all is said and done, usually more is said than done« eher die Situation? Als geborener Europäer bin ich davon überzeugt, daß uns Theorien helfen, die interkulturellen Beziehungen besser zu verstehen und in einen Gesamtzu-sammenhang einzuordnen. Als zeitweiliger Wahlamerikaner stellte ich sofort die Frage nach der praktischen Anwendbarkeit. Verständnis ist ein Wert an sich, aber nicht der Grund, warum Sie dieses Buch gekauft haben. In den folgenden Kapiteln werden Sie viele praktische Situationen kennenlernen, auf welche Sie Ihr theoretisches Wissen anwenden können. Sie werden Unterschiede in Verhandlungsstilen und Organisationsformen bewerten und Ihre eigenen Handlungen dementsprechend ausrichten können. Dies kann den Unterschied zwischen Erfolg und Mißerfolg ausmachen.

Eine Warnung allerdings: Wir sind alle Individuen. Was als allgemeine Aussage über eine Kultur gilt, wird noch lange nicht für die Person gelten, der Sie gerade gegenübersitzen. Denken Sie an die großen Unterschiede zwischen Deutschlands »angelsächsischem« Norden und dem »mediterranen« Süden. Ist es möglich, Mitglieder beider Regionen bei den hier dargelegten Kategorien gleich einzuordnen? In vielen Fällen wohl nicht. Vergessen Sie daher nie das Individuum hinter den Brücken, die wir uns gebaut haben, um uns den kulturellen Unterschieden zwischen der Alten und der Neuen Welt zu nähern.

2 Geschäftsetikette in Amerika: einige Grundlagen und nützliche Tips zum Anfang

Ich erinnere mich noch sehr gut an meinen ersten Besuch in Amerika. Als Siebzehnjähriger war ich nach Ohio geflogen, um im Wahlkampfteam von Congressman Don Pease tätig zu sein und etwas von der amerikanischen Politik mitzubekommen. Am zweiten Tag brachte mich mein Gastvater in eine Bank, damit ich meine Reiseschecks einlösen konnte. Die junge Frau am Schalter lächelte mich warm und freundlich an und sprach die unvermeidlichen Worte: »Hi, how are you?« Von soviel Wärme und Freundlichkeit überrascht, startete ich einen zweiminütigen Monolog über meinen Zustand, warum ich in die USA gekommen war, und was ich in den nächsten sechs Wochen vorhatte. In diesen zwei Minuten nahm das Gesicht der Kassiererin einen immer verblüffteren Ausdruck an. Ich wußte, daß ich irgend etwas falsch gemacht hatte.

Auch und gerade in den USA ist es wichtig, die ungeschriebene Etikette zu kennen und zu befolgen. Wenn Sie zum ersten Mal in den USA sind, oder wenn Sie das Land nur von den Ferien her kennen, mag es zunächst schwierig sein, diese Etikette zu entdecken. Der Umgangston ist informell. Schnell geht man zum Gebrauch des Vornamens oder sogar eines *nickname* über. Aus Richard wird Dick, aus James wird Jim. Ihr Gesprächspartner fordert Sie auf, sich informell und zwanglos zu geben: *»Please call me Jim.«* Im Gegenzug wird Gerd zu Jerry und Joachim zu Joe.

Doch hinter der informellen Oberfläche wird das Zusammenleben durch viele heimliche Regeln geordnet, die peinlich genau befolgt werden – zumindest in traditionellen Branchen und Unternehmen.

In der Finanzwelt und in großen Industrieunternehmen ist der dunkle Anzug Pflicht. Wenn ich morgens in Princeton an der Bahnstation stehe, um nach New York zu fahren, bewege ich mich in einem Heer von Herren mit gedeckten Anzügen und schwarzen Schuhen. Zweihundert Herren und keine einzige Kombination! Auch Damen sind zumeist in Grau und Blau gekleidet. Einen Europäer mag dies befremden; ich habe mich daran gewöhnt. Immerhin nehmen mir diese Bekleidungsregeln die allmorgendliche Entscheidung ab, was ich anziehen soll. Auch in den einzelnen Unternehmen gibt es subtile Unterschiede im *dresscode*, die oft nur für Insider erkennbar sind. Der Verlauf von Geschäftsgesprächen ist in ähnlicher Weise reglementiert. Es gibt genaue Regeln, wie lange *small talk* dauern darf, wann man zum Geschäft kommen soll oder muß und wie lange ein Gespräch sein sollte (siehe Kapitel 7).

In weniger traditionellen Regionen wie Hollywood oder in Silicon Valley gelten detaillierte Normen für den Umgang miteinander, die genauso wichtig sind. Diese Normen unterscheiden sich vielleicht radikal von denen der Wall Street, aber sie werden genauso peinlich befolgt. In jungen Branchen ist oft die Informalität Pflicht. Eine Dame in Hollywood war zum Beispiel für ihre extravaganten Einladungen bekannt. Für eine Halloween-Party hatte sie die Einladungen auf Kürbisse schreiben, in Cellophan verpacken und durch einen Chauffeur im Geisterkostüm ausfahren lassen. Als der für den Abend engagierte Bartender dann allerdings im Smoking erschien, wurde er sofort nach Hause geschickt, um sich Shorts anzuziehen. Daraufhin angesprochen, erklärte die Gastgeberin stolz: »Keiner, der uns kennt, würde eine Krawatte oder Fliege zu einer unserer Parties anziehen.« *(Time 1984)*

Als Europäer haben Sie einen Ausländerbonus, den Sie geschickt ausnutzen können – und dies auch ohne falsche Scheu tun sollten. Uns Europäern und besonders den Deutschen haften immer noch Klischees an, die im Geschäftsleben durchaus nützlich sein können. (Mehr dazu in späteren Kapiteln). Die Kenntnis der Grundregeln für den geschäftlichen Umgang macht aber in vielen Fällen den feinen Unterschied aus. Sie wissen, wann und wo Sie Ihre Andersartigkeit gezielt einsetzen können. Sie überraschen Ihre amerikanischen Gegenüber damit, daß Sie sich perfekt in jede Situation einfügen. Sie erkennen an den Nuancen im Ausdruck Ihrer Gesprächspartner, welche Stimmung sich hinter der allgemeinen Jovialität oder auch der nüchternen Geschäftsmäßigkeit wirklich verbirgt.

Im folgenden Kapitel werden die wichtigsten allgemeinen Verhaltensnormen und Situationen vorgestellt, darunter Begrüßungen, Konversation, Sprache, Körpersprache und Verhalten in täglichen Situationen. Damit haben Sie einen Überblick über die Grundlagen, die *basics*. In späteren Kapiteln werden dann einzelne Situationen im Detail beschrieben.

Anreden und Begrüßungen

Geschäftsverbindungen beginnen mit gegenseitigen Begrüßungen und Einführungen, mündlich oder schriftlich. In diesem Abschnitt werden die grundlegenden Regeln für mündliche Gespräche vorgestellt, gegen Ende des Kapitels werden einige Regeln für den Schriftverkehr erläutert sowie eine umfassende Liste von Titeln und Anreden präsentiert.

Der erste Eindruck ist entscheidend – in einem schnellebigen Land wie Amerika noch mehr als anderswo. Während in Japan ein guter erster Eindruck nur bedeutet, daß man bereit ist, sich Ihnen weiter zu nähern, können Sie in Amerika mit dem richtigen Auftreten unglaublich schnell Fortschritte erzielen. Es ist nicht unmöglich, daß Sie am Montag einfliegen und am Mittwoch mit einem unterschriebenen Vertrag das Unternehmen Ihrer Geschäftspartner verlassen. Amerikaner sind eher als Europäer geneigt, Sie zunächst so zu nehmen, wie Sie sich vorstellen, bis das Gegenteil bewiesen wurde. Als europäische Studenten haben wir diese Glutgläubigkeit manchmal ausgenutzt, indem wir unseren Kommilitonen etwas »vorflunkerten«, was eigentlich nicht glaubwürdig war, und uns dann am Erstaunen unserer Gesprächspartner ergötzten. Im Geschäftsleben, wo Sie es zumeist mit erfahrenen Partnern zu tun haben, ist diese Strategie natürlich nicht angebracht. Mit *self-confidence* (Selbstvertrauen), *sincerity* (Ernsthaftigkeit) und *aggressiveness* (im Deutschen ist »Zielstrebigkeit« das Äquivalent) kommen sie aber sehr weit.

In fast allen Fällen können Sie sich wie folgt vorstellen: *»Hello. I am Max Otte. (I am) Pleased to meet you.«* (Alternativen: *»Good morning/afternoon/evening. My name is Max Otte. Good to meet you.«*) Danach können Sie sich nach der Reise oder nach dem Wohlbefinden Ihres Gegenübers erkundigen. *»How was your flight/trip? How are you?«* Anreden wie das informelle *»Hi«* sollten Sie in geschäftlichen Situationen unterlassen. Ein *»Hi, how are you?«* (*»Hello, how are you?«*) ist die korrekte und informelle Begrüßung für die Kassiererin im Supermarkt, den Kellner im Restaurant oder den Taxifahrer, wenn Sie nicht zuerst vom anderen begrüßt werden. Dann lautet die Antwort: *»Fine, how are you?«* Punkt! Dieser kurze Austausch ist informell und knapp, und er drückt guten Willen aus, ohne daß man sich wirklich in die Belange des anderen einmischt. Aber auch ein mitteleuropäisches *»good morning/afternoon/evening/night«* ist akzeptabel und weist Sie sofort als Europäer aus.

Bei zweiten und den nachfolgenden Treffen lautet der Begrüßungstext dann: *»Hello Frank/Mr. Slater, how are you?«* Informeller sind: *»How's it going? What's up?«* Die Antwort auf *»How are you?«* ist immer *»Fine, (thank you), how are you (John/Mr. Sullivan)?«* Die Antwort auf *»What's up?«* kann lauten: *»Not much. What's up with you?«* oder: *»Been pretty busy. What's up with you?«* Wenn Sie etwas Persönliches als Antwort einfließen lassen, dann bitte nur positive Nachrichten, welche möglichst knapp gehalten werden sollten (1–3 Sätze).

Ihre Gesprächspartner werden schnell versucht sein, Sie mit Vornamen anzureden. Dies ist die übliche Praxis, welche Sie akzeptieren sollten. Sollte Ihnen Ihr Gesprächspartner aber einen inakzeptablen *nickname* verpassen, ist es Zeit, einzuschreiten. Wenn Sie zum Beispiel *Josef* heißen, aber ab der zweiten Stunde mit *Joe* angesprochen werden, können Sie durchaus klarmachen, daß dies die falsche Anrede ist, und auf Ihren richtigen Namen bestehen: *»Sorry, I am not called that. I am called Josef.«* *Josef* ist auch für Amerikaner ein völlig verständlicher Name. Für den Fall, daß Sie einen phonetisch schwierigen Namen haben, sollen Sie die Ihnen am besten gefallende Kurzform bereithalten. So ist zum Beispiel *Jörg* für Amerikaner unaussprechlich und hat zusätzlich den Nachteil, daß es mit dem amerikanischen Wort *jerk* (Fiesling) verwechselt werden kann. Ein Freund von mir hat sich deshalb in *Jerry* umbenannt. Sie können natürlich auch eine andere Strategie wählen. Hollywood-Superstar *Arnold Schwarzenegger* aus Graz wurde in seinen ersten Filmen Anfang der siebziger Jahre als *Arnold Strong* verkauft. Sein Agent behauptete, daß ein Amerikaner den Namen *Schwarzenegger* nicht aussprechen, geschweige denn behalten könne. Nach einiger Zeit entschloß sich *Big Arnold* aber, seinen wirklichen Namen auch im Film zu verwenden. Seine Logik war einfach: »Je schwieriger es sein wird, meinen Namen zu behalten, desto schwieriger wird es sein, ihn wieder zu vergessen.« Der Erfolg hat ihm recht gegeben.

Sie selber können Ihre Partner durchaus mit *Mr. Jones* oder *Ms. Jones* anreden. Für einen Amerikaner ist dies zwar recht formell, aus dem Munde eines Europäers klingt es aber durchaus schmeichelhaft. Sollte sich eine Frau mit *»Hello, I am Mrs. Clark«* vorstellen, bleiben Sie natürlich bei der Anrede *Mrs. Clark* und reden die Dame nicht mit *Margaret* oder gar *Margie* an, bevor Sie nicht dazu aufgefordert werden. Dasselbe gilt natürlich auch für einen Mann. Ein Mann ist in der formalen Anrede immer *Mr.* Bei Frauen hatten Sie bis vor kurzem noch zwischen *Mrs.*, *Miss* und *Ms.* zu wählen. Miss, das amerikanische Äquivalent für »Fräulein«, ist mittlerweile genauso veraltet wie der entsprechende deutsche Begriff. Eine verheiratete Frau ist Mrs. oder Ms. Mrs. ist konservativ und formeller, Ms. ist emanzipierter. Wenn Sie sich nicht sicher sind, oder wenn die Frau unverheiratet ist, sprechen Sie die Dame mit Ms. an. Dies ist in allen Fällen akzeptabel, es sei denn, Frau Jones hat auf dem Titel Mrs. bestanden.

Spitznamen sind manchmal eine subtile Möglichkeit, Dominanz zu demonstrieren. In vielen Fällen mag der Spitzname eine völlig harmlose Anrede sein, in anderen Situationen kann es aber auch sein, daß *Anthony* seinen Gesprächspartner *Joseph* (der sich auch so vorgestellt hat) mit *Joey* anredet, nur um zu testen, ob dieser diese Anrede akzeptiert. Tut er dies, ist eine subtile Dominanz hergestellt. (Der Spitzname *Dick* ist besonders heikel. Zwar ist Dick als informelle Anrede für Richard weit gebräuchlich und vollkommen akzeptabel, gleichzeitig ist *Dick* aber ebenfalls ein Slangwort für das männliche Glied. Wenn Sie also ein zorniges *you dick* hören, können Sie davon ausgehen, daß dies keine Begrüßung war.)

Recht schnell werden Sie auch in eine Situation kommen, in der Sie mit *Sir* oder *Madam (Ma'am)* angesprochen werden. Dies geschieht wahrscheinlich im Zusammenhang mit einer persönlichen Dienstleistung (zum Beispiel im Restaurant) oder einer Situation, in der Ihnen jemand etwas verkaufen will. Es kann aber auch passieren, wenn jemand Ihrem Status schmeicheln will. Als ich im zarten Alter von sechsundzwanzig Jahren ein Reorganisationsprojekt bei den Vereinten Nationen leitete, hatte ich gelegentlich mit einem pensionierten IBM-Manager zu tun, der *pro bono* den Exekutivdirektor der Institution beriet, für welche ich ebenfalls tätig war. Dieser würdige und gesetzte Herr von ungefähr sechzig Jahren hatte keine Probleme damit, mich durchgehend mit *Sir* anzusprechen. Am Anfang sagte ich ihm zweimal: »*My name is Max Otte.*« Als er sein *Sir* mit unvermindertem Enthusiasmus weitergebrauchte, hatte ich keine Probleme mehr, diese Anrede zu akzeptieren.

Sie können die Anrede *Sir* oder *Madam* durchaus als Zeichen der Hochachtung gegenüber höherrangigen oder wesentlich älteren Personen gebrauchen. Ich mache dies allerdings nicht. In meinen Augen hat *Sir* etwas Dienerisches, obwohl es sich bei den Amerikanern großer Beliebtheit erfreut. (Besonders im amerikanischen Süden hat diese Anrede noch eine gewisse Tradition.) Wenn ich meinen besonderen Respekt gegenüber einer Person zum Ausdruck bringen will, bleibe ich bei *Mr. Cohen* oder *Mrs. Cohen*, selbst wenn *Mr.* und *Mrs. Cohen* dazu übergegangen sind, mich beim Vornamen anzureden. Dies hat auch bei hochrangigen Personen des öffentlichen Lebens, wie zum Beispiel bei *George Kennan*, gut funktioniert. Es zeigt, daß man gewillt ist, höflich und respektvoll zu sein, daß man sich aber auf der gleichen Ebene unterhält *(to talk on equal footing)*. Eine Ausnahme ist der amerikanische Präsident, der dann doch mit *Sir*, besser aber noch mit *Mr. President* angeredet werden sollte. Bei anderen Personen in öffentlichen Ämtern können und sollten Sie die Amtsbezeichnung als Namensbestandteil verwenden und so Ihrem Respekt

Ausdruck geben: *Secretary Baldridge, Sheriff Harris, Senator Bradley.*

Auch in Amerika gelten das Aufstehen und das Händeschütteln bei Begrüßungen als guter Stil, allerdings nur im geschäftlichen Umgang oder bei gesellschaftlichen Begegnungen. Dieser gute Stil wird zwar nicht immer und überall praktiziert, Sie können aber mit einer konsequenten Anwendung Pluspunkte sammeln. Wenn Sie Hände schütteln, sollten Sie dies für einige wenige (2–3) Sekunden tun, einen angenehm festen Druck ausüben, die Hand zwei- bis dreimal schütteln, Ihrem Gegenüber in die Augen sehen und lächeln oder zumindest freundlich aussehen. Ein schwacher Händedruck kann Ihnen als Zeichen eines schwachen Charakters ausgelegt werden. Ein zu langer Händedruck wirkt schnell aufdringlich und ist auf alle Fälle zu vermeiden.

In der wirklichen Oberschicht, das heißt bei Amerikanern höchster Provenienz und von »altem« Gelde, können Ausnahmen gelten. Ich hatte einmal mit einem *DuPont*-Erben zu tun, welcher seinen Freund *George Bush* kräftig im Wahlkampf unterstützt hatte und sich in einem hohen politischen Amt wiederfand. Mein Standard-Händedruck wurde nicht erwidert. Statt dessen wurde die Hand meines Gesprächspartners schon nach einer halben Sekunde schnell zurückgezogen – unterbrochener Kontakt als Machtdemonstration oder aus Unsicherheit? Ich nahm an, daß das erste der Fall war. Solch subtile Gesten sind durchaus üblich und können unvermittelt auftauchen. (So zum Beispiel der Gebrauch eines *nickname* in einer geschäftlichen Situation.) Sie können schnell einen Sinn dafür entwickeln, ob die Gesten harmlos waren oder ob Statusunterschiede demonstriert wurden. Im zweiten Fall sollten Sie sich schnell entscheiden, ob Sie akzeptieren oder dagegenhalten wollen.

Der Händedruck wird Ihnen dann Pluspunkte einbringen, wenn Sie die *Dauer* nicht übertreiben. Eine zu lange Dauer ist für einen Amerikaner, der auf körperlichen Abstand achtet, sehr unangenehm. Wie steht es mit der *Häufigkeit?* Hier dürfen Sie ruhig leicht übertreiben. Das zeichnet Sie als höflichen Europäer mit gutem Benehmen aus. *Wallach* und *Metcalf (1995)* stellen fest, daß es keine festen Regeln gibt. Sie beschreiben folgende typische Situationen für das Händeschütteln:

1. Wenn Sie jemanden zum ersten Mal treffen. (Dies gilt für geschäftliche oder gesellschaftliche Situationen, nicht z. B. für den Verkäufer im Geschäft.)
2. Am Ende eines förmlichen Geschäftsmeetings.
3. Gegebenenfalls bei nachfolgenden Meetings.

Wir Mitteleuropäer können ruhig unsere Regeln für das Händeschütteln auf Amerika übertragen. *Leticia Baldridge,* Stabschefin von *Jacqueline Kennedy* im Weißen Haus und Autorin von *Leticia Baldridge's Complete Guide to Executive Manners,* beklagt in ihrem Buch, daß Amerikaner beim Händeschütteln »gehemmt« seien und so diese wichtige Möglichkeit zur Kontaktaufnahme zwischen zwei Personen nicht genug wahrnähmen *(Baldridge 1985, S. 63).* Sie empfiehlt, Hände zu schütteln:

1. Wenn man jemandem vorgestellt wird oder auf Wiedersehen sagt.
2. Wenn jemand von außerhalb in Ihr Büro kommt.
3. Wenn Sie einen Bekannten außerhalb des Büros treffen.
4. Wenn Sie einen Raum betreten, begrüßt werden und neuen Gesichtern im Raum vorgestellt werden.
5. Wenn Sie ein Meeting verlassen, an welchem auch auswärtige Gäste teilnahmen.

Klingt sehr bekannt, oder?

Auch das Aufstehen bei Begrüßungen ist eine Geste, welche Sie als Mann oder Frau von Stil auszeichnet. Der Amerikaner, welcher seine Füße auf dem Tisch hat, wenn ein Besuch hereinkommt, telefoniert und diesen auf einen Platz winkt, während er weitertelefoniert, demonstriert schlechten Stil. Das heißt nicht, daß solch schlechter Stil ausgeschlossen ist, sogar (oder gerade?) bei sehr hochrangigen Personen. Von Präsident *Lyndon B. Johnson* wurde berichtet, daß er seine Mitarbeiter mit Vorliebe *während* seines morgendlichen Gangs zur Toilette zum Rapport versammelte.

Sie sollten zur Begrüßung und Verabschiedung aufstehen, wenn jemand von außerhalb Ihres Büros kommt oder wenn Sie Besuch von außerhalb des Unternehmens haben. Ein junger Manager sollte auch aufstehen, wenn ein Mitglied des gehobenen Managements oder Topmanagements sein Büro betritt. Wenn dieses natürlich häufig vorkommt, kann der junge Manager sitzenbleiben, sollte aber dem Topmanager seine Aufmerksamkeit schenken, bis er sicher ist, ob seine Dienste benötigt werden. Auch letzteres ist eine subtile Möglichkeit, Status anzuerkennen.

Vorstellungen und Titel

Amerikaner (und nicht nur die) werden Ihnen sehr dankbar sein, wenn Sie Personen einander vorstellen, die sich noch nicht kennen. Sie sollten dies auf jeden Fall tun, selbst wenn Sie sich eines Namens nicht mehr ganz sicher sind. Man wird Ihnen Ihre Mühe danken. Dabei stellen Sie immer die rangniedrigere Person der ranghöheren vor. Also:

- Stellen Sie eine jüngere Person einer älteren Person vor.
- Stellen Sie einen Kollegen in Ihrem Unternehmen einem Geschäftsfreund in einem anderen Unternehmen vor.
- Stellen Sie einen Bekannten einem Amtsinhaber vor.
- Stellen Sie einen Manager mit einer mittleren Position einem Manager mit einer höheren Position vor.
- Stellen Sie einen Kollegen einem Kunden oder Klienten vor.
- Sagen Sie ein paar Worte über die Person, welche Sie vorstellen, oder über beide Personen.

Dies könnte wie folgt ablaufen: »*John, it's good to see you! I would like to introduce my colleague Steve. John, this is Steve Morton. And this is John Sullivan, who works with Pharma Corporation.*« Etwas formeller und eher bei gesellschaftlichen Anlässen angewandt ist die folgende Floskel: »*Mr. Johnson, I'd like to present my daughter Patricia. Patricia, this is Mr. Johnson, the president of our company.*«

Ein Übergang zum informellen Stil erfolgt oft unmittelbar: *»John, this is Steve Morton. And this is John* (oder Mr.) *Sullivan, who works with Pharma Corporation.«* An diesem Punkt kann Mr. Sullivan dann sagen: *»Please call me John«*, und die *first-name-basis* ist hergestellt.

Amerikaner sind genauso titelsüchtig wie Europäer, vielleicht sogar noch mehr! Der Unterschied besteht darin, daß Titel mit großer Begierde gesammelt, dann aber im täglichen Umgang nicht verwendet werden. Es gibt kaum allgemeine Regeln, die Bedeutung des Gegenübers mit Hilfe des Titels einzuschätzen. Die stärkste Inflation hat wohl der Titel *Vice President* erfahren. So kann es in einem Unternehmen verwirrend viele *Vice Presidents* geben. Dies bedeutet normalerweise, daß jemand einige Zeit im Unternehmen ist und eine gewisse Verantwortung (aber nicht unbedingt Personalverantwortung) übertragen bekommen hat. Steigt man auf, wird man *First Vice President, Senior Vice President* oder *Executive Vice President*. Bei einem *Executive Vice President* kann man davon ausgehen, daß der Inhaber dieses Titels tatsächlich eine hohe Position innehat.

Bei Vorstellungen können Sie auf Titel verzichten, wenn beide Personen den gleichen Status haben. Wenn Sie allerdings jemanden einer wesentlich älteren Person oder einem Amtsinhaber vorstellen, sollten Sie den Titel verwenden: *»Judge Harris, I would like to introduce my colleague Frank Smith to you. Frank, this is Judge Harris.«* (Richter werden in den USA gewählt, genauso wie Sheriffs, Fire Chiefs und ähnliche Berufe.) Sie sollten auch den Titel verwenden, wenn er eine Berufsgruppe bezeichnet. *»This is Dr. Smith.«* Weitere Beispiele: *Reverend Johnson, Major Lynch.*

Einige deutsche Titel und Funktionen

Deutschland/Österreich/Schweiz	USA
Vorstand	Executive Board Management Board

Vorstandsvorsitzender	President and Chief Executive Officer
	Chief Executive Officer(CEO)
	President
	Chairman of the Executive Board
	Chairman of the Board of Management
Vorstandssprecher	Position nicht vorhanden, da der Vorstandsvorsitzende immer die Alleinverantwortung trägt
Geschäftsführer	General Manager
	Managing Director
	President
Finanzchef	Chief Financial Officer (CFO)
Hierarchiestufe unter CEO, keine Entsprechung im Deutschen (nicht »Betriebs- leiter«), mehr innenorientiert	Chief Operating Officer (COO)
Vorstandsmitglied	Member of the Executive Board
	Member of the Board of Ma- nagement
	Executive Vice President
Hauptabteilungsleiter	Executive Vice President
Abteilungsleiter	Divison Manager
	Head of Division
Bereichsleiter	Department Manager
	Head of Department
Aufsichtsrat	Supervisory Board
Beirat	Advisory Board
Aufsichtsratsvorsitzender	Chairman of the Supervisory Board
Aufsichtsratsmitglied	Member of the Supervisory Board
Generalbevollmächtigter	General Manager
Prokurist	Authorized Officer

Einige amerikanische Titel und Funktionen (II)

USA	Deutschland/Österreich/Schweiz
President	Vorstandsvorsitzender Geschäftsführer
Chief Operating Officer (COO)	Hierachierstufe unter CEO, keine Entsprechung im Deutschen (nicht »Betriebsleiter«), mehr innenorientiert
Executive Vice President	Vorstandsmitglied Hauptabteilungsleiter
Senior Vice President	verschiedene Hierarchiestufen
First Vice President	verschiedene Hierarchiestufen
Vice President	drückt oft lediglich aus, daß die betreffende Person erste verantwortliche Aufgaben übertragen bekommen hat (aber nicht unbedingt Personalverantwortung)
Business (oder Systems) Analyst	Mögliche Einstiegsposition in größeren Unternehmen
Customer Service Representative	Kundenberater
Executive Assistant	Sekretär/in oder Assistent/in einer Führungskraft

Verabschiedungen

Verabschiedungen sind ebenfalls nuanciert zu sehen. Die Standardfloskeln sind: *»It's been good to meet you«*, *»Hope to see you again«*, oder *»See you later«*. *»Let's get together sometime«* oder *»We'll have to have lunch together«* deuten an, daß Ihr Gesprächspartner Sie als eine interessante Person empfunden hat und sich freuen würde, Sie bei Gelegenheit wieder zu treffen. Diese Floskeln bedeuten aber nicht, daß eine solche Gelegenheit bald eintreffen wird oder daß Ihr Gesprächspartner von sich aus ein Treffen arrangieren wird. Sollte Ihnen etwas an einem Treffen liegen, ist es ratsam, sich nach einem konkreten Zeitpunkt zu erkundigen. Wenn Ihr Gesprächspartner darauf eingeht, liegt ihm wahrscheinlich etwas an einem weiteren Gespräch, wenn er vage bleibt (»*Let's talk about it later*«), deutet dies Desinteresse an. Peter Scott-Morgan, selbst Engländer, erzählte mir, daß seine Lieblingsfloskel im Kabinett der obskuren Verabschiedungen immer noch »Let's do lunch!« sei. »The first time I heard it I remember wondering what exactly I was expected to *DO* to the lunch.«

Höflichkeit in Amerika

Der amerikanische Begriff von Höflichkeit unterscheidet sich deutlich von unserem. In Kontinentaleuropa läßt sich eine Begriffspolarität von Höflichkeit und Herzlichkeit durchaus vorstellen. Höflichkeit ist formell, geschäftsmäßig, zurückhaltend. Herzlichkeit kommt von innen. Sie muß nicht unbedingt zurückhaltend sein. In Amerika (und in England) gilt diese Unterscheidung nicht. Es ist höflich, dem Gegenüber persönliche Fragen zu stellen (solange diese auf Vorlieben, Hobbys, Interessen und persönliche Errungenschaften abzielen). Sie sind höflich, wenn Sie sich ganz auf den anderen konzentrieren und seine Leistungen anerkennen. Im verbalen Umgang wird guten Freunden, Bekannten oder Geschäftspartnern die gleiche Aufmerksamkeit geschenkt.

Sichtbare Errungenschaften sind wichtig für Amerikaner. Dadurch definieren sie sich. *Stewart* und *Bennett (1991, S. 79)* schreiben: »Weil Leistung meßbar sein muß, sind Amerikaner sehr sensibel gegenüber Lob und Tadel – mehr, als vielleicht jede andere Volksgruppe mit Ausnahme der Japaner. Sie hängen vom *feedback* ab, um die Sichtbarkeit ihrer Leistungen zu etablieren.« Finden Sie heraus, welche persönlichen Leistungen für Ihren Gegenüber wichtig sind und loben Sie diese – ungeniert. Auch hier gibt es natürlich Grenzen und Ausnahmen. In einer sehr geschäftsorientierten, sachlichen Situation wird es kaum sinnvoll sein, Ihren Verhandlungspartner über den grünen Klee zu loben.

Amerikaner der Oberschicht sind ebenfalls weniger empfänglich für Lob (siehe Kapitel 1). Aber wieviele Personen gehören wirklich der Oberschicht an? Die Wahrscheinlichkeit ist hoch, daß sich Ihr Verhandlungspartner emporgearbeitet hat. Wenn Sie in einem *upper-class-environment* sind, werden Sie dies merken. Der Aufsteiger hat sein 600-Quadratmeter-Haus selbst bauen lassen, ist stolz darauf und führt es seinen Gästen vor. Der Arrivierte lädt seine Gäste in ein Haus gleicher Größe ein, das sich schon lange im Familienbesitz befindet. Der Ton ist angelsächsisch-unterkühlt. Euphorische Komplimente wären hier definitiv fehl am Platze.

Sie werden keine aufgeschlosseneren, charmanteren Gastgeber finden als Amerikaner, die sich entschlossen haben, höflich zu Ihnen zu sein. Man wird Ihnen ungeteilte Aufmerksamkeit schenken. Sie werden im Zentrum des Geschehens stehen. Jeder Wunsch wird Ihnen von den Lippen abgelesen. Sollte Sie ein Amerikaner in einem Gespräch nach Ihren Leistungen und Erfolgen fragen, können Sie ohne falsche Bescheidenheit auftischen – und werden die neidlose Anerkennung Ihres Gegenübers erfahren. Amerikaner mögen viele Schwächen haben, aber Neid gehört normalerweise nicht dazu. Ich habe leider erfahren müssen, daß Neid in Deutschland durchaus noch eine starke soziale Kraft ist *(Schoeck 1971)*. Peter Scott-Morgan stimmt ihr hier emphatisch zu: »Du hast völlig recht – Amerikaner sind normalerweise nicht neidisch. Die Neidkultur ist vielleicht das, was ich am wenigsten an unseren europäischen Kulturen mag. Ein berühmter Sportler gab mir folgendes Beispiel. Wenn ich mich in den USA verletze und in einer chauffeurgesteuerten Limousine ins Krankenhaus fahre, sagen die Leute – gut für Ihn, er hat es geschafft! In England würde ich es nicht wagen, in dieser Situation mit einer Limousine vorzufahren.«

Sie selber haben die Wahl zwischen amerikanischer und mitteleuropäischer Höflichkeit, letztere allerdings versetzt mit einer etwas stärkeren persönlichen Note. Wenn Sie jemandem gegenüber im europäischen Sinne höflich sind und ihn zuvorkommend behandeln, aber das Lob und die persönlichen Fragen aussparen, senden Sie damit *upper class signals* aus, was in einigen Situationen durchaus hilfreich sein kann.

»Excuse me« und *»thank you«* werden in der höflichen (und korrekten) Sprache viel benutzt. Wenn Sie sich für einen groben Fehler entschuldigen, ist die korrekte Formel: *»I apologize«* oder *I am (very) sorry«*.

Die Redeweise »good for you«, welche uns Europäern etwas komisch vorkommt, ist übrigens ernst gemeint. Wenn ein Amerikaner Ihnen sagt »good for you«, erkennt er an, daß Sie etwas gemacht haben oder Ihnen etwas passiert ist, was Ihnen weiterhilft. Er muß sich nicht unbedingt enthusiastisch freuen, es ist aber eine nüchterne Feststellung, daß Ihnen etwas Gutes widerfahren ist. Ich teilte mir ein Jahr lang die Wohnung mit einem Ökonomen, welcher 1990 frisch aus Ungarn in die USA gezogen war. Nachdem er »good for you« das erste Mal gehört hatte, mußte er sich so über diese Redewendung amüsieren, daß er sie eine Woche lang bei allen mehr oder weniger päßlichen Situationen mit einem leicht ironischen Unterton gebrauchte. Allerdings schien keiner seiner Gesprächspartner die Ironie zu bemerken, was meinen Freund noch mehr amüsierte.

Der Umgang zwischen Mann und Frau im Berufsleben und in der Gesellschaft

1979 überschritt der Anteil der amerikanischen Frauen, welche eine Arbeitsstelle außerhalb des Hauses innehatten, zum erstenmal die 50-Prozent-Marke. 1990 waren fast sechzig Prozent aller verheirateten Frauen in Amerika berufstätig. Um den *American dream* der Mittelklasse bei stagnierenden und schrumpfenden Realeinkommen zu erreichen – ein Haus im Vorort, zwei Autos, Kinder, die zum College gehen, Krankenversicherung, Altersversorgung und einmal im Jahr Ferien – reichte in vielen Fällen ein Einkommen nicht mehr aus. Neben den ökonomischen Gründen war auch Gleichberechtigung ein wichtiges Motiv. Chancengleichheit gehört zum amerikanischen Programm (siehe Kapitel 1).

Obwohl die Mehrzahl der Frauen immer noch in einfachen Positionen beschäftigt ist, haben sich Frauen in den USA früher daran gemacht, die traditionellen Männerdomänen zu erobern als in europäischen Ländern. Frauen in Führungspositionen sind zwar noch unterrepräsentiert, aber keine Ausnahme mehr. In den neunziger Jahren wurden sogar zum ersten Mal Senatorinnen gewählt. Lediglich die Vorstandsvorsitzenden der großen Unternehmen sind bislang noch (fast) ausschließlich Männer.

Im Geschäftsleben behandeln Sie eine weibliche Kollegin oder Geschäftspartnerin am besten wie einen männlichen Kollegen. Vergessen Sie, was Sie früher gelernt haben. Es ist keine zeitgemäße Etikette mehr,

- alle Türen für eine weibliche Kollegin (Geschäftspartnerin) zu öffnen,
- den Mantel aufzuhängen,
- aufzustehen, wenn sie den Raum betritt (es sei denn sie ist ein Besucher oder Sie wären in derselben Situation auch für einen Mann aufgestanden),
- Pakete für die Frau zu tragen,
- immer im Restaurant zu bestellen und zu bezahlen,
- Frauen immer den Vortritt zu lassen.

Sollten Sie sich doch zu klassischer europäischer Höflichkeit entschließen, wird jede Frau dieses Verhalten wohlwollend anerkennen, besonders wenn Sie zu einer älteren Generation gehören. Seien Sie aber darauf gefaßt, daß es für eine besonders emanzipierte Amerikanerin im Geschäftsleben auch unangenehm sein kann. Immerhin werden damit unterschiedliche Rollen für Mann und Frau festgelegt und damit implizit das Gleichheitsgebot verletzt. Achten Sie also genau auf die Signale, die eine Frau aussendet. Immer korrekt ist es (egal, ob Mann oder Frau),

- eine Tür für jemanden zu öffnen, der seine Hände voll hat,
- jemandem, der seine Hände voll hat, zu helfen, wenn er oder sie etwas fallengelassen hat,

- jemandem in den Mantel zu helfen, der offensichtlich Probleme hat,
- aufzustehen, wenn ein Besucher von außerhalb kommt.

Bei privaten und gesellschaftlichen Gelegenheiten können Sie natürlich den Charme der Alten Welt ungehindert ausspielen. Achten Sie aber auf eine Besonderheit: Die Dame betritt vor Ihnen das Restaurant, während Sie die Tür offenhalten. Noch ein kleiner Tip: Eheringe werden in Amerika links getragen, und viele verheiratete Männer tragen überhaupt keine Eheringe.

Das erste Gespräch

Für Geschäftsgespräche mit Amerikanern stehen Ihnen zwei Strategien zur Verfügung. Erstens können Sie mit einigen Minuten *small talk* beginnen. Erkundigungen nach den persönlichen Interessen Ihres Gegenübers eignen sich gut, wenn Sie einen Anknüpfungspunkt haben. Sie können nicht-kontroverse Themen aus vielen Bereichen wählen. Trotz (oder gerade) wegen seiner häufigen Verwendung ist auch das Wetter immer noch ein gutes Thema. Dann sollten Sie schnell zur Sache kommen und sich nicht scheuen, so explizit wie möglich zu sein. Diese Direktheit wird Ihnen positiv ausgelegt. Das heißt natürlich nicht, daß Sie im Falle kontroverser Themen die allgemeine Höflichkeit vergessen sollten. Die zweite Strategie überspringt das *small-talk*-Stadium. Nach den ersten Floskeln kommen Sie sofort zur Sache. Damit demonstrieren Sie Ernsthaftigkeit und Effizienz, einen sogenannten *no-nonsense-approach*. Auch diese Strategie kann sehr wirksam sein.

Die Regel der Direktheit gilt auch für ein sogenanntes *business breakfast* oder *power breakfast*. Nachdem die erste Tasse Kaffee auf dem Tisch steht, können Sie zur Sache kommen. Sie haben – höchstens – 45 Minuten, um Ihr Anliegen vorzutragen. Als ich zum ersten Mal an einem solchen business breakfast teilnahm, war ich vom *Managing Director International* eines großen Beratungsunternehmen in den *Yale Club* in New York eingeladen worden. Da ich selber Mitglied des *Princeton Club* bin, ergab sich eine gute Möglichkeit für *small talk.* Nach einer sehr kurzen Zeit merkte ich aber, wie mein Gegenüber ungeduldig wurde und mich nach dem geschäftlichen Anliegen fragte. Ich nahm diesen Hinweis sofort auf und kam zur Sache.

Bei einem *business lunch* haben Sie etwas mehr Zeit. Sobald der Kellner aber Ihre Bestellungen entgegengenommen hat, ist es Zeit, zum geschäftlichen Anliegen zu kommen. Es obliegt hierbei dem Gastgeber oder Initiator des Lunches, das Gesprächsthema zu wechseln. Amerikaner benutzen die Redewendung »*to talk business*« nicht nur, um ernsthafte Geschäftsverhandlungen zu bezeichnen, sondern bezeichnen damit auch Gespräche im persönlichen Bereich, bei denen wichtige Probleme gelöst werden sollen. Zum Ende des Gesprächs müssen Sie konkretes Interesse bei Ihrem Partner geweckt haben, sonst wird man Sie schnell »abhaken«. Gerd Kichniawy spricht von den »berühmten 5–8 Minuten zwischen Dessert und Kaffee, in welchen Sie Ihr Gegenüber geknackt haben müssen.«

Andere Regeln gelten für das *business dinner.* Hier hat der Gastgeber normalerweise darauf geachtet, daß Sie in einer angenehmen Atmosphäre speisen. Beide Gesprächspartner haben einen langen Tag hinter sich. Eine halbe Stunde Konversation ist in den meisten Fällen angebracht. Auch hier sollte der Gastgeber das Signal zum Themenwechsel geben. Sollten Sie der Gastgeber sein, tun Sie es. Einen Amerikaner wird es genauso irritieren, wenn Sie gar nicht zum Geschäft kommen, als wenn Sie dies sofort tun.

Eine *Cocktailparty* oder ein *Empfang* (siehe auch Kapitel 7) sind speziell dafür erfunden worden, so viele neue Leute wie möglich kennenzulernen. Stellen Sie Personen einander vor oder stellen Sie sich ruhig selbst vor. Praktizieren Sie *small talk,* finden Sie heraus, was Ihr Gegenüber interessiert, und geben Sie interessante Tatsachen über sich selber preis. Seien Sie offen und akzeptieren Sie Ihr Gegenüber *at face value,* das heißt, so wie er sich präsentiert. Während Sie mit Ihrem Gesprächspartner sprechen, schenken Sie ihm Ihre ganze und ungeteilte Aufmerksamkeit. Es gibt nichts Schlimmeres, als einen Gesprächspartner, der ständig über die Schulter schielt und danach Ausschau hält, ob nicht irgendwo eine noch interessantere Person ist, die er sprechen sollte.

Seien Sie nicht unangenehm berührt, wenn Ihr Gesprächspartner sich nach einigen Minuten weiterbewegt. Er fällt damit kein Werturteil über Sie, sondern zieht weiter, um neue Leute kennenzulernen – und verhält sich damit korrekt. Das Maximum, was bei einem Gespräch auf einer Cocktailparty herauskommen kann (und soll), ist eine Verabredung, miteinander zu telefonieren oder sich zu einem Geschäftsessen zu treffen.

Visitenkarten

Amerikaner tauschen Visitenkarten im Geschäftsleben aus, seltener im Privatleben. Die deutsche ist der amerikanischen Praxis hier sehr ähnlich. Der Austausch ist eine informelle und praktische Angelegenheit und hat nicht dieselbe symbolische Bedeutung wie in Asien. Es ist guter Stil, die Karten *am Ende* einer Konversation auszutauschen. Beide Seiten haben Zeit gehabt, sich gegenseitig zu begutachten. Ein Austausch kann dann ein Zeichen sein, daß Sie in Kontakt bleiben wollen. Das »Verteilen« von Karten empfiehlt sich auch in Amerika nicht. Sollte jemand Ihnen eine Karte anbieten, während Sie auf weitere Kontakte keinen Wert legen, können Sie jederzeit diese Karte annehmen, in Ihre Jackentasche greifen und dann erklären: *»Sorry, I just ran out of cards.«*

Visitenkarten heißen im Amerikanischen *business cards*. Diese sollten die amerikanische Standardgröße von 3,52 *inches* (8,95cm) haben. Viele Amerikaner besitzen sogenannte *business card files* (zum Beispiel Einsteckalben), in welchen sie ihre Visitenkarten sammeln und ablegen.

Sie sollten auf jeden Fall englischsprachige Karten anfertigen lassen. Die *Bayerische Vereinsbank* rät, bei der Übersetzung die akademischen Titel wegzulassen und sich ganz auf die korrekte Übersetzung des funktionalen Titels zu beschränken *(Bayerische Vereinsbank 1992, S. 23)*. Ich sehe diesen Punkt etwas anders. Sicherlich ist

So könnte Ihre Karte aussehen:

ECOTEC GmbH
Environmental Technologies

Gerhard Schmidt
President

Landsberger Str. 25
80503 Muenchen
Germany
Telephone: 4989-504736 / Telefax: 4989-504738

So bitte nicht:

ECOTEC GmbH
Umwelttechnik

Gerhard Schmidt, Dipl.-Ing.
Geschäftsführer

Landsberger Str. 25
D-80503 München
Telefon: 089-504736 / Telefax: 089-504738

---

es nicht besonders ratsam, einen Diplomtitel zu übersetzen. Sie können im Gespräch immer einfließen lassen: *»I received my masters in business administration/economics/chemical engineering at the University of Frankfurt«*, wenn Sie denken, es trägt zum Gespräch bei. Einen Doktortitel können Sie ruhig führen, wenn Sie Wert darauf legen. Dies ist zwar in Amerika unüblich, man wird es aber bei einem Europäer tolerieren, und es wird Sie vielleicht sogar interessanter machen. Bestehen Sie allerdings nicht auf dem Doktor in der mündlichen Anrede.

Es ist wichtig, daß Sie auf Ihrer Karte die Nation angeben, denn mit einem D vor der Postleitzahl können Amerikaner weniger anfangen. Bei der Schreibweise des Ortes scheiden sich die Geister. Im Falle Münchens stehen drei Möglichkeiten zur Auswahl: München, Muenchen und Munich. Die erste Schreibweise ist authentisch und kann zweifelsohne verwendet werden, die zweite entbindet Ihren Geschäftspartner (oder dessen Sekretärin) von dem Problem, den Umlaut korrekt zu umschreiben, und die dritte Schreibweise ist der amerikanische Städtename. Für jede Schreibweise gibt es gute Argumente.

Kleidung

Appearance counts. Dieser Satz gilt in Amerika – weitverbreiteten Vorurteilen zum Trotz – noch stärker als anderswo. Da Amerikaner normalerweise sehr außengeleitete Menschen sind, können Sie mit Ihrem äußeren Erscheinungsbild wichtige Pluspunkte sammeln oder sofort einen negativen Eindruck erwecken, welchen Sie nur schwer wieder loswerden. Die Standardkleidung für *uppermiddle-class*-America und *corporate* America ist der dunkle oder gedeckte Anzug mit einem hellen Hemd. Punkt. Im Sommer können Sie auch etwas hellere Anzüge wählen. Vermeiden Sie beim Anzug Grüntöne, Aubergine, und alle Brauntöne bis auf ein sehr gedecktes und dunkles Braun *(maroon)*. Eine Kombination können Sie in einigen Fällen tragen, hier empfehle ich Ihnen eine *navy blazer* und eine graue Hose. Ihre deutsche »Nachrichtensprecher«-Kombination, zum Beispiel einen grünen Pepita-Blazer und auberginfarbene Hose, sollten Sie zu Hause lassen. In einigen Gegenden, wie zum Beispiel dem Mittelwesten, könnte dies durchgehen. Das Risiko, einen nicht ganz korrekten Eindruck zu erwecken, ist aber hoch, es sei denn, Sie können sich Exzentrizitäten leisten.

Für die Hemden sind Weiß, helle Blautöne oder helle Gelbtöne angebracht. Rosa ist weniger angebracht, da es bei amerikanischen Männern feminine Assoziationen weckt. Die Schuhe sollten schwarz oder bordeaux sein (in Ausnahmen braun), die Socken sehr dunkel. Tragen Sie wadenlange Socken, damit Sie niemals »Bein zeigen«. Für viele Amerikaner ist es extrem irritierend, wenn zwischen Socke und Hose beim Übereinanderschlagen der Beine ein Stück Bein zum Vorschein kommen sollte. (Für viele Europäer übrigens auch!)

Als Frau sollten Sie auf alle Fälle ein Kostüm (nicht kniefrei) oder ein gedecktes Kleid in derselben Länge tragen. Strumpfhosen sind bei jeder Temperatur ein Muß, und eine Laufmasche ist ein genauso schlimmes Vergehen, als wenn ein Mann Bein zeigt.

Viele dieser Bekleidungsregeln ändern sich natürlich radikal, wenn Sie im Showbusiness tätig sind oder im Kalifornien zu tun haben. In Kapitel sechs werde ich Ihnen die amerikanischen Bekleidungssitten im Detail vorstellen.

Körpersprache

Es macht einen sehr großen Unterschied, ob Sie mit Ihrer Körpersprache Selbstvertrauen zeigen und ausdrücken oder ob Sie sich lediglich auf die Kraft Ihrer Fakten verlassen. Ich habe Freunde und Kollegen schon unmögliche Vorschläge und Theorien erklären hören. Solange die Vorschläge mit genug Selbstvertrauen *(self-confidence)* und Ernsthaftigkeit *(sincerity)* vorgetragen wurden, bestand immer eine gewisse Chance, daß sie Beachtung fanden. Genauso wichtig ist es, daß Sie nach Möglichkeit alle Hinweise darauf vermeiden, daß Sie krank sind, besonders wenn es etwas Ernsteres ist. Gesundheit ist eine nationale Obsession Amerikas. Schon der Eindruck, daß Sie nicht gesund sind, könnte Ihre Verhandlungsposition schwächen.

Im Abschnitt *Begrüßung* in diesem Kapitel habe ich Ihnen schon vorgestellt, wie in Amerika Hände geschüttelt werden, nämlich ähnlich wie in Deutschland, wobei ein sehr langer Handkontakt, der in Deutschland durchaus ein Zeichen einer herzlichen Begrüßung sein kann, vermieden werden sollte. Bei der Begrüßung sollten Sie Ihrem Gesprächspartner in die Augen sehen. Auch im weiteren Verlauf des Gesprächs ist Augenkontakt wichtig. *Wallach* und *Metcalf (1995, S. 214)* geben als durchschnittliche Dauer für einen amerikanischen Augenkontakt 5–7 Sekunden an. Danach folgen Unterbrechungen von 2–3 Sekunden. »Personen mit einem solchen Augenkontaktverhalten werden als interessiert, ernsthaft und selbstbewußt angesehen.« Ich habe keine Experimente mit deutschem Augenkontaktverhalten gemacht, kann mir aber vorstellen, daß sich unser Verhalten nicht deutlich vom amerikanischen unterscheidet.

Amerikaner benutzen Mimik und Gestik mittelstark – wie auch die Deutschen. Arme und Hände werden relativ selten benutzt, die Gesichtsmimik ist recht lebhaft. Zumindest auf dem Lande und bei Angehörigen der Mittelklasse wird viel gelächelt. Es kann Ihnen durchaus passieren, daß Sie angelächelt oder sogar begrüßt werden, wenn Sie jemanden etwas länger als nur flüchtig anschauen. Das ist durchaus angenehm, kann aber bei Personen unterschiedlichen Geschlechts zu anfangs unbeabsichtigten Kettenreaktionen führen. In den Managementetagen ist, wie auch in Deutschland, vornehme Zurückhaltung angesagt.

Amerikaner gehen auf Distanz. Dies mag mit dem weiten Land zu tun haben. Es sollte ungefähr ein Abstand von einer Armlänge eingehalten werden. In einem Aufzug kann man beobachten, wie sich die gesamte Gruppe gleichmäßig über die Fläche des Fahrstuhls neu verteilt, wenn jemand zusteigt – jedes Mal. In Deutschland ist Distanz zwar im Management ebenfalls guter Stil, das »auf-die-Pelle-Rücken« ist allerdings im täglichen Umgang und auch bei einigen Führungskräften leider durchaus noch weit verbreitet. Das folgende Schaubild gibt Ihnen einen Eindruck vom typischen amerikanischen »Territorialverhalten«.

Vermeiden Sie die *intime Zone* (bis 60 cm Entfernung). Arbeitsbeziehungen beginnen normalerweise in der gesellschaftlichen Zone (1,20 m – 3,50 m). Eine Nähe zwischen 60 cm und 1,20 m kann an-

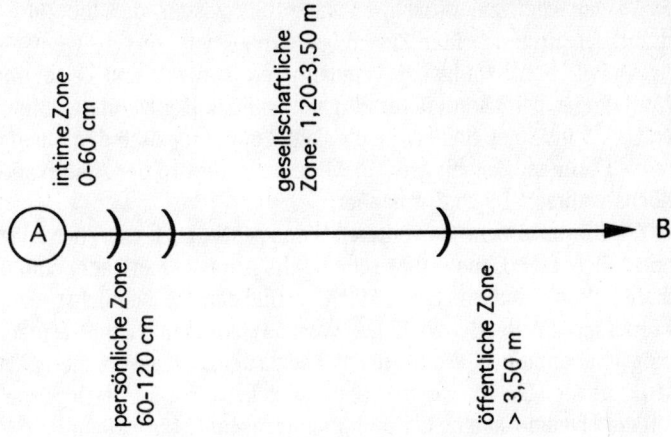

intime Zone
0-60 cm

persönliche Zone
60-120 cm

gesellschaftliche
Zone: 1,20-3,50 m

öffentliche Zone
> 3,50 m

A — B

gebracht sein, wenn persönlicher Rapport hergestellt worden ist und wenn die Umgangsformen persönlich (und nicht formell) sind.

Ich erlebte 1988, wie der Chefwirtschaftsberater von *Ronald Reagan, Beryl Sprinkel,* einen Vortrag auf einer Konferenz des Instituts der Deutschen Wirtschaft in Köln hielt. Er war mit der napoleonischen Größe von circa einem Meter fünfundfünfzig ausgestattet. Beim Empfang wurde er von einem großen deutschen Verbandsvertreter aus der chemischen Industrie angesprochen, welcher sich förmlich über den armen Herrn Sprinkel beugte und fragte: *»And who are you with, Mr. Sprinkel?«* Während Mr. Sprinkel erklärte, daß er wirtschaftlicher Chefberater von Präsident Reagan war, versuchte er verzweifelt, der Nähe seines Gesprächspartner zu entkommen. Um ihn herum standen aber andere Gruppen von Personen, so daß er nicht fliehen konnte. Es war sehr deutlich zu sehen, wie sehr der arme Mr. Sprinkel unter der Nähe des deutschen Verbandsvertreters litt. Obwohl unser guter Mann vom Verband der chemischen Industrie es freundlich gemeint hatte, wird er entweder schnell aus Mr. Sprinkels Gedächtnis gelöscht worden oder dort in der Rubrik »äußerst unangenehme Personen« gespeichert worden sein.

Sollten Sie in die Situation kommen, Zahlen mit den Fingern Ihrer

Hand darstellen zu müssen, so sollten Sie wissen, daß die Zahl 1 durch den ausgestreckten Zeigefinger symbolisiert wird, als wenn ein deutscher Lehrer »aufgepaßt« signalisieren würde. 2 sind Zeige- und Mittelfinger, bei 3 kommt der Ringfinger hinzu. Der Daumen kommt erst bei 5 ins Spiel. Sollten Sie die Zahl 3 auf europäisch demonstrieren – Daumen, Zeigefinger und Mittelfinger – wird der Amerikaner höchstwahrscheinlich 2 verstehen.

Zur Körpersprache im weiteren Sinne gehört auch das Thema der persönlichen Hygiene – Ihre »chemische Aura«. Amerikaner sind in diesem Punkt extrem empfindlich. Vermeiden Sie peinlichst jeden Körpergeruch oder Schweiß. Das Wort *sweat* sollten Sie im Gespräch möglichst umgehen. Wenn Sie das Thema dennoch ansprechen müssen, sprechen Sie von *perspiration*. (Auch bei anderen Angelegenheiten der Hygiene ist eine Umschreibung angebracht: *toilet* wird zu *restroom*, *lavratory* oder *bathroom*.) In einem besonderen heißen Klima kann es sinnvoll sein, das Hemd während des Geschäftstages zu wechseln oder auch zwischen den *meetings* zu duschen. Ihre Gesprächspartner werden Ihnen Ihr frisches Aussehen danken. Duftwasser ist durchaus akzeptabel. Hier gelten dieselben Regeln wie überall – gut und dezent.

Sprache

Was in Deutschland als angenehme Sprachführung gilt, ist größtenteils auch in Amerika richtig. Ihre Sprache sollte Autorität vermitteln, ohne hart zu klingen. Ihr Tonfall sollte warm, angenehm und nicht zu hoch sein. Sie sollten nicht zu monoton, nicht zu leise und nicht zu laut sprechen. *Ihre Aussprache sollte deutlich sein.* Zwar haben bei weitem nicht alle Amerikaner eine deutliche Aussprache, das sollte Sie aber nicht daran hindern, selber ein deutliches Englisch zu sprechen.

Unser deutsches Schulenglisch ist auch in Amerika gut zu gebrauchen. Es klingt zwar sehr korrekt, aber erstens sind Sie Ausländer, und zweitens ist Korrektheit angebracht. Mit korrekter Grammatik können Sie in den meisten Geschäftssituationen durchaus Pluspunkte sammeln. Sie sollten lediglich damit rechnen, daß einige Worte und Redewendungen im amerikanischen Englisch eine andere Bedeutung haben und daß manchmal die Phonetik zu Verständnisproblemen führen kann. Schon *Oscar Wilde* bemerkte, daß England und Amerika zwei Länder seien, die nur durch eine gemeinsame Sprache getrennt würden. Die sprachlichen Unterschiede haben sich allerdings seit Anfang des Jahrhunderts aufgrund von Film, Funk und Fernsehen stark verringert.

Mit gutem Willen und etwas Aufmerksamkeit sind die kleinen sprachlichen Hürden schnell genommen. Einige wichtige Wörter: Das englische *petrol* wird im Amerikanischen mit *gasoline* oder *gas* bezeichnet. Die Zahl 0, welche im Englischen durch *naught* oder *zero* wiedergegeben wird, wird im amerikanischen Sprachgebrauch mit dem Buchstaben O (ausgesprochen: ou) oder *zero* bezeichnet. Autobahnen heißen *parkway, freeway* oder *highway,* gegebenenfalls auch *interstate. Defence* wird zu *defense* und *dialogue* zu *dialog. Labour* wird zu *labor, honour* zu *honor, saviour* zu *savior.*

In der Aussprache unterscheiden sich englisches und amerikanisches Englisch ebenfalls in vielen Punkten. So wird *either* (engl: *aither*) zu *ither,* und *garage (geredsch)* wird zu *garasch.* Allerdings besteht der amerikanische Sprachkritiker *William Safire* darauf, daß im Falle von *either* die Amerikaner die korrekte Aussprache benutzen, während die Engländer falsch liegen. Als *Queen Victoria* den hannoverschen *Prinzen Albert* heiratete, sprach dieser den Wortanfang »ei« weiter »deutsch« aus. Die Mitglieder des Hofstaates griffen diese Sitte auf, und die neue Sprechweise verbreitete sich in England. Ein Beispiel für germanisierte amerikanische Aussprache ist *schedule* (in England *schedjul,* in Amerika *skedjul* ausgesprochen). Besonders ironisch ist dabei, daß die Aussprache *skedjul* von deutschen Einwanderern so verwendet wurde, weil sie meinten, daß dies die korrekte englische Aussprache sei. Dabei hätten sie das »sch« einfach wie gewohnt aussprechen sollen. Dazu gibt es die folgende Anekdote: Ein Engländer fragte einen Amerikaner: »*Where did you learn to say ›skedule‹ for the word ›schedule‹?*« Der Amerikaner: »*In shool.*«

Für die Aussprache gibt es im Englischen kaum Regeln. Schreibweise und Aussprache entsprechen sich im Englischen nicht so wie im Deutschen. So wird Chicago *»Schikago«* (mit weichem sch) ausgesprochen. *Arkansas,* welches durch *Bill Clinton* etwas bekannter wurde, ist *Arkanso*, mit Betonung auf dem »A«. *Missouri* hat ein weiches »s« in der Mitte. Leider gibt es hier keine »Abkürzungen«. Sie werden sich die korrekte Aussprache im Laufe der Zeit einfach aneignen müssen. Schauen Sie zum Beispiel die folgenden Begriffe im Wörterbuch nach, wenn Sie Lautschrift beherrschen. (In den meisten Wörterbüchern ist die Lautschrift erläutert. Man bekommt schnell einen Eindruck davon.)

road – broad
five – give
early – dearly
beau – beauty
steak – streak
low – how
four – tour
paid – said
break – speak

Jedes Begriffspaar hat eine ähnliche Schreibweise, und doch ist die Aussprache völlig unterschiedlich. *Bill Bryson (1990, S. 85)* weist darauf hin, daß die Buchstabenfolge *ough* auf acht (!) verschiedene Weisen ausgesprochen werden kann: *thru* (in *through*), *thou* (in *though*), *thot* (in *thought*), *plau* (in *plough*), *thoro(u)*)in *thorough*), *hiccaf* (in *hiccough*) und *laf* (in *laugh*).

Trotz dieser kleinen Probleme werden Sie mit Ihrem englischen Englisch gut zurechtkommen. Amerikaner sind gegenüber Fremden sehr tolerant, auch wenn diese ihre Sprache nicht perfekt beherrschen. Eine Ausnahme können allerdings Asiaten sein. Im asiatischen, besonders im chinesischen Sprachgebrauch fallen die Satzmelodien abrupt zum Satzende hin ab. Dies klingt im amerikanischen Sprachgebrauch unhöflich, ein Grund, warum chinesische Kellner manchmal als unhöflich bezeichnet werden. Wir Europäer haben diese Probleme nicht, da unsere Satzmelodien den amerikanischen ähnlich sind.

Die korrekte Geschäftssprache ist auch in Amerika frei von Slangwörtern und frei von einem starken Akzent sowie allzu umgangssprachlichen Tönen. Nach einigen Bier in einer Bar mag sich der Sprachgebrauch zwar lockern – und Sie selber werden am besten wissen, wann Sie sich dies erlauben können –, aber am Konferenztisch oder beim *business lunch* sollten Sie sich Slang und Umgangssprache verkneifen. *Leticia Baldridge (1985, S. 66)* gibt folgende Ratschläge. Auch in Amerika ist ein kultivierter Sprachgebrauch dadurch kennzeichnet, daß Sie

- starke regionale Akzente vermeiden (Ein leichter Akzent kann Sie allerdings durchaus interessant machen. Schließlich verwendet auch Präsident *Bill Clinton*, der in Washington und Oxford studiert hat, einen leichten Südstaaten-Akzent. Die Betonung liegt allerdings auf *leicht.*);
- korrekte Grammatik verwenden (kein *there ain't* für *there aren't*, oder *I've got no* für *I haven't got any*);
- Spitznamen vermeiden, besonders wenn diese abwertend sind;
- Wert auf eine deutliche Aussprache legen;
- Füllwörter und Phrasen vermeiden (*You know, Know what I mean?, like,* oder *okay* am Ende jedes Satzes. Es ist ermüdend und ein wenig ärgerlich, wenn jeder Satz mit *okay* abgeschlossen wird. *Let's have lunch, okay?*);
- Slang und Profanität vermeiden. (Ich habe häufiger erlebt, daß deutsche Gäste Lokalkolorit annehmen wollten und sich zu diesem Zweck einige deftige Redewendungen angeeignet hatten. Im Geschäftsleben ist dies eher abstoßend oder peinlich. Man wird Ihnen dies natürlich nicht sagen. Entweder Ihre Geschäftspartner reden selbst auf diesem Niveau, dann fällt es nicht auf, wenn Sie Slang verwenden (aber es nützt auch nichts), oder Ihre Geschäftspartner verwenden korrekte Sprache und überhören Ihre Ausdrücke höflich (sehr peinlich!). *Liquor* ist *liquor* und nicht *booze*, *money* ist *money* und nicht *bucks*. In der Freizeit mag Umgangssprache in einigen Situationen akzeptabel sein, besonders wenn Sie die entsprechenden Wörter ironisch verwenden.)

Paul Watzlawick überzieht bewußt, wenn er Frauen den häufigen Gebrauch von *fuck* und *shit* empfiehlt (außer natürlich in ihrer eigentlichen Bedeutung), wenn sie als besonders emanzipiert gelten wollen. *Watzlawick* gibt folgendes Beispiel für »emanzipierten« Sprachgebrauch: *»My neighbor was fucking mad because my dog went to the bathroom on his sidewalk.« (Watzlawick 1995, S. 83)* Natürlich beobachtet Watzlawick mehr, als daß er empfiehlt. Profanität ist immer schlechter Stil, besonders in geschäftlichen Situationen. Sie werden zwar hier und dort Kraftausdrücke hören, besonders, wenn Sie die Etagen des Topmanagements verlassen, aber dies sollte Sie nicht dazu verleiten, selbst welche zu gebrauchen.

Englisch hat ungefähr viermal so viele Wörter wie Deutsch, weil es im Englischen weniger Komposita gibt. Französische Ausdrücke aus der Zeit der normannischen Invasion wurden assimiliert. Lateinische Wörter für Wissenschaft und Medizin wurden direkt übernommen. Eine *Blinddarmentzündung* ist zum Beispiel eine *appendicitis*. Wörter aus anderen Sprachen werden auch heute in Amerika noch schnell assimiliert, wenn dies nützlich erscheint. Im Südwesten von Texas bis Los Angeles, aber auch in Großstädten wie New York werden spanischsprachige Anzeigen immer häufiger.

Aus dem Deutschen haben sich unter anderem die Begriffe *kindergarten, blitzkrieg, angst, gemütlichkeit, zeitgeist, weltanschauung* und *gestalttheory* eingebürgert. Aus dem Französischen kommen viele Begriffe, die mit Essen und Trinken zusammenhängen. Diese werden leider sehr frei verwendet und meistens falsch ausgesprochen, so daß es zu Mißverständnissen kommen kann. In Amerika ist das *entree* das *Hauptgericht*. Die Vorspeise wird *appetizer* genannt. Ständig wechselt auch die Bedeutung von Begriffen. So wurde man zum Beispiel vor zehn Jahren als Europäer noch komisch angesehen, wenn man einen *tip* (im Sinne von Ratschlag) gab. *Tip* bedeutete *Trinkgeld*. Heute versteht fast jeder Amerikaner auch die zweite Bedeutung des Wortes.

Peter Scott-Morgan erzählte mir von dem Ausdruck »to table something«, der in England und den USA eine völlig unterschiedliche Bedeutung hat. Peter war in einem Meeting, in welchem der amerikanische Vorstandsvorsitzende dem (britischen) Befürworter einer

Idee sagte, daß man sich jetzt genug darüber unterhalten habe and »should table it (beiseite legen) for the moment.« Unglücklicherweise bedeutet »to table« in Großbritannien, daß eine Sache jetzt diskutiert werden solle (put it ON the table). Die Antwort des Briten war, »Ja, ich stimme völlig zu«, und er redete weiter. Derselbe Austausch wiederholte sich zweimal und führte zu einer wachsenden Frustration, bevor Peter die Situation erkannte und für beide Seiten übersetzte.

In Amerika hat Sprache in den letzten Jahren im Zusammenhang mit der Debatte um die sogenannte *political correctness (PC)* einen eminent ideologischen Aspekt erhalten. Durch wertfreie Sprache sollte Chancengleichheit für Minderheiten sichergestellt werden. An angesehenen Universitäten wurde im Fach Philosophie der Pflichtkanon klassischer Denker aufgehoben, weil hier vor allem tote weiße Männer *(dead white males)* vertreten waren. Obwohl sich die *political-correctness*-Bewegung noch nicht sehr weit über den universitären Raum und über grundsätzliche Debatten hinaus verbreitet hat und die meisten Ihrer Gesprächspartner moderat konservativ sein werden (und damit eher zu den Gegnern der PC-Bewegung zählen), hat die Bewegung eine gewisse Bedeutung erhalten. Sprache wird als ein wichtiges Mittel angesehen, Realität zu verändern. Schwarze können immer noch *blacks* oder *black people* genannt werden (natürlich niemals *negroes!*), der »politisch korrekte« Ausdruck ist aber *African American*. Indianer sind *native Americans. Handicapped people* werden zu *challenged persons.*

Älter als der Versuch der *political correctness* ist der Kampf gegen Sexismus in der Sprache, welcher in den siebziger Jahren begann. So wird hier und da *mankind* zu *humankind, chairman* zu *chairperson* und *he* wird durch *he/she* oder *he or she* ersetzt. Mit etwas Sensibilität kann man als Europäer die Klippen des politischen Sprachgebrauchs zumeist sicher umschiffen. Selbst bei Beratungsaufträgen an Universitäten habe ich weiter den Begriff *chairman* verwandt und habe überlebt! Vielleicht kam hier der heimliche Ausländerbonus zum Tragen.

Demgegenüber ist es in konservativen und gehobenen Kreisen immer noch üblich, eine Einladung (zum Beispiel zur Hochzeitsfeier) mit dem folgenden Text zu verfassen: *Mr. and Mrs. Charles J. Parker are proud to announce the wedding of their daughter Cynthia to Mr. James Leroy Brown.* Ob Mitglieder dieser beiden Welten wohl kommunizieren können?

Telefonetikette

Hampden-Turner und *Trompenaars* geben als Symbol für das amerikanische Geschäftsleben die Stoppuhr an *(Hampden-Turner/Trompenaars 1993, S. 73)*. Amerikaner haben ein lineares Zeitverständnis und wollen innerhalb einer kurzen Zeitspanne viel erledigen (vgl. auch Kapitel 1). Diese Obsession bezüglich Zeitersparnis ist deutlich beim Telefonieren zu spüren. Amerikaner sind kurz, knapp und direkt bis zu einem Punkt, der in Deutschland schon als Unhöflichkeit ausgelegt werden könnte. Sollten Sie länger als ein bis zwei Minuten benötigen, fragen Sie immer am Anfang nach, ob Ihr Gesprächspartner Zeit hat. Sollten Sie zehn Minuten oder länger benötigen, vereinbaren Sie im voraus einen Termin für eine *phone conference*. Kommen Sie zum Punkt, sobald die Begrüßung (ein bis zwei Floskeln) beendet ist, und seien Sie knapp und präzise. Geben Sie feedback, wenn die andere Person spricht, wie zum Beispiel durch *»yes«, »I agree«, »isn't that bad?«, »why was that?«, »I see«* oder ähnliche Redewendungen. Amerikaner benötigen dies. Verwenden Sie aber keine undeutlichen Silben wie *»yea«, »uh-hu«, »naw«.* Beenden Sie die Konversation mit *»thanks for your help«, »give my regards to Jim«, »good to talk to you«* oder einer anderen angemessenen Redewendung.

Folgende Begrüßungen sind geeignet, wenn Ihre Sekretärin das Telefon abnimmt: *»Jonathan Lyons' office, how may I help you?«* *»Jonathan Lyons' office. Customer service department«* (wenn die Funktion und nicht die Person im Vordergrund steht). *»Jonathan Lyons' office, Ms. Carson speaking«* ist akzeptabel, für amerikanische Verhältnisse aber schon etwas lang. Sie selber können wie folgt melden: *»Jonathan Lyons speaking.« »Jonathan Lyons, custo-*

mer service.« Vermeiden sollten Sie ein bloßes »hello«, welches zu Hause (aus Sicherheitsgründen) vollkommen akzeptabel ist, damit keine unerwünschten Personen, z. B. Telefonverkäufer, Ihren Namen erfahren. Wenn Sie angerufen wurden und ein Gespräch abbrechen wollen, ist als Erklärung ausreichend, daß Sie sehr beschäftigt sind: »I have a meeting coming up in three minutes.« Oder: »Before I have to hang up, I want to mention that . . .« Oder: »We have a lot to talk about. We should discuss this in person at a better time.«

Rauchen

Beim Thema »Rauchen« zeigt sich der verhängnisvolle Zug zur Konformität, der periodisch auftritt. »Rauchen ist schädlich für Ihre Gesundheit«, das wissen wir mittlerweile alle. In Amerika ist es aber soweit gekommen, daß Raucher eine geächtete Volksgruppe sind. In fast allen Büros wird nicht mehr geraucht. In Restaurants gibt es strikt abgeteilte Rauchersektionen. In den meisten öffentlichen Gebäuden sowie auf Inlandsflügen gilt striktes Rauchverbot. Dies führt dazu, daß sich zu Pausenzeiten die verbliebenen Raucher vor den Wolkenkratzern Manhattans versammeln, um dort ihrer »Sucht« nachzugehen. Auch auf Cocktail- oder anderen Parties sollten Sie das Rauchen auf jeden Fall unterlassen, es sei denn, Sie sehen viele andere Personen rauchen. Selbst die höfliche Frage »Is it okay if I smoke?« ist keine Gewähr dafür, daß es okay ist. Man mag Sie aus Höflichkeit gewähren lassen, aber man ist wahrscheinlich nicht sehr begeistert.

Zigarren: Wenn Sie Zigarren in öffentlichen Räumen oder im Restaurant rauchen, sollten Sie darauf gefaßt sein, daß die Praxis des *Lynchens* wiederbelebt wird. Aber es gibt auch Gegentendenzen. Bei vielen Schauspielern, Geschäftsleuten und Politikern hat sich Zigarrenrauchen wieder zu dem Statussymbol entwickelt, das es einmal war. Man wird allerdings entweder zu Hause rauchen, oder zu Anlässen, zu denen man sich mit anderen Zigarrenrauchern in speziellen

Clubs trifft, oder in vorher sorgfältig ausgewählten Restaurants, mit denen diese Praxis vorher abgeklärt worden ist.

Restaurants, Taxis und tägliche Dienstleistungen

Wenn Sie ein Restaurant betreten, werden Sie merken, daß Amerika nach wie vor das Land des Taylorismus ist. Sie werden von der Dame oder dem Herrn am Empfang begrüßt und an einen Platz geführt. (Manchmal gibt es dafür aber auch getrennte Zuständigkeiten, dann gibt es einen *receptionist* und einen *usher.*) Es wird Ihnen ein Platz zugewiesen (den Sie natürlich nicht akzeptieren müssen). Danach wird der Kellner *(waiter)* Ihre Bestellung aufnehmen. *Sommeliers* sind seltener. Es ist durchaus üblich, daß hier ein paar persönliche Worte gewechselt werden. Allerdings können Sie in einem gehobenen Restaurant auch darauf bestehen, ungestört von längeren Konversationen mit dem Kellner zu speisen. Die Vorspeisen heißen wie gesagt *appetizer,* der Hauptgang *entree,* das Dessert heißt – *desert (de'sört).* Die Karte heißt *menu (men'juh).* Der Kellner bringt die Mahlzeiten. Manchmal ist auch diese Verantwortung geteilt, und es gibt einen sogenannten *table captain,* welcher die anderen Kellner an Ihrem Tisch beaufsichtigt. Das Geschirr wird schließlich von einem *bus boy* entfernt.

Amerikaner gehen anders mit Messer und Gabel um als die Europäer. Vom Essen werden kleine Stücke mit Messer und Gabel abgetrennt, wie wir dies auch in Europa tun. Dann wird das Messer abgelegt, die Gabel wandert von der linken in die rechte Hand, und die linke Hand wandert *unter* den Tisch (da bleibt sie auch zunächst, denn das ist guter Stil). Wenn der nächste Bissen vorbereitet werden soll, kommt die linke Hand wieder zum Vorschein und nimmt die Gabel auf, während die rechte Hand das Messer aufnimmt. Dieses Wechselspiel ist interessant anzusehen. Aber auch in kultivierter Gesellschaft wird man Ihre gewohnte europäische Eßweise akzeptieren.

Die Rechnung kommt immer für den ganzen Tisch. Der Kellner ist nicht befugt, Wechselgeld mit sich herumzutragen – dafür ist die

Kasse da. Nur unter größten Mühen ist es möglich, eine getrennte Rechnung zu erhalten (das sollten Sie möglichst vor dem Essen bekanntgeben, und es wird Ihnen nicht viele Freunde einbringen). Wollen Sie die Rechnung also teilen, müssen Sie jeder einen ungefähren Anteil in Bargeld beisteuern. Eine andere Möglichkeit ist, daß eine Person die Rechnung auf ihre Kreditkarte nimmt und die anderen dieser Person Bargeld geben.

Seien Sie nicht zu penibel und genau mit Ihrem Anteil, lieber etwas zuviel als zuwenig. Der Kellner bekommt 10–20 % der Rechnungssumme als Trinkgeld *(tip)*, wenn er akzeptable oder sehr gute Arbeit geleistet hat. (In einem teuren Restaurant mit *head waiter* oder *table captain* eher 20 %, wovon ein Viertel an den *head waiter* geht.) Manche Restaurants berechnen bei größeren Gruppen eine sogenannte *service charge*, in welcher das Trinkgeld enthalten ist. Schauen Sie auf dem *menu* nach. Hat Ihr Kellner eine fatale Leistung erbracht, scheuen Sie sich nicht, kein Trinkgeld zu geben. (Die Amerikaner haben hier meist größere Hemmungen.) Im Zweifel sollten Sie aber zugunsten des Kellners entscheiden. Die Wahrscheinlichkeit ist hoch, daß er neu im Job ist und sich bemüht hat, aber nirgends das notwendige Wissen vermittelt bekam. Es ist durchaus üblich, daß auch Taxifahrer ein Trinkgeld bekommen. Einmal wurde ein Taxifahrer sogar recht böse, als ich nach einer Silvesterparty in New York nicht mehr viel Kleingeld hatte und kein angemessenes Trinkgeld geben konnte.

Ein Treffen mit der Polizei auf dem Highway

Noch ein kurzer, aber unter Umständen lebenswichtiger Hinweis, wenn Sie auf dem Highway von der Polizei angehalten werden: Es mag ja vorkommen, daß Sie in Eile waren und sich nicht so ganz an die Geschwindigkeitsbegrenzung von, je nach Staat, 55 oder 65 Meilen pro Stunde (das sind zwischen 85 und 100 km/h) gehalten haben. Der Polizist wird Sie von hinten stoppen, indem er eine mehrfarbige Lichtorgel anwirft und dies gegebenenfalls mit akustischen

Signalen untermalt. Wenn Sie anhalten, wird sich das Polizeiauto *hinter* Sie stellen. Bleiben Sie im Wagen sitzen und legen Sie die Hände auf das Lenkrad. Der Polizist wird jetzt Ihr Nummernschild durchgeben. Danach wird er langsam auf Sie zukommen. Bleiben Sie sitzen. Ein Aussteigen wird Ihnen wahrscheinlich als Flucht- oder Aggressionsversuch ausgelegt. Amerikanische Polizisten leben gefährlich und müssen stets mit einer bewaffneten Auseinandersetzung rechnen, wenn sie jemanden anhalten. Dementsprechend mißtrauisch sind sie auch.

Auf der anderen Seite haben Sie als deutscher »Tourist« immer eine gute Möglichkeit sich herauszureden. Sprechen Sie den Polizisten respektvoll und freundlich mit *officer* an. Erwähnen Sie *Germany,* die *Autobahn (odobähn)* oder was immer Sie wollen. Seien Sie erfinderisch. Sie haben eine gute Chance. Ein Freund von mir kam mit einer Ermahnung davon, als er nach einem Besuch auf einem Landsitz im Staate New York mit circa 95 Meilen um zwei Uhr morgens Richtung New York City fuhr und angehalten wurde. Für Amerikaner wäre dies schon fast ein Kapitalverbrechen – sie hätten sich ruhig in ihr Schicksal ergeben. Mein Freund hingegen startete einen Schwall von Worten, unter anderen *odobähn* in einem gebrochenen englischen Akzent. Nach zehn Minuten war der Polizist so genervt und überwältigt, daß er aufgab. Andere Bekannte, welche das Land vor einigen Jahren als Billigtouristen erkundeten, kamen trotz unvollständiger oder ausgelaufener Papiere davon, weil sie erfinderisch waren. Das letztere wird Ihnen zwar nicht passieren, aber bei vielen dieser furchterregenden *cops* haben Sie einen Sympathiebonus, den Sie durchaus ausnutzen können.

Geschenke

Sie können Geschenke zu den verschiedensten Anlässen verschenken wie auch in Deutschland. Bei privaten Anlässen empfehlen sich Blumen, Pralinen oder auch Mitbringsel aus Deutschland. Alkohol ist zwar in den meisten Fällen sicher, Sie sollten sich aber überzeugen, daß Ihr Gastgeber kein Mormone ist oder einer sehr puritanischen Glaubensrichtung angehört. Wenn ein Geburtstag unter Kollegen gefeiert wird, ist es üblich, daß die Kollegen das Geburtstagskind ins Restaurant einladen und für das Geburtstagskind zahlen, nicht umgekehrt. Kleine persönliche Geschenke für Mitarbeiter im Büro sind in Ordnung, um Leistung anzuerkennen. Werbegeschenke von geringem Wert sind auch in Klientenbeziehungen erlaubt. Geschenke von größerem Wert sollten Sie aber in Geschäfts- oder Klientenbeziehungen unterlassen. Ein *deal* ist für Amerikaner ein singulärer Akt, er hängt meistens nicht von einer längerfristigen Beziehung ab. Entweder ist der Vertrag für beide Seiten vorteilhaft (dann wird der *deal* abgeschlossen) oder nicht (dann geht man auseinander). Wertvolle Geschenke können als Bestechung ausgelegt werden. Viele amerikanische Unternehmen haben sehr klare Richtlinien in bezug auf die Akzeptanz eines Geschenks. Sie selber können ein unangemessenes Geschenk auch jederzeit mit dem höflichen Hinweis auf die *company policy* ablehnen.

Bei einem meiner Klienten, einem Automobilzulieferer in der Pfalz, führte der unterschiedliche Umgang mit Geschenken zu einer peinlichen Situation. Man hatte Besuch durch die Delegation eines amerikanischen Kunden. Man besichtigte mit dem Kunden die schöne Weinstraße, anschließend ging man zum Essen in ein gutes Restaurant. Zum Abschluß des Essens wurden den Amerikanern jeweils zwei Weinflaschen präsentiert. Auf einmal gab es große Aufregung. Der Delegationsleiter zog sich mit einigen Kollegen zurück. Nach einer kurzen Diskussion kam er wieder und meinte, daß man dieses Geschenk nicht annehmen könne. Die Delegation hatte auf das gutgemeinte Geschenk äußerst sensibel reagiert, obwohl der Wert beider Flaschen deutlich unter den Kosten für das Abendessen lag.

Geschäftsbriefe

Das amerikanische Briefpapier *(letter size paper)* ist kürzer und breiter als unser europäisches Din-A4-Papier. Daneben existiert auch noch das sogenannte *legal size paper,* auf welchem Verträge niedergeschrieben werden und welches länger als Din-A4-Papier ist. Bis vor wenigen Jahren war in Amerika lediglich eine sehr konservative optische Briefgestaltung akzeptabel, welche mit vielen Einrückungen arbeitete. Mittlerweile können wir auch den in Europa seit mehr als einem Jahrzehnt üblichen Blocksatz verwenden. Nachfolgend zwei Beispiele, das erste für Blocksatz *(full block style)*, das zweite für eine konservative (aber sehr populäre) Form der Briefgestaltung *(modfied block style)*.

Trans-Atlantic Business Strategies
P.O. Box 1580 · Princeton, N.J. 08542
Telephone: 609–951–2254 · Telefax: 609–520–1702

(1)

September 22, 1996   (2)
Valley Real Estate   (3)
Attention Frank Hopkins
37 Old Pine Road
Stamford, Connecticut 04321

Dear Mr. Hopkins: (4)

Subject: Office Lease 112 Maiden Lane   (5)

I am enclosing the signed contract for the above office property. As discussed over the phone, I have changed the lease conditions on clauses 3 and 7.

Can you make sure that the office will be ready for us to move in as soon as possible, preferably before October 1, 1996?

(6)

Sincerely yours,   (7)

Trans-Atlantic Business Strategies   (8)

Max Otte, President   (9)

x23/96/ott   (10)
Enclosure   (11)
CC: richard Woodbridge, Esq.   (12)

Erklärungen: (1) Briefkopf   (2) Datum
                 (3) Anschrift   (4) Anrede
                 (5) Bezug   (6) Text
                 (7) Gruß   (8) Firmenname
                 (9) Absender   (10) Referenzzeichen
                 (11) Anlagen   (12) Kopien an

Trans-Atlantic Business Strategies
P.O. Box 1580 · Princeton, N.J. 08542
Telephone: 609–951–2254 · Telefax: 609–520–1702
                                                     (1)

September 22, 1996   (2)

Germantown, Inc.   (3)
37 Old Pine Road
Stamford, Connecticut 04321

»Dear Reader«:   (4)

Subject: Modified block style«:   (5)

This writing style is being called »modified block style« as opposed to »full block style« in the first example.

This is the traditional way of writing letters in the USA and it is still the most popular form of letter-writing in use.

                                                     (6)

```
Sincerely yours,                                          (7)

        Trans-Atlantic, Business Strategies              (8)

        Max Otte, President                              (9)

        x23(96/ott                                      (10)
        Enlosure                                        (11)
        CC: Richard Woodbridge, Esq.                    (12)
```

Für die *full-block*-Form beginnt die zweite Seite wie folgt:

```
Mr. Frank Hopkins
Page 2
September 22, 1996
```

Für die *modified-block*-form beginnt die zweite Seite mit einer durchgehenden Linie:

```
Mr. Frank Hopkins          Page 2          September 22, 1996
```

Für Grußformen und einzelne Bestandteile des Briefes haben Sie verschiedene Möglichkeiten:

2) Datum: September 22, 1996 oder:
               22 September, 1996 (militärische oder
               »europäische« Schreibweise), seltener,
               aber möglich

(3) Anschrift: Mr. John Woodruff, President oder:
               Mr. John Woodruff
               President

(4) Zu Händen: Verschiedene Schreibweisen sind möglich:

Attention Frank Hopkins Manager	Attention Contract
Attention: Contract Department Valley Real Estate Attention Frank Hopkins 37 Old Pine Road Stamford, CT 04321	Valley Real Estate 37 Old Pine Road Stamford, CT 04321 Attention: Frank Hopkins

(5) Adresse und Anrede:

Adresse	Anrede
Ms. Jennifer Hopkins (Mr. äquivalent)	Dear Ms. Hopkins: Dear Jennifer:
Mr. and Mrs. Frank Hopkins	Dear Mr. and Mrs. Hopkins: Dear Frank and Jennifer:
Messrs. Frank and Jim Hopkins	Dear Messrs. Hopkins: Dear Frank and Jim:
Mmes. Christiner and Jennifer Hopkins	Dear Mmes. Hopkins: Dear Christine and Jennifer:
Messrs. Frank Hopkins and James Smith	Dear Messrs. Hopkins and Smith: Dear Frank and James:
The Treasurer	Dear Sir or Madam:
Germantown Corporation	Dear Ladies and Gentlemen: Ladies and Gentlemen:
Unbekannte Person oder Organisation	To Whom This May Concern:
Ehepaar, in welchem die Frau ihren Namen beibehalten hat: Mr. David Jones and Ms. Elizabeth Frampton	Dear Mr. Hopkins and Ms. Frampton Dear David and Elizabeth:

(6) Texte: Der Haupttext beginnt mit Großschreibung.

(7) Gruß:	Sehr förmlich: *Yours truly, Very truly yours, Yours very truly, Respectfully yours.*
	Weniger förmlich: *Sincerely yours, Sincerely, Cordially, Cordially yours.*
	Persönlich: *Best wishes, As always, Yours as ever, Regards, Kindest regards.*

(9) Unterschrift:

Very truly yours,(a)	*Very truly yours,(b)*
Frank Hopkins	Frank Hopkins, President
Very truly yours,(c)	Very truly yours,(d)
Germantown, Inc.	
Frank Hopkins	Frank Hopkins, President

(11) Anlagen:

Enclosure	*1 Enc.*
Enc.	Attachments: 2
Encls.	Enc.(2)
1 Attachment	Enclosure:
	1. Brochure
	2. Order Statement

(12) Kopien:	CC: steht für »Kopien« *(carbon copy).*
	BC: steht für *blind copy.* Diesen Zusatz benutzen Sie, wenn nur der Empfänger der Kopie wissen soll, daß er eine solche erhält.
	(Der Zusatz »BC« erscheint natürlich nicht auf dem Original.)

Weitere Notizen zu Titeln und Anreden

Akademische Titel oder Berufsbezeichnungen werden normalerweise hinter den Namen gestellt:

Frank Smith, M.D.	*(medical doctor)*
Mary Landon, R.N.	*(registered nurse)*
Jim Hoffman, Ph.D.	*(Ph.D.: Doktortitel außerhalb der Medizin, nicht Dr. Jim Hoffman)*
Neill Flate, C.P.A.	*(certified public accountant)*
John Bleimaier, J.D.	*(J.D.: Doktor der Jurisprudenz,*
(oder: Esq.)	*Esq.: Esquire,*
	beide für Rechtsanwalt)

Bei dieser Schreibweise entfallen auch die Zusätze Mr., Ms. oder Mrs. Eine Anschrift sähe dann aus wie auf Seite 77 unten.

Amerikaner geben gerne das Traditionsbewußtsein ihrer Familie kund, indem sie den Namen von männlichen Sprößlingen mit Zusätzen wie *Jr., II* oder sogar *III* schmücken. »Jr.« und »III« bezeichnen direkte Abstammung, während »II« ein Kind bezeichnet, das nach seinem Onkel oder Großonkel benannt wurde *(James Allen, Jr.; James Allen III)*.

Trans-Atlantic-Business-Strategies
P.O. Box 1580 · Princeton, N.J. 08542
Telephone: 609–951–2254 · Telefax: 609–520–1702

September 22, 1996

Neill Flate, C.P.A.
100 Gordon Way
Cranbury, N.J. 08520

Dear Mr. Flate:

Anschriften und Anreden von Amtsinhabern

Amt	Anschrift	Gruß im Brief	Anrede	Platzkarte
Präsident	The President The White House	Dear Mr. President	Mr. President	The President (im Ausland: of the United States of America)
First Lady	Mrs. Clinton	Dear Mrs. Clinton:	Mrs. Clinton	
Sprecher des Repräsentantenhauses	The Honorable Newt Gingrich Speaker of the House	Dear Mr. Speaker:	Mr. Speaker	The Speaker of the House
Kabinettsmitglied	The Honorable Warren Christopher Secretary of State	Dear Mr. Secretary:	Mr. Secretary oder Secretary Christopher	The Secretary of State
Staatssekretär	The Honorable Richard Holbrooke Under Secretary of State	Dear Mr. Under Secretary:	zuerst: Mr. Under Secretary danach: Sir	The Under Secretary of State
Senator	The Honorable Edward Kennedy United States Senate	Dear Senator Kennedy:	Senator oder Senator Kennedy	Senator Kennedy
Mitglied des Repräsentantenhauses	The Honorable Barney Smith U.S. House of Representatives	Dr. Mr. Smith:	Mr. Smith	The Honorable Mr. Smith oder Mr. Smith
Ministerpräsident	The Honorable Christine Whitman Governor of New Jersey	Dear Governor: oder Dear Governor Whitman	Governor oder Governor Whitman	The Governor of New Jersey

Bürgermeister New York	The Honorable Rudolph Giuliani Mayor of	Dear Mr. Mayor: oder Dear Mayor Giuliani:	Mayor oder Mayor Giuliani	The Mayor of New York
Richter	The Honorable Robert White Judge Supreme Court of the State of New York	Dear Judge White:	Judge oder Judge White	Judge White

Sie werden wiederholt die Bezeichnung »The Honorable« entdeckt haben (abgekürzt: The Hon.). Dies ist eine Respektsbezeichnung hohen Amtsinhabern gegenüber. Im Zweifel können Sie diese Bezeichnung ruhig verwenden. Ihr Gegenüber wird sich geschmeichelt fühlen. Bei Ehepaaren, wo nur ein Partner diese Bezeichnung führt, sollten Sie folgende Schreibweise verwenden:

The Honorable Marylin Rosen
and Mr. James Rosen

Wenn Frau Rosen aus dem Amt ausgeschieden ist, und Sie das Ehepaar einladen wollen, dreht sich die Reihenfolge wieder um:

Mr. James Rosen
and the Honorable Marylin Rosen

An diesem Punkt wollen wir unsere Reise durch die komplizierte Welt der amerikanischen Titel abbrechen. Und wir haben noch nicht einmal mit den verschiedenen Religionsgemeinschaften oder den militärischen Titeln begonnen! Aber Sie sehen, daß auch Amerikaner Wert auf Titel legen.

3 Markteintritt, Kooperationen und Allianzen: The Art of Dealmaking

The business of America is business.

Amerikanisches Sprichwort

Ein Engagement Ihres Unternehmens in den USA beginnt mit der Suche nach geeigneten Geschäftsmöglichkeiten und Geschäftspartnern, egal ob Sie Softwarelizenzen kaufen, Werkzeugmaschinen verkaufen oder eine Automobilfabrik errichten wollen. Sie benötigen Informationen, müssen mit potentiellen amerikanischen Partnern ins Gespräch kommen, und Sie müssen mit diesen Partnern verhandeln, um Ihre Ziele zu erreichen. Und Sie sollten meist recht hart verhandeln. *Gerd Kichniawy (1989, S. 138)* weist darauf hin, daß das deutsche Prinzip von »Treu und Glauben« in den USA nicht gilt – der Amerikaner ist ein harter Verhandlungspartner, der es gewohnt ist, seine Chance zu nutzen!

Vor einigen Jahren führten *Price Waterhouse* und die *Commerzbank* eine Umfrage bei deutschen Unternehmen durch, die auf dem amerikanischen Markt präsent waren. Eine Frage lautete: »Wodurch unterscheidet sich Marketing in den USA von Marketing in Deutschland?« Die häufigste Antwort war: »Unterschiedliche Kauf- (und Verhandlungs-) gewohnheiten«, gefolgt von: »Unterschiedliche Distributionskanäle«. Qualität, Verpackung und selbst Werbung wurden deutlich seltener genannt *(Price Waterhouse/Commerzbank 1990, S. 20)*.

Die großen deutschen Automobilhersteller haben zweifelsohne gelernt. In den siebziger Jahren baute *VW* eine Fabrik in *Westmoreland*, um Autos für den amerikanischen Markt zu produzieren. Der unglückliche Ausgang des Experiments ist bekannt: Schon wenige Jahre später mußte das Werk schließen, weil die produzierten Wagen nicht vom Markt angenommen wurden. *Daimler-Benz* und *BMW,* welche in den letzten Jahren Werke in *Louisiana* und *South Carolina* errichtet haben, sind anders vorgegangen. Lange bevor die Standortentscheidungen fielen, verhandelten beide Unternehmen hart mit den entsprechenden Länderregierungen und erwirkten schließlich Beihilfen und Steuervorteile in dreistelliger Millionenhöhe. Dies schafft natürlich ganz andere Startbedingungen. Auch Sie sollten hart verhandeln, wenn Sie in Amerika zu tun haben. Man wird Sie respektieren, denn: *The business of America is business. Dealmaking* ist die Essenz der amerikanischen Wirtschaft. In diesem Kapitel werden die Grundregeln für Präsentationen, Verhandlungsführung und erfolgreiche Geschäftsabschlüsse erläutert, welche es Ihnen ermöglichen, sich sicher auf amerikanischem Terrain zu bewegen.

Informationen für Markteintritt und Kontaktaufnahme

Bevor Sie verhandeln können, benötigen Sie einen potentiellen Kooperationspartner, Lieferanten oder Abnehmer. In diesem Abschnitt werde ich Ihnen kurz einige Möglichkeiten vorstellen, die geeigneten Informationen zu erhalten. Die Betonung liegt allerdings auf kurz, denn die meisten von Ihnen werden entweder schon etablierte Geschäftsbeziehungen aufgebaut haben oder zumindest eine sehr genaue Vorstellung davon haben, wo Sie mit wem sprechen wollen.

Wenn Sie bislang noch kein genaues Konzept für Ihren Markteintritt haben, zahlt es sich aus, in Marktforschung und Marktinformation zu investieren. Ein Beobachter des amerikanischen Marktes formulierte einmal überspitzt, daß der Verkaufserfolg in Deutschland zu 70 % von der Produktqualität und zu 30 % vom Marketing abhinge, während es in den USA umgekehrt sei. In einer Studie der *Bayerischen Vereinsbank* äußerten sich deutsche Firmen selbstkritisch über ihre ersten Schritte auf dem amerikanischen Markt *(Bayerische Vereinsbank 1992, S. 55)*:

- Die Bedeutung des Marketing in den USA wurde zu lange unterschätzt, weil man sich auf die Produktqualität verlassen hatte.

81

- Man hatte versäumt, aus den Fehlern anderer deutscher Unternehmen zu lernen.
- Man hatte zu lange versucht, ein »deutsches Unternehmen« in den USA zu errichten, obwohl es sinnvoller gewesen wäre, von Anfang an ein »amerikanisches Unternehmen« (inklusive amerikanischem Geschäftsführer) aufzubauen.
- Man hätte nicht so lange zögern sollen, sondern den Schritt in die USA früher wagen müssen.

Sie können eine Vielzahl von Informationen erhalten, welche Sie in Europa nur schwer bekommen würden. Für jeden Schritt Ihres Engagements können Sie Spezialisten engagieren. Gerade wenn Sie im Konsumgütersegment tätig sind, sollten Sie schon vor Ihren ersten Verhandlungen intensive Marktforschung betreiben. Das amerikanische Konsumverhalten wird sich in vielen Fällen radikal von dem unterscheiden, was Sie aus Europa gewöhnt sind. Markenpolitik, Preispolitik, Distributionskanäle und Kreditbedingungen werden oft völlig anders gestaltet. (s. *Kichniawy 1989*)

Mitte der achtziger Jahre, als die deutsche Werkzeugmaschinenindustrie große Erfolge in den USA verbuchte, gerieten mehrere europäische Einzelhandelsketten und Konsumgüterhersteller in Schwierigkeiten, weil sie die Unterschiede zwischen Europa und den USA unterschätzt hatten. Generell sind Konsumgüter wesentlich billiger als in Deutschland, ein Trend, der durch den schwachen Dollar noch unterstützt wird. Auch heute kommen noch viele hoffnungsvolle deutsche Hersteller mit völlig überzogenen Preisvorstellungen nach Amerika.

Informationsquellen für das US-Geschäft (s. auch Anhang)

- die Deutsch-Amerikanische Handelskammer in New York
- die German-American Trade Center Corporation in Atlanta, Georgia
- andere deutsche, österreichische und schweizerische Handelskammern

- Vertretungen der deutschen Bundesländer in den USA
- Vertretungen der amerikanischen Bundesländer in Europa
- örtliche Handelskammern in den USA
- Messen
- Vertretungen deutscher Messen in den USA (z. B. Hannover-Messe in Princeton und Düsseldorf-Messe in Chicago)
- Branchenverbände (Das Verzeichnis *The Capital Source*, herausgegeben vom *National Journal* in Washington, ist eine erstklassige Adressensammlung und beinhaltet unter anderem eine Liste der in Washington vertretenen Branchenverbände.)
- Branchenzeitschriften
- Fachzeitschriften
- US-Botschaft und Konsulate in Deutschland, Österreich und der Schweiz
- das *U.S. Department of Commerce* (Handelsministerium)
- europäische Unternehmen mit Aktivitäten oder Niederlassungen im amerikanischen Markt (Auskünfte erteilen die entsprechenden Handelskammern.)
- interessante U.S.-Unternehmen
- Jahresberichte und Finanzdaten von U.S.-Unternehmen
- statistisches Material über die U.S.A. (*Statistical Abstract of the United States*, spezielle Konsumenten- und Branchenstatistiken)

Die obige Liste könnte weiter fortgesetzt werden. Im Anhang finden Sie einige wichtige Quellen und Adressen. Marktsegmentierung, Planung, Prognose und statistische Analysen werden in Amerika sehr ernst genommen, selbst dann, wenn einem Europäer manchmal Zweifel über die Zuverlässigkeit des Basismaterials kommen. Behördliche und persönliche Daten sind meist frei verfügbar, so daß das *direkt-response-marketing* in Amerika sehr weit entwickelt ist. Der *Freedom of Information Act* garantiert, daß Reporter fast alle behördlichen Daten einsehen dürfen. Adressen und persönliche Daten von Kunden und Konsumenten werden eifrig zwischen Unternehmen und Direktversandhäusern ausgetauscht.

Amerikanische Unternehmen finanzieren sich vor allem durch Aktienkapital. Auch kleine Unternehmen geben rasch Aktien aus, wenn sie wachsen wollen. Aktiengesellschaften unterliegen einer umfassenden Berichtspflicht. Die Richtlinien für die Finanzbuchhaltung *(Generally Accepted Accounting Principles, GAAP)* sind wesentlich strenger als in Deutschland, der Aufbau stiller Reserven sowie die Verrechnung von betriebsinternen Gewinnen und Verlusten ist wesentlich stärker limitiert als in Deutschland. Aktiengesellschaften müssen einen Jahresbericht mit Bilanz, Gewinn- und Verlustrechnung sowie *cash-flow-statement* veröffentlichen. In den meisten Fällen kommen Quartalsberichte hinzu, um die professionellen Aktienanalysen und Investoren zu informieren. Des weiteren werden Berichte an die *Security and Exchange Commission* verfaßt, welche öffentlich zugänglich sind. Haben Sie einmal Ihre potentiellen Gesprächspartner identifiziert, können und sollten Sie sich über das öffentlich zugängliche Material ein gutes Bild über die entsprechenden Unternehmen verschaffen. 1995 hatte sich erstmals ein deutsches

Anzahl der europäischen Unternehmen, deren Rechnungslegung den strengen Vorschriften in den USA entspricht (1995)

U.K.	52
Holland	10
Frankreich	8
Spanien	7
Italien	6
Schweden	6
Irland	6
Norwegen	3
Portugal	2
Dänemark	2
Deutschland	1

Wall Street Journal, 15. 3. 1995

Großunternehmen *(Daimler-Benz)* den strengen amerikanischen Regeln für die Rechnungslegung unterworfen.

Bei der Vielzahl der vorhandenen Informationen lohnt es sich, professionelle Hilfe zu engagieren. Gute Anlaufpunkte sind Kichniawy und Partner in Düsseldorf, die German-American Trade Center Corporation in Atlanta und die Marketing-Abteilung der Deutsch-Amerikanischen Handelskammer in New York. Für eine vergleichbar geringe Gebühr verschafft man Ihnen hier einen Überblick über die Chance und Risiken Ihres Vorhabens. Für den nächsten Schritt sollten Sie die entsprechenden professionellen Dienstleistungen in Anspruch nehmen. Hierzu gehören, je nach Aufgabe,

- Rechtsanwälte,
- Wirtschaftsprüfer,
- Investmentbanker,
- Marktforschungsinstitute,
- Unternehmensberater,
- Personalberater,
- Werbeagenturen,
- Versicherungsmakler,
- Immobilienmakler,
- Standortspezialisten,
- Lobbyisten
- sowie andere Anbieter von Dienstleistungen.

Für alles gibt es Spezialisten. Die Investitionen für entsprechende Expertenhilfe sind beträchtlich, aber notwendig, wenn Sie es ernst meinen. Selbst an einem einfachen Wohnungskauf sind bis zu sieben Parteien beteiligt: Verkäufer *(seller)*, Käufer *(buyer)*, Makler *(broker,* normalerweise vom Verkäufer beauftragt), Rechtsanwälte *(attorneys)* für eine oder beide Parteien, eine Hypothekengesellschaft *(mortgage company)* und eine Refinanzierungsgesellschaft, an welche Ihre Hypothek weiterverkauft wird *(secondary mortgage company)*. Die Hypothekengesellschaft beauftragt ihrerseits noch einen Gutachter *(appraiser)*, den Wert der Immobilie zu beurteilen, und ein Kreditbüro *(credit rating agency)*, das Ihre Kreditwürdigkeit prüft.

Sie sollten nicht zögern, Experten zu Rate zu ziehen, sobald Ihre Absichten konkret werden. Dies mag im Vergleich zu Deutschland viel Geld kosten und sehr umständlich sein, aber es zahlt sich aus. *Do-it-yourself*-Handbücher für technische Fragen, wie zum Beispiel von der Deutsch-Amerikanischen Handelskammer für der Abschluß von Distributionsabkommen herausgegeben, sind ein guter Startpunkt, um sich zu informieren. Letztlich sollten Sie aber einen Spezialisten hinzuziehen.

Erste Schritte in Amerika

Sie können einige wichtige Vorarbeiten in Deutschland erledigen, zum Beispiel eine Feasibility-Studie durchführen oder einige potentielle Verhandlungspartner identifizieren. Wenn Sie es allerdings ernst meinen, müssen Sie in die USA reisen, und das mehrmals, gegebenenfalls auch mit mehreren Mitarbeitern. Sie müssen ein persönliches *feeling* für Ihren Markt bekommen, egal, wieviel *research* Sie betrieben haben. Briefe stellen sich bei Vertragsverhandlungen fast immer als ineffektiv heraus. Sie können per Brief vielleicht einen ersten Kontakt herstellen oder ein *meeting* vereinbaren, aber Sie werden nicht zu einem *agreement* kommen. Dazu ist das persönliche Treffen notwendig.

Die Vereinbarung von Terminen ist unkompliziert. Amerikanische Führungskräfte sind sehr offen für neue Entwicklungen. Auch als Student hatte ich selten Probleme, selbst wenn ich höhergestellte Persönlichkeiten telefonisch um Termine bat. Kommen Sie aber rasch zur Sache und zeigen Sie Optimismus und Selbstvertrauen. Sollten Sie telefonisch einen Termin vereinbart haben, senden Sie einen *follow-up-letter*, in welchem Sie das Telefongespräch bestätigen. Sie können auch den umgekehrten Weg gehen und zuerst einen Brief mit Ihrem Anliegen sowie Terminvorschlägen senden, dem Sie einen Anruf folgen lassen. (Achten Sie hierbei auf die amerikanischen Feiertage, welche zum Teil anders als in Deutschland liegen.)

Sie werden überrascht sein, wie offen man Sie empfangen wird.

Man wird Sie zunächst so akzeptieren, wie Sie sich darstellen. Gerade darum ist nach den schriftlichen Präliminarien der mündliche Austausch so wichtig: Hier kann Ihr Gesprächspartner genauer erfahren, was Sie zu bieten haben. Allerdings sollten Sie nach den ersten Reisen und *meetings* nicht enttäuscht sein, wenn man Ihr Produkt nicht genauso offen aufnimmt wie Sie. Der Abschluß eines Geschäfts kann in den USA wesentlich schneller als in Deutschland vonstatten gehen, muß es aber nicht.

Appearance counts. Schnell wird ein Gesprächspartner Sie fragen, wo er Sie im Hotel erreichen kann. Vielleicht bietet er Ihnen auch an, Sie von dort abzuholen oder Sie im Hotel zu besuchen. Wählen Sie gute Hotels für Ihren Aufenthalt, die besten, wenn Sie es sich leisten können und wenn es den Umständen angemessen ist. Auf dem Lande bekommen Sie für $ 100 pro Tag schon sehr gute Hotels, in Großstädten wird es teurer. Ein gutes Hotel in New York kostet ab $ 220, ein absolutes Spitzenhotel ab $ 400. Ihr Gesprächspartner wird schnell Rückschlüsse von der Qualität Ihrer Unterkunft auf die Qualität Ihres Unternehmens ziehen. Ihr persönliches Auftreten ist eben genauso wichtig wie Ihr Produkt und Ihre Ideen.

Das Zurschaustellen von Wohlstand wird anerkannt und akzeptiert. Sie können damit Status und Erfolg ausdrücken. Ihre Gesprächspartner werden das gute Hotel als Zeichen Ihres Erfolges werten, nicht als Zeichen von Verschwendung. Als Mittzwanziger und junger Unternehmensberater habe ich manchmal eine Limousine mit Überlänge und Chauffeur gemietet, wenn ich Gesprächspartner beeindrucken wollte. Die Kosten (ca. $ 350 pro Tag) haben sich meist gelohnt. Natürlich sollten Sie sich vorher überlegen, in welchen Fällen Sie ein solches Mittel anwenden. Und wenn Sie es anwenden, reden Sie nicht darüber, sondern lassen Sie die Fakten sprechen.

Auch eine Kreditkarte ist ein unbedingtes Muß, welche für solch tägliche Transaktionen wie Reservierungen, Zahlung von Mietwagen und sonstige Zahlungen benötigt wird. Großen Summen von Bargeld (und »groß« fängt hier schon bei $ 100 an) haftet etwas Kriminelles oder zumindest Zweifelhaftes an. Die *Mastercard*, welche Sie in Europa im Zusammenhang mit der *Eurocard* erhalten, ist fast überall willkommen.

Firmenbroschüren und Verkaufsprospekte

Für *Firmenbroschüren und Verkaufsprospekte* sollten Sie unbedingt professionellen Rat einholen, da diese auf jeden Fall in englisch verfaßt und dem amerikanischen Stil angepaßt sein sollten. In bezug auf die Sprache sind Amerikaner und Angelsachsen sehr ethnozentrisch. Dabei kämpfen sie nicht so verbissen wie die Franzosen um ihre Sprache, sondern setzen Englisch als *lingua franca* einfach voraus. Dies heißt nicht, daß Ihr mündliches Englisch perfekt sein muß – man wird Ihnen im gesprochenen Wort viele Fehler nachsehen und Ihre Bemühungen anerkennen. Ihre Prospekte sollten allerdings professionell und fehlerfrei sein. Sie sollten ausschließlich für den amerikanischen Markt gestaltet worden sein, ohne noch weitere Übersetzungen (zum Beispiel in französisch, spanisch und russisch) zu enthalten.

Die *Bayerische Vereinsbank (1992, S. 21)* berichtet von zum Teil grotesken Fehlübersetzungen. Ein deutscher Hersteller von Autowerkzeugen verwendete in seinem Prospekt die Ausdrücke »*screwy problems*« und »*to undo jammed nuts*«, welche beide in Amerika starke sexuelle Bezüge haben. Ein Unternehmen für Großküchengeräte empfahl »*to have a crispy joint for the midday meal*«, wörtlich übersetzt: »*eine frische Marihuanazigarette zum Mittagessen zu genießen*«.

Firmenbroschüren sollten lange Darstellungen der Firmengeschichte vermeiden und das heikle Thema des Zweiten Weltkriegs aussparen. Statt dessen sollten folgende Informationen gegeben werden:

- Seit wann besteht das Unternehmen?
- Handelt es sich um ein Unternehmen in Familienbesitz oder eine Aktiengesellschaft?
- Was stellt das Unternehmen her?
- Wie groß sind Umsatz und Mitarbeiterzahl? (Bei einer positiven Entwicklung können Sie auch Charts einbauen, welche diese Trends verdeutlichen.)
- Welches sind die besonderen Stärken des Unternehmens?

- In welchen Ländern ist das Unternehmen vertreten?
- Welche Personen gehören zur Geschäftsleitung, und für welche Aufgabenbereiche sind sie zuständig?

Auch bei *Produktbroschüren* ist es wichtig, den amerikanischen Geschmack zu treffen, so daß Sie eine Werbeagentur zu Rate ziehen sollten. Neben der englischen Sprache ist es leider auch notwendig, das empirische anstelle des metrischen Systems zu verwenden. Sie werden sich also mit *inches*, *miles*, *gallons*, *quarts*, *ounces*, *fahrenheit*, *acres* und ähnlichen Maßen herumschlagen müssen (siehe Anhang). Außerhalb der Armee, einiger fortschrittlicher Großunternehmen und einiger Universitätsdisziplinen ist das metrische System leider immer noch unbekannt. Wenn Sie beide Maße angeben, sollten Sie dem empirischen System den ersten Platz einräumen. *Produktbroschüren* sollten folgende Faktoren enthalten:

- Beschreibung der Produkte
- Verwendungsbereich
- Vorteile gegenüber Konkurrenzprodukten

Der letzte Punkt kann und sollte ruhig deutlicher als in Deutschland ausfallen. Amerika ist das Land der vergleichenden Werbung. Seien Sie mit der Darstellung Ihrer Stärken nicht zurückhaltend. Aber machen Sie sich zuvor ein genaues Bild darüber, ob das, was Sie als Stärke ansehen, von Ihren potentiellen Kunden ebenfalls so gesehen wird. So kann es zum Beispiel sein, daß Sie eine sehr teure Landmaschine verkaufen wollen, mit der Ihr potentieller Kunde viel Arbeitskraft sparen kann. Dies mag in Deutschland Sinn machen. Ihre Kunden sind aber vielleicht überhaupt nicht interessiert, weil sie so billige Saisonarbeiter haben, daß sich die Maschine nicht amortisiert.

Ihr erster Vortrag

Irgendwann wird der Moment kommen, an dem Sie einem Komitee Ihre Vorschläge präsentieren müssen. Der Erfolg Ihrer Präsentation wird zu einem großen Teil davon abhängen, wie gut Sie den amerikanischen Präsentationsstil beherrschen. Dies hat nur am Rande mit Ihren Sprachkenntnissen zu tun. Ich habe zu verschiedenen Zeitpunkten zwei deutsche Wirtschaftsminister erlebt, die beide kein meisterhaftes Englisch sprachen. Einer brachte es allerdings fertig, sein Publikum zu faszinieren, während der andere eher Müdigkeit hervorrief. Die Regeln für einen Vortrag sind im Prinzip dieselben wie auch in Europa – direkt, plastisch und praktisch ist die Devise. Im Prinzip stehen Ihnen zwei Stile zur Verfügung, ein humorvoller oder ein sachlich-nüchterner Stil. In beiden Fällen sollten Sie aber die praktische Anwendbarkeit im Auge behalten – »professorale« und allgemeine Vorträge, so sachlich diese auch sein mögen, werden ihr Ziel verfehlen.

Paul Watzlawick (1995, S. 152) glaubt, grundlegende Unterschiede im Vortragsstil zu erkennen. Die objektive, logische, europäische Art wird seiner Meinung nach von den Amerikanern oft als schulmeisterlich und arrogant beurteilt. »In (ebenso unbewußter) amerikanischer Sicht ist es die Rolle eines Vortragenden, sich von seiner Zuhörerschaft bestätigen und ratifizieren zu lassen. Was wir nur schwerlich begreifen, ist, daß der Amerikaner diese Haltung nur jenen Personen gegenüber einnimmt, die ihm sympathisch sind, die er respektiert und an deren Anerkennung es ihm daher liegt.« Das wiederum sehen wir Europäer als übertriebenes Prahlen oder als übertriebene Sucht nach Anerkennung an. Für welchen Stil Sie sich auch entscheiden, Interaktion mit dem Publikum sollte sein.

Ihre Präsentation hat drei Bestandteile – Einführung, Hauptteil, Schluß. Sie sollten alles daran setzen, Ihr Publikum in der *Einführung* »einzufangen«. Benutzen Sie eine Anekdote oder einen Witz, aber nur, wenn diese zum Thema gehören. Das lockert das Klima auf. Schreiben Sie Ihre Einführung Wort für Wort auf und stellen Sie sicher, daß diese Einführung optimal gestaltet ist. Üben Sie zu Hause. Legen Sie Ihren Zuhörern direkt nach dem *attention-getter* dar, wie

Sie von Ihrem Vorschlag profitieren können. *(What's in it for them?)* Belegen Sie Ihre Glaubwürdigkeit. Präsentieren Sie Ihre Tagesordnung. Insgesamt sollte die Einführung zwischen 5 % und 15 % der gesamten Zeit dauern.

Fokussieren Sie den *Hauptteil* Ihrer Präsentation auf die zentrale Botschaft Ihrer Präsentation. Benutzen Sie Wiederholungen, Analogien, Beispiele, Statistiken, Vergleiche, Fachaussagen und andere Mittel – natürlich nur, wenn diese zur zentralen Botschaft beitragen. Benutzen Sie so viele Hilfsmittel, wie sinnvoll sind.

In kleinen, informellen Gruppen können Sie Flipcharts verwenden. Schreiben Sie groß genug, so daß man es auch am Ende des Raumes lesen kann. Gehen Sie an dieses Ende und überzeugen Sie sich. Schreiben Sie nur die zentralen Punkte mit Schlüsselbegriffen nieder. Geben Sie dem Publikum Zeit zu lesen, bevor Sie die Seite wenden. Heften Sie die wichtigsten Blätter an die Wand. Lassen Sie eine unbeschriebene Seite zwischen vorbereiteten Seiten frei. Werfen Sie Ihre Markler weg, sobald die Farbe nachläßt und die Stifte anfangen zu quietschen. Lesen Sie die Seiten nicht vor und drehen Sie dem Publikum nicht den Rücken zu. Schreiben Sie nicht zuviel auf eine Seite. Stellen Sie sich nicht vor das Chart, wenn Sie reden.

Bei größeren oder formellen Gruppen sollten Sie einen Overheadprojektor verwenden. Machen Sie die Charts leserlich und überfrachten Sie diese nicht. *»Your charts are too busy«* ist ein beliebter Kommentar. Die Regel »ein Chart, ein Gedanke« ist in den meisten Fällen ausgezeichnet – übrigens auch für Deutschland. Lesen Sie die Charts nicht vor. Benutzen Sie farbige Marker, um Anmerkungen auf den Charts zu machen.

Der *Schluß* sollte noch einmal eine deutliche Steigerung der Intensität bringen, welche im Hauptteil sicherlich etwas abgefallen ist. Sie brauchen ein überzeugendes Ende. Wiederholen Sie Ihre Hauptgedanken. *(»Let's review the main points we've covered.«)* Schlagen Sie konkrete Handlungen vor. Schreiben Sie auch Ihren Schluß Wort für Wort auf.

Amerikanischer Verhandlungsstil

Amerikaner sind geborene Händler und *dealmaker*, wenn auch in einem sehr spezifischen Sinne. Ein Bestseller von *James Pickens* ist überschrieben *The Art of Closing Any Deal – How to be a Master Closer in Anything You Do (Pickens 1989)*. Da in der amerikanischen Gesellschaft der Schwerpunkt auf dem Individuum liegt, lernen Amerikaner schon sehr früh, daß sie für ihre eigenen Entscheidungen verantwortlich sind, und daß sie in der Gesellschaft Verträge und Kompromisse eingehen müssen. Trotz dieser anerzogenen Neigung zur Verhandlung und zum *dealmaking* ist die Verhandlungsführung in Amerika häufig unkreativ, da sie einer linearen Denkweise folgt und der Verhandlungsprozeß als ein *give and take*, ein gegenseitiges Geben und Nehmen von Konzessionen betrachtet wird. Das folgende Schaubild veranschaulicht den Prozeß:

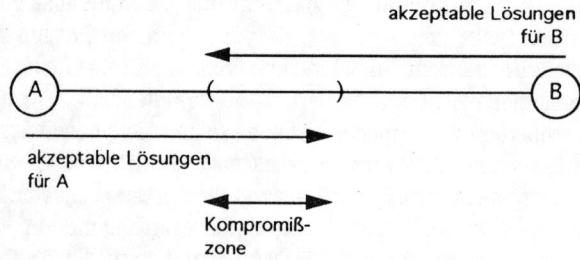

Beide Seiten, A und B, stehen sich auf einem Kontinuum gegenüber. Es gibt eine Reihe von Lösungen, die für beide Seiten akzeptabel sind (mit »Kompromißzone« bezeichnet). Die Verhandlung dreht sich nun darum, ob das Verhandlungsergebnis innerhalb dieses Bereiches näher an A's oder B's Position liegen wird. Kreative Lösungen, welche dieses konfrontative Denken umgehen und völlig neue Lösungen suchen, sind nur sehr schwer zu erreichen. In seinem Buch *Die Sieben Wege zur Effektivität* betont *Steven Covey*, wie wichtig es ist, solche Lösungen zu finden. Sogenannte *win-win-Situationen* sollen es beiden Seiten ermöglichen zu gewinnen *(Covey 1995)*. Ein Grund für den Erfolg der Botschaft von *Covey* ist wahrscheinlich, daß diese *win-win*-Logik noch immer nicht sehr stark im amerikanischen Bewußtsein verankert ist.

In seinem Buch *You can negotiate anything* – der Titel alleine sagt viel über die amerikanische Mentalität aus – beschreibt *Herbert Cohen* eine Familie, deren fünf Mitglieder alle unterschiedliche Vorstellungen über das Urlaubsziel für das kommende Jahr hatten *(Cohen 1982, S. 168)* und sich verzweifelt bemühten, einen Kompromiß zu finden. Die Familie war hoffnungslos in interne Verhandlungen verstrickt, bis Cohen vorbeikam. Cohen bot seine Vermittlungsdienste an und fand heraus, daß es nicht die Orte waren, sondern unterschiedliche Bedürfnisse der Familienmitglieder, welche das Problem darstellten. Der Ehemann wollte Ruhe und eine zwanglose Atmosphäre. Die Frau wollte ausgehen und möglichst wenig Hausarbeit leisten. Der älteste Sohn wollte in die Berge, der zweitälteste zum Angeln. Die Tochter wollte lernen. Als dies einmal klar war, war es nicht mehr schwer, einen Ort zu finden, der alle Ansprüche befriedigte.

Schon früh lernen Amerikaner, mit anderen in Wettbewerb zu treten, den Sieg anzustreben, aber, wenn nötig, mit Anstand zu verlieren *(to lose with grace)*. Das Leben ist ein Wettkampf, bei dem strenge Regeln herrschen und akzeptiert werden. Innerhalb des von diesen Regeln vorgegebenen Freiraums herrscht ein harter, wenngleich meist fairer Wettkampf. In der Schule und im College ist die Neigung der Schüler oder Studenten, in den Tests zu schummeln, wesentlich geringer als in Kontinentaleuropa. Die Bedeutung des Sports in der Erziehung trägt zu dieser kompetitiven Haltung bei, welche sich auch auf Verhandlungen überträgt. Sie sollten sich nicht durch einen informellen Stil täuschen lassen: Verhandlungen sind ein Wettkampf.

Im Gegensatz hierzu hat ein internationaler Beobachter Elemente des deutschen Verhandlungsstils wie folgt gekennzeichnet: »In Deutschland sollten Sie darauf gefaßt sein, innerhalb von einer Marge von 10 % des geforderten Preises abzuschließen. Die Deutschen verhandeln nicht. Die Deutschen beginnen, indem sie genau herausfinden, was Sie benötigen, dann nennen sie Ihnen den Preis« *(Hill 1994, S. 183)*. In der Broschüre *German Business Customs & Practices,*

welche von der Chicago-Vertretung der *Düsseldorf-Messe* herausgegeben wurde, wird der amerikanische Geschäftsmann ermahnt,
nicht zu stark zu schachern: »Deutsche fangen normalerweise mit einem Angebot an, welches schon sehr nahe an den endgültigen Vorstellungen liegt. Ein Verhandlungspartner, der am Anfang wesentlich
höhere Forderungen stellt und am Ende wesentlich weniger akzeptiert, könnte in deutschen Augen an Glaubwürdigkeit verlieren.«

Amerikaner werden in der Regel stärker verhandeln wollen als
Deutsche. Sie können deswegen in Erwägung ziehen, den eigentlichen Preis zu erhöhen, um mehr »Verhandlungsspielraum« zu haben.
Bei Konsumgütern ist dies in Amerika sowieso üblich. Hier werden
die wirklichen Preise durch eine unübersichtliche Masse von Ausver-
käufen und Rabatten verschleiert, damit man dem Käufer das Gefühl
geben kann, er hätte einen besonders guten *deal* gemacht. Auf der anderen Seite kann auch eine geradlinige Verhandlungsführung ohne
großen Verhandlungsspielraum Ihre Gegenüber beeindrucken.

In *International erfolgreich verhandeln* nennt *Jeswald D. Salacuse* zehn Einflüsse von Kultur auf den Verhandlungsstil, die hier
kurz skizziert und auf Amerika angewandt werden *(Salacuse 1992)*.

Salacuse: 10 Einflüsse von Kultur auf den Verhandlungsstil

1. *Verhandlungsziel: Vertrag oder Beziehung?* In einigen Kulturen steht der Vertrag im Vordergrund der Verhandlung. Es
   sollen möglichst alle Eventualitäten durch detaillierte Klau-
   seln erfaßt werden. In anderen Kulturen ist das gegenseitige
   Kennenlernen und der Aufbau einer vertrauensvollen Beziehung wichtig. Amerikaner sind sehr vertragsorientiert. *A deal
   is a deal* – die Beziehung zählt weniger. In den letzten Jahren
   haben Akademiker in Amerika wiederholt darauf hingewiesen, daß der Aufbau dauerhafter Beziehungen eine Stärke
   sein kann. Es ist aber zu bezweifeln, daß sich diese Erkenntnis schon sehr auf die Wirtschaftspraxis ausgewirkt hat.
2. *Verhandlungseinstellung: Gewinn/Verlust oder Gewinn/
   Gewinn?* Wie schon oben dargelegt, spielt der Wettbewerbs-

gedanke in den USA eine große Rolle, so daß häufig eine Gewinn/Verlust-Mentalität vorherrscht.

3. *Persönlicher Stil: zwanglos oder formell?* Der amerikanische Verhandlungsstil wird eher zwanglos sein. Dabei sollten aber nicht die amerikanischen Regeln der Höflichkeit vergessen werden (obwohl auch dies manchmal geschieht). Je nach Industrie und sozialer Klasse Ihrer Verhandlungspartner sollten Sie auf die unterschiedlichen Etiketten achten.

4. *Kommunikation: direkt oder indirekt?* Wird alles direkt angesprochen, oder müssen Sie auf subtile Gesten und Formulierungen achten? Die Kommunikation ist in den USA sehr direkt und explizit.

5. *Zeitbewußtsein: stark oder schwach?* Wollen Sie möglichst schnell zum Abschluß kommen, oder lassen Sie sich Zeit, eine Beziehung aufzubauen? Zeit ist Geld – dieses auch in Europa bekannte Sprichwort stammt aus den USA. Amerikaner kommen sofort zur Sache.

6. *Emotionalität: hoch oder niedrig?* Lassen Sie Fakten oder Emotionen sprechen? Die Emotionalität kann in amerikanischen Verhandlungen durchaus hoch sein. Je besser aber das »Benehmen« der Teammitglieder ist, je mehr diese aus einer traditionellen Branche kommen und je höher die Positionen sind, desto mehr ist Zurückhaltung angesagt.

7. *Form der Übereinkunft: allgemein oder spezifisch?* Amerikaner schließen sehr spezifische Verträge.

8. *Vorgehensweise: induktiv* (vom Speziellen zum Allgemeinen) *oder deduktiv* (vom Allgemeinen zum Speziellen)? Amerikaner bevorzugen eine induktive Vorgehensweise.

9. *Team-Organisation: ein Leiter oder Gruppenkonsens?* Amerikaner haben meist einen Verhandlungsführer, der mit voller Autorität ausgestattet ist und schnell zu einem Abschluß kommen will *(time is money)*.

10. *Risikobereitschaft: groß oder gering?* Die Risikobereitschaft von Amerikanern ist hoch, wenn sie meinen, daß etwas Lohnendes dabei herauskommt.

Stewart und *Bennett (1991, S. 155)* nennen folgende Eigenschaften für den amerikanischen Kommunikationsstil: problemorientiert (induktiv), direkt, explizit, persönlich und informell. *Problemorientiert:* Die Welt besteht aus Einzelproblemen, welche von Individuen zu lösen sind. Diese einzelfallorientierte (induktive) Denkweise wird von Europäern manchmal dahingehend interpretiert, daß Amerikaner sich mit konzeptionellem Denken schwertun. *Direkt:* Amerikaner kommen schnell zur Sache. *Explizit:* Probleme und Tatsachen werden beim Namen genannt. *(He was putting his cards on the table. He was not mincing words. He was not beating around the bush.)* *Persönlich:* Der amerikanische Kommunikationsstil ist sehr persönlich, auch in Geschäftsbeziehungen. Amerikaner haben keine Probleme, auch Fremden sehr persönliche Dinge mitzuteilen. Dabei werden persönliche Gemeinsamkeiten durch gemeinsame Hobbys und Erfahrungen dokumentiert, während Europäer eher gemeinsame Grundauffassungen suchen würden. *Informalität:* Amerikaner kommunizieren meist in einem informellen Stil.

Deutsch-amerikanische Unterschiede

Salacuse gibt als Gegenpol zum amerikanischen Verhandlungsstil den japanischen Stil an. Wo Amerikaner den Vertrag bevorzugen, suchen Japaner die Beziehung, wo Amerikaner in Gewinn/Verlust-Kategorien denken, sehen Japaner den gegenseitigen Gewinn, hier ist der Stil informell, dort formell, und so weiter. In jeder der zehn Dimensionen besetzen Amerikaner und Japaner die Gegenpole. In der folgenden Tabelle werden diese zehn Dimensionen auf Amerikaner und Mitteleuropäer bezogen. Ich stimme nicht in jedem Fall mit *Salacuses* Einordnungen überein, so zum Beispiel bei Dimension 6. Amerikanische Verhandlungen sind gelegentlich emotional (und vielleicht müssen auch Sie im Extremfall einmal emotional werden), es ist aber guter Stil, Gefühle nicht zu zeigen.

In einigen Dimensionen, insbesondere auf der deutschsprachigen Seite, habe ich ein Kontinuum von Möglichkeiten eingetragen. So ist

Unterschiede im amerikanischen und deutschen Verhandlungsstil

Dimension	Amerikaner	Deutsche/Österreicher/Schweizer
1. Vertragsziel	Vertrag	Beziehung oder Vertrag
2. Grundeinstellung	Gewinn/Verlust	Gewinn/Gewinn oder Gewinn/Verlust
3. Persönlicher Stil	informell, allerdings Branchenetikette, soziale und regionale Besonderheiten beachten	formell, bei jüngeren Personen und kreativen Branchen informell
4. Kommunikation	direkt	direkt
5. Zeitbewußtsein	sehr stark	mittel bis schwächer
6. Emotionalität	stark oder schwach	schwach
7. Abkommensform	spezifisch	allgemein oder spezifisch
8. Verfahrensweise	induktiv	deduktiv
9. Teamorganisation	ein Leiter	Konsens oder ein Leiter
10. Risikobereitschaft	groß	gering

zum Beispiel bei uns in vielen Branchen der Aufbau von Geschäftsbeziehungen das Ziel, während in »jüngeren« Branchen und bei jüngeren Führungskräften zunehmend das Vertragsdenken und damit das Gewinn/Verlust-Denken, das Zeitbewußtsein sowie die spezifische Abkommensform in den Vordergrund tritt. Auch die Informalität nimmt zu. Obwohl in Deutschland, Österreich oder der Schweiz der Konsens eine wichtige Rolle spielt, gibt es natürlich auch Teams, in denen alles auf einen Leiter fixiert ist. Auf der anderen Seite nimmt in Amerika das Denken in Beziehungen zu (allerdings mit der Geschwindigkeit eines Gletschers).

Trotz vieler Übereinstimmungen (Mitteleuropäer und Amerikaner bevorzugen zum Beispiel beide eine sachliche und explizite Ausdrucksweise) und einiger Konvergenztendenzen bleiben noch eine ganze Reihe von Problempunkten bei deutsch-/österreichisch-/schweizerisch-amerikanischen Verhandlungen übrig. Knackpunkte sind vor allem die Konflikte zwischen induktiver und deduktiver Denkweise, Zeitbewußtsein, Vertragsziel und Grundeinstellung, Risikobereitschaft und persönlichem Stil.

Problempunkt 1: Denkweise

Beide Parteien sind sich oft nicht bewußt, daß sie nach anderen Denkmustern vorgehen, welche der jeweils anderen Seite nicht »liegen«. Diese kognitiven Aspekte sind am schwierigsten zu überbrükken, da hier tiefe und unbewußte Denkstrukturen berührt werden. Mitteleuropäer gehen normalerweise deduktiv vor. Am Anfang stehen allgemeine Beobachtungen und Annahmen, von denen dann auf konkrete Dinge geschlossen wird. Die systematische Analyse von Zielen, Bedingungen und Erfahrungen aus der Vergangenheit führt dazu, daß alle Optionen explizit erläutert werden, auch diejenigen, welche verworfen worden sind. Im Idealfall führt eine solche Analyse zu *einer* optimalen Lösung, die für beide Seiten zwingend sein sollte. Denken Sie an den Beobachter, der bemerkte, daß Deutsche nicht verhandeln, sondern genau herausfinden, was Sie benötigen, und dann den Preis nennen. Die amerikanische Zeitung *Trade & Culture* drückt dies wie folgt aus: *»To be convincing to a German, an argument must be schlüssig – so complete and logically constructed with solid facts that the conclusion is simply unavoidable.«*

In Präsentationen – auch in mündlichen – führt unsere deduktive Vorgehensweise häufig zu Monologen, welche Amerikanern als sehr lang vorkommen. Es benötigt Zeit, ein logisches Gedankengebäude aufzubauen. Und bevor man nicht das ganze Gedankengebäude aufgebaut hat, kann die Gegenseite auch noch nicht sinnvoll intervenieren, weil sie noch nicht alle Fakten kennt. Der Autor *Philip Glouchevitch* gibt daher den Rat, einen Deutschen nicht zu unterbrechen, selbst wenn er noch so lange redet und selbst wenn man weiß, zu welchem Schluß diese Rede kommt. »Durch eine Unterbrechung stören Sie die Kohärenz und den Fluß der Argumente und bringen Ihren deutschen Gesprächspartner wahrscheinlich aus dem Gleichgewicht« *(Glouchevitch 1993)*. Seien Sie also darauf gefaßt, daß nicht alle Amerikaner Glouchevitch gelesen haben und man vielleicht Ihre schöne, logisch aufgebaute Rede unterbricht.

Amerikaner sind induktiv veranlagt: Sie bevorzugen praktische und konkrete Einzelpunkte und bewegen sich vom Konkreten hin zum Allgemeinen. Amerikanisches Denken wurde einmal als *prozedurales Denken* bezeichnet, welches darauf fokussiert ist, Dinge zu erledigen. Demgegenüber wurde deutsches Denken als *deklaratives Denken* eingestuft, darauf angelegt, Dinge zu beschreiben und zu erklären *(Ryle 1949)*. Auch am Ende eines deutschen deklarativen Denkprozesses kann Aktion stehen. Dann wird aber gehandelt, *weil es so ist,* und nicht, *weil es so gehen könnte*. Das amerikanische Muster, Fakten zu sammeln und zu präsentieren, bezieht sich häufig auf eine bestimmte, auch implizite oder hypothetische Person, welche die Dinge schließlich in Bewegung setzt. Diese Vorgehensweise wird von Stewart und Bennett als *implied agent in American thinking* bezeichnet *(Stewart/Bennett 1991, S. 37)*.

Diese Verbindung von objektivem und subjektivem Denken ist Mitteleuropäern häufig fremd. Wenn die Dinge so sind, dann sind sie so – handelnde Personen werden im zweiten Schritt der Analyse einbezogen. Im Gegensatz dazu ist in der amerikanischen Managementliteratur und Politikwissenschaft eine ganze Industrie entstanden, welche sich mit *decision-making* beschäftigt. Obwohl in beiden Kulturen also die sachliche Analyse (und nicht die persönliche Beziehung) im Vordergrund steht, gibt es gewaltige Unterschiede.

Ein Vertrag ist für Amerikaner eine Sequenz von einzelnen Punkten, welche nacheinander abgehakt werden können, und kein Konstrukt, das als Gesamtheit verhandelt werden muß. Dies kann zu Irritationen führen. Ihre amerikanischen Verhandlungspartner wollen zum Beispiel anfangen, einzelne Punkte zu vereinbaren, Sie haben aber darauf hingewiesen, daß dies keinen Sinn macht, bevor nicht der gesamte Vorschlag auf dem Tisch liegt und »verstanden« wurde. Amerikanisches Drängen sollten Sie weder als Ungeduld noch als

Unhöflichkeit auslegen. Es entspricht einfach der amerikanischen Denkweise, irgendwo anzufangen und »Fortschritte« zu machen. Was bei Verhandlungen noch mit leichten Irritationen übergangen werden kann, wird bei gemischt deutsch-amerikanischen Teams zu einem echten Problem, an dem schon wichtige Projekte gescheitert sind (siehe Kapitel 4).

Selbst wenn Sie meinen, daß es noch gar nicht möglich ist, kompetent über Punkt A zu diskutieren, solange Ihr Gegenüber noch nicht die Punkte E und F kennt, können Sie sich auf eine solche induktive Prozedur einlassen. Amerikaner beginnen früh, Vertragsentwürfe zu schreiben und darüber zu verhandeln. Diese Entwürfe werden beliebig oft revidiert. Erst wenn ein Vertrag unterschrieben ist, hat er Gültigkeit. Die Schriftform ist noch wichtiger als in Deutschland – und das mündliche Versprechen dementsprechend wertlos. In Deutschland kam es zum Beispiel bis weit in die siebziger Jahre hinein vor, daß Reeder, nachdem sie mit den Werften verhandelt hatten, ganze Schiffe per Handschlag in Auftrag gaben. So etwas gibt es auch in Amerika. Aber versuchen Sie nicht, es den deutschen Reedern gleichzutun. Sonst könnten Sie böse Überraschungen erleben.

Sie können Ihre Denkweise und die Klischees über die Deutschen natürlich auch zu Ihrem Vorteil verwenden. Wir gelten nun einmal immer noch als besonders exakt, systematisch und analytisch. Und im Gegensatz zu den Franzosen verbinden wir deduktive Logik fast immer mit objektiven Fakten. Wenn Sie es schaffen, eine »Show« zu veranstalten, in welcher Sie ein eindrucksvolles deduktives Gedankengebäude aufbauen, dabei immer wieder konkrete Beispiele und Humor einfließen lassen und am Ende zu einem »unwiderlegbaren« Schluß kommen, können Sie Ihre Verhandlungspartner mit diesem professoralen Vortragsstil förmlich überrumpeln. Und da Sie einem Klischee entsprechen, nimmt man Ihnen Ihren Vortrag nicht übel. Aufgepaßt: In Neuengland und einigen »vornehmen« Kreisen der Oberschicht sollten Sie auf Signale achten, ob man Ihnen Ihre Show abkauft. Wenn Ihr Gegenüber unruhig wird, ist es an der Zeit aufzuhören. Aber auch in gehobenen Kreisen ist eine Show oft durchaus willkommen. Denken Sie an *Henry Kissinger,* der als nationaler Sicherheitsberater und Außenminister mit seinem angeblich kontinentaleuropäischen Verhalten eine ganze Nation unterhielt und faszinierte.

Problempunkt 2: Grundeinstellung und Verhandlungsstil

Amerikaner sind in den meisten Fällen extrem kompetitiv, selbst (oder gerade) wenn sie sich sehr informell und freundlich geben. Vielleicht hatte Jack Sie am Sonntag zu einem Barbecue nach Hause eingeladen. Seine Frau war sehr charmant, die Kinder wollten mit Ihnen spielen, und man bewirtete Sie sehr zuvorkommend. Sie schwammen einige Runden mit Jack im hauseigenen Swimmingpool. Er erkundigte sich nach Ihrer Familie, beruflichen Laufbahn und nach Ihren Hobbys. Genauso frei erzählte er von seinen Vorlieben. Am Montag kommen Sie mit der Erwartung in den Konferenzraum, die angenehme Unterhaltung vom Vortag fortzusetzen. Statt dessen beginnt Jack, jeden einzelnen Punkt Ihres Vorschlages zu demontieren und in Ihren Augen unangemessene Forderungen zu stellen. Obwohl Jack sich nach amerikanischen Maßstäben völlig korrekt verhält, sind Sie stark irritiert.

Hier hat sich wieder der Wettbewerbsgedanke durchgesetzt. *Aggressiv* ist für Amerikaner keine negative, sondern eine positive Eigenschaft *(he was aggressively pursuing his objectives.* Die Tatsache, daß Sie Ihre Ziele konsequent, aggressiv und hartnäckig verfolgen, spricht für und nicht gegen Sie. Wettbewerb ist die logische Konsequenz einer extrem individualistischen Gesellschaft, die großen Wert auf Leistung legt. Dabei wird auch der härteste Wettbewerb von Verhaltenskonventionen geregelt. Man erwartet vom Verlierer, daß er mit Würde verliert und seinen Optimismus beibehält. Der Sieger darf sich – anders als in Deutschland – ruhig in seinem Ruhm sonnen, sollte aber die unterlegene Partei fair behandeln. *Fair play* ist wichtig, obwohl es in der modernen amerikanischen Gesellschaft oft leidet. Die Amerikaner nennen den nicht mehr ganz fairen und sehr harten Wettbewerb *hardball (He was playing hardball).*

Deutsche, Österreicher und Schweizer haben häufig eine unpersönliche und »objektive« Einstellung zu Verhandlungen. Viele von uns nehmen immer noch an, daß eine *persönliche* Beziehung die *sachliche* Erledigung einer Aufgabe erschweren könnte, weil man einem Freund oder guten Bekannten weniger abschlagen kann. (Bei den Jüngeren ändert sich diese Einstellung allerdings.) Eine solche kühl-distanzierte Verhandlungsführung kann Amerikaner irritieren, die keine Probleme haben, persönliche Nähe und sachliche Kontroverse miteinander zu vereinbaren.

Als Europäer kann man Probleme mit der Vermischung von persönlicher Freundlichkeit und geschäftlicher Kontroverse bekommen. Es mag nicht ganz einfach sein, sich auf dieses Wechselbad einzustellen, aber Sie sollten es tun. Wenn Sie mitten in den härtesten Verhandlungen zu einer Feier eingeladen werden, sollten Sie akzeptieren, denn Ihre Absage würde unter Umständen als echte persönliche Gegnerschaft ausgelegt. Wenn Sie vor den Verhandlungen eingeladen werden, seien Sie ebenfalls auf der Hut – Sie können von Gastfreundschaft nicht auf den Verlauf der geschäftlichen Situation schließen.

Problempunkt 3:
Verhandlungsziel und Zeitbewußtsein

Für Amerikaner steht der *deal*, der individuelle Vertrag, im Vordergrund. Dieser Vertrag *spezifiziert in sehr feinem Detail alle wichtigen Punkte und hat wahrscheinlich eine Menge Eventualitätsklauseln. Wenn Sie den deal* unterzeichnet haben, wird von Ihnen erwartet, daß Sie ihn einhalten, selbst wenn sich die Umstände geändert haben. Amerikaner werden nicht zögern, Sie auf Schadenersatz zu verklagen, wenn Sie aufgrund geänderter Umstände nicht liefern können. Sie sind der Bösewicht, da Sie vertragsbrüchig geworden sind und Ihre Zusage nicht eingehalten haben.

Für uns sind Verträge zwar auch wichtig, aber müssen nicht ganz so detailliert sein. Im deutschen Rechtswesen können unvollständige

Verträge zum Beispiel immer noch vor Gericht nach *Treu und Glauben* ausgelegt werden. Dies beinhaltet die Annahme, daß sich aus der Gesamtkonstruktion des Vertrages eine logische Struktur herausfinden läßt, welche man auch auf neue Situationen übertragen kann. Nichts dergleichen im amerikanischen Recht, welches auf Präzedenzfällen beruht. Lücken im Vertrag können zu erbitterten Kämpfen der Vertragsparteien führen. Achten Sie also darauf, daß Ihr Vorschlag und Ihr Vertrag nicht nur ein logisches Gedankengebäude ergeben, sondern daß alle Einzelfälle (selbst, wenn diese sich schlüssig aus dem Vertrag ergeben würden) schriftlich im Vertrag festgehalten sind. Die Hilfe eines oder mehrerer Rechtsanwälte ist unabdingbar. Für Gerd Kichniawy sind Vertragsleichtsinn und übermäßiges Vertrauen zwei der größten Fehler, welche deutsche Unternehmen in den USA begehen.

Kontinentaleuropäer werden sich in den meisten Fällen bemühen, eine Geschäftsbeziehung aufzubauen. Deswegen geht ihnen unter Umständen ein sehr detaillierter Vertrag gegen die Natur. Er stellt das genaue Gegenteil einer längerfristigen Beziehung dar. Eine solche langfristige Beziehung beruht idealerweise auf objektiven Tatsachen und nicht unbedingt auf persönlicher Sympathie. Bauen Sie ruhig eine Geschäftsbeziehung auf, aber sichern Sie sich mit Verträgen nach amerikanischem Strickmuster ab. Ihr Gegenüber wird dies nicht als Mißtrauensbeweis auslegen, und Sie sind geschützt, falls Ihr Gegenüber seine Ansichten ändern sollte.

Aufgrund dieser Beziehungsorientierung haben Kontinentaleuropäer ein anderes Zeitbewußtsein. Wenn nicht die Basis für eine tragfähige Beziehung geklärt ist, wird man einen Vertrag noch nicht unterzeichnen, sondern weit an der Basis arbeiten. Dies kann auf beiden Seiten zu Irritationen führen. Es ist für Amerikaner eine durchaus übliche Taktik, auf einem Vertragsabschluß innerhalb der nächsten zwei Tage zu bestehen, zum Beispiel, weil man einen Flug zum nächsten Meeting gebucht hat. *Time is money.*

Als Europäer wird man zunächst einmal versucht sein, die Forderung des amerikanischen Gegenübers als Ausübung von Druck zu interpretieren. (Das ist es ja auch, nur ist dieses Verhalten in Amerika vollkommen legitim, und man kontert mit Gegenforderungen.) Man wird sich ungern unter Druck setzen lassen. Trotz der Forderung des Gegenübers wird man einen weiteren Termin vorschlagen, um diese Einzelheiten zu überdenken. Sie sollten eine Alternativstrategie in Erwägung ziehen und Gegenforderungen stellen, selbst wenn diese zu hoch erscheinen. Damit können Sie den Ball zurückspielen.

Problempunkt 4: Konsensorientierung und Risikobereitschaft

Mitteleuropäische Verhandlungsteams agieren zumeist als echte Teams, während amerikanische Delegationen einen klar erkennbaren *team leader* haben. Dies ist normalerweise ein Vorteil für die deutsche Seite – wenn Sie den *team leader* identifiziert haben, können Sie Ihre Präsentation und Verhandlungstaktik auf diesen ausrichten. Ein hierarchisch geführtes Team kann schnell zu einem Abschluß kommen. Amerikaner sind unter Umständen über die langwierigen und schwierigen Konsensfindungsprozesse bei uns irritiert.

Auch die durchschnittliche Risikobereitschaft von Deutschen und Amerikanern ist unterschiedlich. Hofstede gibt Amerika auf einer Skala von 1 (keine Unsicherheitsvermeidung) bis 100 (vollständige Unsicherheitsvermeidung) einen Index von 46, Deutschland einen Index von 65. In Verhandlungen sind Amerikaner eher bereit, Risiken einzugehen, wenn es sich lohnt. Deutsche werden oft die weniger riskante und spektakuläre, aber dafür sichere Lösung vorziehen. Auch werden Amerikaner schneller zu einem Abschluß kommen, wenn der Kompromiß fair erscheint, selbst wenn einige Punkte für beide Seiten ein gewisses Risiko beinhalten.

Verhandeln mit Amerikanern: 10 Tips und Hinweise

1. Finden Sie heraus, wer der Teamleader ist. Nur dessen Wort zählt letztlich.
2. Benutzen Sie kontinentaleuropäische, deduktive Logik gege-

benenfalls als Waffe, seien Sie sich aber darüber im klaren, daß Amerikaner induktiv denken.

3. Seien Sie direkt.
4. Seien Sie darauf gefaßt, daß für Amerikaner nicht nur der Inhalt zählt, sondern daß die amerikanische Seite auch einen sehr genauen Zeitrahmen für die Verhandlungen abgesteckt hat.
5. Bereiten Sie selber klare Zeitpläne und Tagesordnungen vor, und teilen Sie diese Ihren Verhandlungspartnern mit.
6. Nehmen Sie Gelegenheiten zu persönlichen Kontakten wahr. Verwenden Sie Humor und persönliche Elemente auch in der Verhandlung, es sei denn, Sie setzen Distanz bewußt ein.
7. Seien Sie auf der Hut – die Verhandlung ist für Amerikaner ein kompetitiver Wettkampf, auch wenn eine entspannte, persönliche Atmosphäre vorherrscht. Versuchen Sie, sich in der Dualität von persönlicher Sympathie und geschäftlichem Wettkampf wohlzufühlen.
8. Ziehen Sie *immer* einen Rechtsanwalt (oder mehrere) zu Rate.
9. Handeln Sie einen sehr detaillierten Vertrag aus; verlassen Sie sich nicht auf persönliche Beziehungen/mündliche Absprachen.
10. Halten Sie immer, was im Vertrag steht, und bestehen Sie ohne falsche Bedenken auf der Einhaltung des Vertrages, gegebenenfalls auch unter Zuhilfenahme rechtlicher Schritte (es sei denn, eine andere Lösung ist günstiger für Sie).

Sollte ein Konflikt auftreten, versuchen Sie alle Aspekte des Problems zu erfassen. Sammeln Sie Tatsachen, um Ihren Standpunkt zu belegen. Präsentieren Sie diese Fakten klar und direkt. Bleiben Sie bei den Fakten. Schlagen Sie eine Lösung vor, aber deuten Sie an, daß dies nicht die einzige Lösung ist (*»One possible way this can be dealt with is . . .«*). Versuchen Sie, den anderen Standpunkt nachzuvollziehen, und stellen Sie gegebenenfalls Verständnisfragen. Suchen Sie nach einer *win-win*-Situation. Bleiben Sie nicht bei den Prinzipien hängen, sondern gehen Sie einen Schritt weiter. Entwickeln Sie einen Plan für das weitere Vorgehen. Selbst ein solcher Plan wirkt oft als Katalysator, auch wenn lediglich Verfahrensweisen besprochen werden.

Hinweise für unterschiedliche Verhandlungssituationen

Es ist wahrscheinlich, daß Sie eines der folgenden sechs Verhandlungsmotive haben: 1. Sie wollen Ihre Produkte oder Dienstleistungen verkaufen, 2. Sie wollen Produkte oder Lizenzen einkaufen, 3. Sie wollen eine Produktionsstätte aufbauen, 4. Sie wollen ein Unternehmen kaufen, 5. Sie wollen eine Kooperation oder Allianz aufbauen, und 6. Sie wollen persönliche Investitionen tätigen. Alle diese Situationen unterscheiden sich bezüglich des Verhandlungsstils und der Art von professioneller Hilfe, welche Sie in Anspruch nehmen sollten.

1. Verkauf von Produkten oder Dienstleistungen: Wenn Sie ganz am Anfang stehen, sollten Sie die Marketing-Abteilungen der Deutsch-/Österreichisch-/Schweizerisch-Amerikanischen Handelskammer in New York kontaktieren, bei spezifischeren und umfassenderen Fragestellungen gegebenenfalls eine Unternehmensberatungsgesellschaft. Dabei sollten Sie aber die Kosten eines Beratungsengagements und den Einsatz eines eigenen Projektteams gegeneinander abwägen. Ein guter und auf Ihre Fragestellungen spezialisierter Berater hat einen Wissensvorsprung, welchen er Ihnen vermitteln kann. Oft ist das entsprechende Beratungsunternehmen aber nicht spezialisiert, so daß auch der Berater sich erst kundig machen muß. In diesem Falle ist es meistens besser, in ein eigenes Projektteam zu investieren. Dies hat den Vorteil, daß Wissen durch *learning by doing* im Unternehmen aufgebaut wird.

Die Gestaltung der Firmen- und Produktbroschüre sollte auf jeden Fall durch eine amerikanische Werbeagentur übernommen werden, *nachdem* Sie oder ein Unternehmensberater die spezifischen Vorteile

Ihres Produktes herausgefunden haben, *so wie diese sich für Amerikaner darstellen.* Denken Sie daran, daß für Amerikaner Marketing- und Finanzinformationen wichtiger als Produktinformationen sind (zum Beispiel Zielgruppe, Absatzpotential, Vorteile, Umsatzrenditen). Lassen Sie sich im Zweifelsfalle beraten. Bei der Vertragsgestaltung sollten Sie einen spezialisierten Rechtsanwalt zu Rate ziehen. Bedenken Sie, daß ein Vertrag, welcher den Verkauf von Gütern im Werte von mehr als $ 500 beinhaltet, auf jeden Fall schriftlich niedergelegt werden muß, damit er Gültigkeit besitzt. Ihr Gegenüber kann und wird Ihnen vielleicht viel versprechen. Darauf verlassen können Sie sich erst, wenn Sie ein Stück Papier in der Hand halten. Es kann daher sinnvoll sein, immer schriftlich Zwischenergebnisse festzuhalten und in Form von Übereinkunftserklärungen *(memorandum of understanding)* zu unterzeichnen.

2. Einkauf von Produkten oder Dienstleistungen: Hier müssen Sie sich auf einen harten Verhandlungsprozeß oder auch auf auktionsähnliche Situationen gefaßt machen. Was zählt, ist der Preis, den Sie bieten, wenig mehr. Etablierte Geschäftsbeziehungen sind zweitrangig. So erhielt zum Beispiel ein deutscher Verlag, der schon die deutschen Rechte für verschiedene Werke eines bestimmten amerikanischen Autors erworben hatte, bei einem neuen Buch nicht den Zuschlag, weil das eigene Gebot leicht unter einem Konkurrenzgebot lag. In verschiedenen Fällen mag es sinnvoll sein, einen Agenten einzuschalten. Dieser wird zwar kräftige Umsatzbeteiligungen oder Gebühren fordern, arbeitet aber meist auf Erfolgsbasis. Er kennt die Usancen der Branche und hat die entsprechenden Kontakte, so daß sich die Investition oft lohnen wird, gerade bei Rechten oder Dienstleistungen. Zum Vertragsabschluß sollten Sie natürlich wieder einen Rechtsanwalt hinzuziehen.

3. Aufbau einer Produktions- oder Vertriebsstätte: Bis 1990 hatte immerhin fast ein Drittel der in einer Umfrage befragten Unternehmen keinerlei Standortanalyse betrieben, bevor sie ihre Standortentscheidungen fällten *(Price Waterhouse/Commerzbank 1990, S. 12).* Ziehen Sie einen *Location Analyst* zu Rate. Die Gebühren von bis zu

100 000 $ für die Analyse und einer ähnlichen Summe für die Implementation (Hilfe bei Miete, Kauf, Verhandlung mit Behörden, Bauunternehmern) können sich rasch amortisieren. Unterschätzen Sie bei größeren Investitionen auch die Rolle der Bundesstaaten, Landkreise oder Kommunen nicht. Wenn Sie richtig verhandeln, können diese Ihnen eine Vielzahl von Vergünstigungen einräumen. Hier kann Ihnen ein guter Lobbyist helfen. Diese Spezies ist meist in den angesehenen Rechtsanwaltskanzleien am Ort zu finden. Treffen Sie sich mit »Ihrem« Abgeordneten, normalerweise wird er Ihnen gerne helfen. (Und in der Zukunft vielleicht auch einmal eine »campaign contribution« erwarten.)

Sie sollten sich an die Idee gewöhnen, in Führungspositionen Amerikaner oder Deutsche mit langjähriger Amerika-Erfahrung und nachweisbaren Erfolgen im US-Geschäft einzusetzen und keine Führungskräfte aus dem Stammhaus. Während Mitte der achtziger Jahre noch Geschäftsführer aus Deutschland vorgezogen wurden (Vertrieb und Finanzen waren schon länger in amerikanischer Hand), haben sich die Prioritäten klar geändert. Anstelle der Kenntnis des Mutterhauses steht mittlerweile die Kenntnis des amerikanischen Marktes und der amerikanischen Mentalität klar im Vordergrund. *Arthur Andersen* und die *Landesgirokasse* zitieren in einer Umfrage von 1992 die folgende Einschätzung: *»Deutsche Führungskräfte beanspruchen Privilegien, verhalten sich als Deutsche, kennen den amerikanischen Markt zu wenig und gehen am Markt nicht hart genug vor«* *(Arthur Andersen/Landesgirokasse 1992, S. 15).* 1992 hatten 56 % der befragten Unternehmen einen amerikanischen Geschäftsführer, 75 % einen amerikanischen Finanzchef und 72 % einen amerikanischen Marketingchef. Auch wäre es äußerst unklug, die Führungsverantwortung zwischen Europäern und Amerikanern zu teilen. In amerikanischen Unternehmen gibt es nur *einen* Boss (siehe Kapitel 4). Ziehen Sie bei der Suche von Führungskräften einen spezialisierten Personalberater zu Rate.

4. Kauf eines Unternehmens: In einer Umfrage, welche die *Deutsch-Amerikanische Handelskammer* mit *Arthur Young International* durchführte (ca. 1987) gaben 73 % der befragten deutschen Unternehmen an, daß sie eine neue Tochtergesellschaft aufgebaut hatten. 21 % hatten ein amerikanisches Unternehmen übernommen, 6 % waren ein *Joint-venture* eingegangen. Bei 17 % der befragten Unternehmen wurden die Erwartungen übererfüllt, bei 41 % erfüllt. Allerdings waren auch 22 % leicht unzufrieden und 20 % sehr unzufrieden mit ihrer Akquisition. Beratung zahlt sich aus.

Hier können Sie sich zunächst an Ihre deutsche Hausbank wenden, wenn diese in den USA vertreten ist. Sie sollten aber auch darauf bestehen, daß eine amerikanische spezialisierte Investmentbank sowie eine qualifizierte Wirtschaftsprüfungsgesellschaft eingeschaltet werden. In den USA sind Fusionen und Übernahmen wichtige Instrumente zur Expansion und zur Erringung von Wettbewerbsvorteilen. Auch in Deutschland werden diese Instrumente zunehmend genutzt *(vgl. Haspeslagh-Jemison 1992)*. Es lohnt sich, diese Option ernsthaft zu prüfen.

5. Kooperationen und Allianzen: Denken Sie daran, daß eine Kooperation für Amerikaner einen geringeren Stellenwert hat: Sie ist entweder ein *deal* (spezifisch, verbindlich) oder eine Absichtserklärung (unverbindlich). Sie benötigen detaillierte Verträge (vgl. auch *Bleeke/Ernst 1994*).

6. Persönliche Investitionen: Die USA sind immer noch und immer wieder eines der attraktivsten Länder für persönliche Investitionen. Sollten Sie in Aktien oder Anleihen investieren, können Sie nicht verhandeln. Ziehen Sie deutsche Banken oder amerikanische Investment-Spezialisten zu Rate. *Venture capital* oder *high-growth stocks* versprechen und erzielen oft überdurchschnittliche Erfolge. Es versteht sich von selbst, daß auch das Risiko höher ist und daß Sie über eine gute Marktkenntnis verfügen sollten. Bei Immobilieninvestitionen haben Sie natürlich einen großen Verhandlungsspielraum. Es empfiehlt sich, die Finanzierung im voraus abzuklären, weil diese sehr schwierig werden kann. Auch sollten Sie einen Gutachter *(appraiser)* einschalten, bevor Sie einen Vertrag unterzeichnen.

4 Arbeiten in und mit amerikanischen Unternehmen

Wenn Sie für ein amerikanisches Unternehmen oder mit einem amerikanischen Unternehmen arbeiten, müssen Sie sich auf grundlegende Unterschiede zur deutschen Arbeitsweise gefaßt machen, und das, obwohl ein Großteil unserer Managementliteratur von amerikanischen Autoren stammt. Konzepte wie *Management by Objectives*, dann *strategische Planung, Wertanalyse, Total Quality Management, Lean Management, lernende Organisationen* und schließlich *Business Reengineering (vgl. Hammer/Champy 1995)* haben Eingang in die deutsche Begriffswelt gefunden. Wir sollten uns aber bewußt sein, daß diese Konzepte vor einem Hintergrund entstanden sind, der sich stark von unseren Gegebenheiten unterscheidet.

Business Reengineering ist zum Beispiel der Versuch, den in vielen amerikanischen Unternehmen immer noch vorherrschenden Taylorismus, welcher meist mit hierarchischen Strukturen einhergeht, durch Prozeßorientierung zu ersetzen. Diese Prozeßorientierung ist in vielen deutschen Produktionsbetrieben nichts Neues. In einer internationalen Studie von *Droege & Company* gaben 86 % aller befragten deutschen sowie 70 % aller befragten japanischen Unternehmen an, daß Prozesse wichtiger als Strukturen seien. Nur 18 % der befragten amerikanischen Unternehmen sahen dies so *(Droege & Company 1995, S. 159). Lean Management* ist ein weiteres Beispiel – amerikanische Unternehmen weisen oft *mehr* Hierarchieebenen als dementsprechende deutsche Unternehmen auf. Gerade das Heer der verschiedenen *vice presidents* ist, wie bereits angesprochen, unüberschaubar geworden. Die Relationen dürften sich zwar nach den amerikanischen »Säuberungswellen« *(downsizing, restructuring)* der achtziger Jahre etwas verschoben haben, aber Deutschland wird im Laufe der neunziger Jahre nachziehen.

In den folgenden Abschnitten werden einige Grundcharakteristika amerikanischer Organisationen erläutert. Einiges mag überspitzt klingen, aber es geht mir hier darum, die Unterschiede zu deutschen Unternehmen herauszuarbeiten, und nicht, die Gemeinsamkeiten festzustellen. Die Kenntnis dieser Unterschiede versetzt Sie in die Lage, die grundlegenden Mechanismen in amerikanischen Unternehmen besser zu verstehen. Dies gilt auch für amerikanische Unternehmen in Europa, welche sich zwar natürlich europäischen Gegebenheiten und Sozialsystemen angepaßt haben, aber zumeist in ihren Managementstrukturen und -methoden amerikanisch geblieben sind. Sobald Sie mit dem Topmanagement in den Muttergesellschaften zu tun haben, werden Sie sowieso mit dem amerikanischen Managementstil konfrontiert werden. Nach der Darstellung einiger grundlegender Zusammenhänge werden im zweiten Teil des Kapitels konkrete Hilfen für das Arbeiten in amerikanischen Unternehmen und den Umgang mit amerikanischen Kollegen und Vorgesetzten gegeben.

Amerikanische Organisationsstrukturen: Fortwirken des Taylorismus, strenge Hierarchien, permanenter Wandel und Betonung der Teamarbeit

Die Prozesse der Industrialisierung im neunzehnten Jahrhundert verliefen in Mitteleuropa und den USA höchst unterschiedlich. Der amerikanische Wirtschaftshistoriker *Alfred Chandler* führt dies auf die unterschiedliche Ausstattung mit Produktionsfaktoren zurück (vgl. *Chandler 1990*). Während in den USA Rohmaterial und Land im Überfluß vorhanden waren, stellten gelernte Arbeits- und Führungskräfte absolute Mangelware dar. In Mitteleuropa hingegen war eine gut ausgebildete Bevölkerung vorhanden, während Rohmaterial und andere natürliche Ressourcen knapp waren. Diese unterschiedlichen

Grundvoraussetzungen führten in den USA zu standardisierten und möglichst arbeitssparenden Produktionsverfahren, in denen ungelernte Kräfte jederzeit eingesetzt werden konnten. Die logischen Endpunkte dieser Entwicklung waren Taylorismus und Fließbandarbeit. In Mitteleuropa hingegen basierten viele Industriezweige auf dem flexiblen Einsatz gelernter Arbeiter und permanenter Produktinnovation. Das begünstigte unter anderem das Wachstum des industriellen Mittelstandes, der in Amerika fast nicht vorhanden war.

Amerikanische Führungsstrukturen sind fast immer auf den *President* oder *Chief Executive Officer* (CEO, Vorstandsvorsitzender) zugeschnitten. Oft wird das Amt des *Chairman of the Board* (Aufsichtsratsvorsitzender) sogar in Personalunion mit dem Amt des CEO ausgeübt. Das *Executive Board* (der Vorstand) ist kein Kollegialorgan; die einzelnen Mitglieder sind dem CEO klar untergeordnet – *they serve at the pleasure of their chief executive officer.* Dasselbe gilt natürlich für einen CEO, wenn er einen sehr starken *Chairman* hat. *Henry Ford II,* Chairman von *Ford,* kündigte seinem CEO *Lee Iacocca* praktisch über Nacht. Als *Iacocca* nach dem Grund fragte, bekam er zu hören: *»I just don't like you very much.«* Eine Teilung der Führungsverantwortung hat in amerikanischen Unternehmen keine Chance – *there is only one captain on the ship.*

Die Ausrichtung auf die Spitze läßt sich auch in der Politik beobachten. Die Minister der Bundesregierung sind theoretisch reine Erfüllungsgehilfen des amerikanischen Präsidenten, wobei die Amtsbezeichnung *secretary* durchaus bezeichnend ist. *Richard Nixon* und Sicherheitsberater *Henry Kissinger* waren bekannt dafür, daß sie die Außenpolitik an Außenminister *William Rogers* vorbei betrieben, bis Kissinger selber Außenminister wurde. Auch Stellvertreter haben meist keine echte Funktion. Über *Hubert Humphrey* kursierte zu dessen Zeit als Vizepräsident *Lyndon B. Johnsons* folgender Witz: *»I don't know if you remember Hubert Humphrey. He used to be an senator.«* Diese klaren Vorgesetzten-Mitarbeiter-Strukturen lassen sich auf jeder Ebene des amerikanischen Lebens bis zur Fabrikhalle *(factory floor, shop floor)* und *McDonald's* wiederfinden.

Erinnern wird uns an die Analyse der amerikanischen Gesellschaft in Kapitel 1: Die amerikanische Gesellschaft ist individualistisch, partikularisch, analytisch, legalistisch, lose strukturiert und mobil. Es läßt sich argumentieren, daß relativ autoritäre Strukturen notwendig sind, damit Organisationen in einer losen Gesellschaft wie der amerikanischen überhaupt funktionieren können. Deswegen schwanken amerikanische Unternehmen auch zwischen zwei Organisationsformen, welche von Hofstede als »Markt« und »Pyramide« bezeichnet wurden (vgl. Kapitel 1). Auf der einen Seite sind sie extrem lose strukturiert, d. h. Mitarbeiter verlassen ständig das Unternehmen, neue Mitarbeiter kommen. Auf der anderen Seite ist die Hierarchie in den Unternehmen stark ausgeprägt.

Hampden-Turner und *Trompenaars* verwenden die Pyramide und die Zwiebel als Metaphern, um die Unterschiede zwischen dem amerikanischen und japanischen Managementstil darzustellen *(1993, S. 156)*.

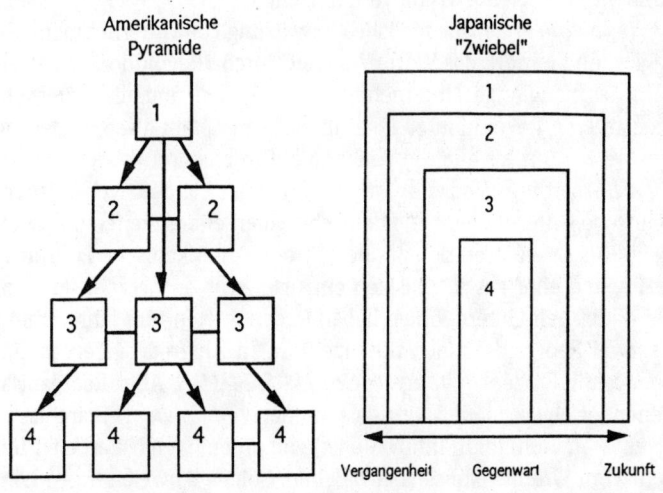

Im amerikanischen Modell wird demnach »geführt«, im japanischen Modell wird »synchronisiert«. In einem amerikanischen Unternehmen werden topdown die Ziele festgesetzt, welche dann auf den entsprechenden Hierarchieebenen konkretisiert werden. Japani-

113

sche Vorgesetzte versuchen eher, die Standpukte der Mitarbeiter in ihrem Umfeld aufzunehmen und die Ziele und Handlungen aller in Gleichklang zu bringen. Im amerikanischen Modell besteht außerdem ein Widerspruch zwischen *top-down*-Führung und *bottom-up*-Partizipation. Dieser Widerspruch kann zugunsten des ersten oder zweiten Stils gelöst werden. Die Balance kann sich im Laufe der Zeit ändern, aber ein Widerspruch ist immer da. Dieser Widerspruch existiert im synchronen japanischen Modell nicht. Bei der *top-down*-Führung besteht auch die Gefahr, daß der Vorgesetzte seinen Mitarbeiter exakt vorschreibt, was zu tun ist. Dann ist aber entweder der *job* des Vorgesetzten oder der des Mitarbeiters eigentlich überflüssig. Fehler können sich über die Hierarchie hinweg »verstärken«, weil jede Ebene es »noch besser« machen will. Erfolgt auf der anderen Seite eine *bottom-up*-Partizipation, welche ernst genommen wird, kann die strategische Vision verlorengehen.

Wenn *Tom Peters* die radikale Umwälzung von Unternehmen propagiert und fordert, das Wort »Wandel« durch »Revolution« zu ersetzen, das neugierige Unternehmen zu schaffen und die unternehmensinterne Revolution zu institutionalisieren, fällt diese Forderung sowohl bei uns als auch in Amerika auf fruchtbaren Boden *(Peters 1995)*. Allerdings sind die Gründe in beiden Ländern verschieden. Deutsche Unternehmen und deutsche Mitarbeiter scheuen häufig Risiken und orientieren sich am Bewährten. Amerikanische Führungskräfte sind eher gewillt, Risiken einzugehen. Nur vierzehn Prozent der deutschen Unternehmen haben in den letzten fünf Jahren mehr als zwei Reorganisationen durchgeführt. In Amerika waren es einunddreißig Prozent *(Droege & Co. 1995, S. 159)*. Aber Reorganisationen erfolgen in den USA fast immer *top-down*. Hierarchische Strukturen verhindern Innovationen von unten, weil Mitarbeiter ungern vom Gruppenkonsens abweichen. Solche Abweichungen können Sie schnell Ihren Job kosten.

Lewin Lehr, CEO von 3M in den frühen achtziger Jahren, erzählte mit Stolz folgende Geschichte: Ein Mitarbeiter von *3M* hatte ein Budget erhalten, um eine Produktentwicklung zu realisieren. Nach einem Jahr stoppte der Vorgesetzte das Projekt. Der Mitarbeiter weigerte sich aufzuhören. Ihm wurde gekündigt, aber er bezog ein ungenutztes Büro und arbeitete ohne Gehalt an seiner Idee weiter. Dann wurde er wieder eingestellt, und sein Produkt wurde sehr erfolgreich. Schließlich wurde er zum *Vice President* befördert *(Deal/ Kennedy 1982, S. 53)*. Das Beispiel ist illustrativ, nicht weil es die Normalität, sondern weil es den Sonderfall darstellt. Jedes Unternehmen wünscht sich starke Einzelgänger, aber wie viele Amerikaner würden sich bei der Gefahr einer Kündigung so verhalten wie im obigen Beispiel? Wenige Managementbücher erwähnen das Thema, aber Angst ist in vielen amerikanischen Organisationen ein ständiger Begleiter *(Ryan/Oestreich 1991)*.

Konstroffer (1995, S. 165) spricht von einem Gegensatz zwischen amerikanischer Teamorientierung und deutscher Hierarchie. Damit trifft er den Sachverhalt nicht ganz. Weil in Deutschland die einzelnen Positionen in den Hierarchien relativ sicher sind, werden abweichende Meinungen eher toleriert. Es ist allerdings auch schwerer, schnell einen Gruppenkonsens herzustellen. In Amerika, wo Arbeitsplätze sehr schnell entstehen und verschwinden, tun Sie gut daran, sich uneingeschränkt an die Vorgaben des Teamleaders zu halten, wenn die Marschrichtung erst einmal festgelegt wurde. Sonst sind Sie schnell ohne *job*. In der Phase der Entscheidungsfindung sollten Sie sich allerdings aktiv an der Diskussion beteiligen und durchaus bestimmte Lösungen propagieren. Diese *advocacy* wird gerne gesehen, denn Entscheidungsfindung ist ein Wettkampf der Ideen.

Die amerikanische Form der Teamarbeit ermöglicht schnelle Reaktionen und im optimalen Fall eine unglaubliche Dynamik. Genausogut kann es aber vorkommen, daß das Team vorschnell eine falsche Marschrichtung einschlägt und lange mit den Konsequenzen zu kämpfen hat. Wir Deutsche erarbeiten *Systeme*, in welchen der einzelne sich innerhalb der sehr spezifischen Regeln eigenverantwortlich bewegen kann. Dieser Lösungsprozeß dauert länger und kann manchmal in einer sich sehr schnell verändernden Umwelt Probleme hervorrufen. (Allerdings schaffen auch die Systeme ihre eigene Ordnung: Der Zusammenbruch aller Strukturen, von Peters als wichtiges Merkmal des neuen Unternehmensumfeldes gesehen, kann auch auf die Unfähigkeit zurückgeführt werden, überhaupt vernünftige Systeme zu schaffen. Das liegt aber nicht immer an der Umwelt.) Amerikaner erarbeiten *Lösungen für Einzelfälle* oder Kategorien von Fällen, so daß sehr häufig *task forces* oder Teams eingesetzt werden.

In der Theorie ist Amerika ein sehr egalitäres Land. In der Praxis sieht es anders aus. In einer zukunftsorientierten Gesellschaft sind die Leistungen von gestern schnell vergessen. Da die sichtbare Demonstration von Leistung einen wichtigen Stellenwert einnimmt und Unternehmensstrukturen sich häufig ändern, benötigen viele Führungskräfte die ständige Anerkennung der eigenen Leistung durch ihre Mitarbeiter – und bekommen diese auch. Amerikanische CEOs lassen sich in Siegerpose für Zeitschriften abbilden und sonnen sich in ihrem Ruhm. Wer erinnert sich nicht an *Lee Iacoccas* Selbstdarstellungen Mitte der achtziger Jahre! (Mittlerweile scheinen auch deutsche Topmanager dieses Verhalten zu übernehmen.)

Ich wurde zum ersten Mal damit konfrontiert, als ich Mitte der achtziger Jahre in einem bekannten amerikanischen Forschungsinstitut für Wirtschaftsfragen arbeitete, dessen Publikationen und Prognosen eine Zeitlang die internationale Diskussion dominierten. Obwohl die meisten Mitarbeiter gestandene Akademiker mit eindrucksvollen Werdegängen waren, war ich immer wieder erstaunt, wie stark und unverblümt dem Ego des Direktors geschmeichelt wurde, auch im internen Umgang. Das war ich aus Deutschland nicht gewöhnt. Beobachten Sie am besten die individuelle Praxis in der Organisation, in welcher Sie sich bewegen.

Nach dieser eher gemischten Beurteilung der amerikanischen Organisationskultur einige Sätze zu den Vorteilen. Wenn Sie sich in einem interaktiven und extravertierten Umfeld wohl fühlen, bereit sind, sich an kurzfristigen Maßstäben messen zu lassen und sich ohne Wenn und Aber für die jeweiligen Team- und Unternehmensziele einzusetzen, werden Ihnen wenige mitteleuropäische Unternehmen die Aufstiegs- und Gehaltschancen bieten können, die Sie in amerikanischen Unternehmen finden können. Sie werden ein breites Spektrum interessanter Aufgaben übertragen bekommen. Und: Man wird Ihnen Ihren Erfolg nicht neiden, wenn Sie etwas erreicht haben, sondern Sie im Gegenteil als Vorbild für andere herausstellen.

Corporate Mission (Unternehmensziel) und strategische Planung

In den letzten zwanzig Jahren sind *Unternehmensziele* und *strategische Planung* auch in Mitteleuropa zu vielgebrauchten Managementbegriffen geworden. Bis heute unterscheiden sich Mitteleuropa und die USA aber beträchtlich in der Anwendung und Interpretation beider Begriffe. In Amerika wird der Prozeß der Zielformulierung und strategischen Planung in vielen Unternehmen sehr ernst genommen (auch wenn diese Pläne dann nicht immer umgesetzt werden). Sechzig Prozent der eintausend größten amerikanischen Unternehmen haben ausformulierte *mission statements*. Gerd Kichniawy vergleicht ein US-Unternehmen ohne *mission statements* mit einem Hochleistungsruderboot, welches mit nur einem Ruder ausgestattet wurde. In Europa betrachten wir diese Übungen häufig noch mit etwas mehr Skepsis.

Das *Unternehmensziel (corporate vision, corporate mission)* gibt knapp und prägnant, möglichst in einem Satz oder Absatz, die grundlegenden Ziele des Unternehmens an. Diese Ziele sind normalerweise auch über längere Zeiträume stabil. Sie können sich aber durchaus ändern: Als aus *U.S. Steel* im Laufe der siebziger Jahre zunehmend ein Konglomerat wurde, welches nur noch teilweise mit Stahl zu tun hatte, wurde das Unternehmen kurzerhand in *USX* umbenannt.

Der strategische Plan erörtert, wie die Unternehmensziele über einen Zeitraum von mehreren Jahren erreicht werden sollten. Er ist ein Vertrag zwischen Management, Aktionären *(shareholders)* und Mitarbeitern des Unternehmens und bildet den Rahmen, in welchem jeder Vorgesetzte »Abkommen« über geforderte Leistungen und mögliche Belohnung mit seinen Mitarbeitern abschließen kann.

Die schriftliche Ausformulierung der erwarteten Leistungen und Ziele ist aus verschiedenen Gründen wichtiger als in Mitteleuropa. In einer vertragsorientierten Kultur ist sie von größerer Bedeutung als in einer beziehungsorientierten. Weiterhin ist die Macht eines Vorgesetzten in den USA ungleich höher als in Mitteleuropa. Die schriftliche Fixierung stellt somit in den USA ein Schutzelement gegen Willkür dar.

Die einzelnen Personen in einem Unternehmen wechseln in den USA schneller, so daß der strategische Plan Stabilität erzeugt. Durch den Einfluß der Börsen wird das unternehmerische Denken wesentlich stärker von finanziellen Erwägungen beeinflußt als in Mitteleuropa. Langfristiges Denken wird dadurch gelegentlich vernachlässigt. Die *mission* und der strategische Plan geben dem Unternehmen eine Identität, welche dauerhafter ist als der Börsenwert und die Profitabilitätszahlen des letzten Jahres.

Beispiel: Avon Cosmetics GmbH, Deutschland

Unser Ziel (Vision)

Wir werden die Wünsche, Erwartungen und Ansprüche der Frauen besser als jedes andere Unternehmen erkennen und erfüllen.

Unsere Aufgabe (Mission)

Wir wollen Deutschlands führendes Direktverkaufsunternehmen für Schönheitsprodukte und Schönheitsberatung werden, indem wir über unser Beraterinnen-System herausragende Service-Leistungen und bequeme Einkaufsmöglichkeiten bieten, und zwar allen Kunden mit einer positiven Einstellung zum Direktverkauf und zu Avon-Produkten.

Mittelpunkt unserer Strategie ist die *Zufriedenheit unserer Kunden*. Sie ist der wesentliche Grundstein für unseren zukünftigen Erfolg. Wichtigste Voraussetzung, unser Ziel – unsere Vision – zu erreichen, ist, daß alle Bereiche, alle Management-Ebenen und alle Beschäftigten voll dahinter stehen und daran mitwirken. Unser Erfolg hängt vom persönlichen Einsatz eines jeden Einzelnen ab.

Informationsbroschüre »HERZLICH WILLKOMMEN BEI AVON«, Avon Cosmetics GmbH, München

In Deutschland ist die Unternehmensidentität in vielen Fällen noch durch die Unternehmensgeschichte und die bestehenden Beziehungsgeflechte definiert. Diese reichen oftmals aus, in einem Umfeld mit geringerer Personalfluktuation implizit die Werte und Ziele des Unternehmens zu vermitteln. Deutsche Führungskräfte und Arbeitnehmer würden auch eher Widerstand leisten, wenn das Unternehmen ihnen bestimmte Werte *(core values)* vorschreiben würde, da die persönlichen Werte aus einem individuellen weltanschaulich-philosophischen Wertesystem abgeleitet werden. Amerikaner definieren sich stärker durch die Zugehörigkeiten zu bestimmten Organisationen oder Gruppen. Ein *mission statement* ist die Selbstdarstellung einer Organisation von zentraler Bedeutung für das Leben – des Arbeitgebers. Wenn man sich nicht mit den *core values* identifizieren kann, wechselt man eben den Arbeitsplatz. Der Einfluß der Unternehmensphilosophien sollte angesichts der insgesamt längeren Arbeitszeit und der oftmals schwächeren Trennung von Berufs- und Privatleben in den USA nicht unterschätzt werden.

Operative Planung und Führungssysteme in amerikanischen Unternehmen

Der Einfluß der Aktienmärkte auf die amerikanischen Unternehmensziele ist direkt und unmittelbar. Anders als bei den deutschen Aktienmärkten verlangen amerikanische Investoren eine regelmäßige Dividendenausschüttung. Ein Großteil des Kapitals der Altersversicherungen ist in Aktienfonds angelegt. Jedes Vierteljahr wird über Gewinne und Umsätze der Unternehmen gerichtet. Dies wirkt sich bis auf die operative Ebene aus. Zwar gibt es ausreichend *venture capital* für vielversprechende Neugründungen, aber die etablierten Unternehmen stehen an den Kapitalmärkten in einem harten und permanenten Wettbewerb.

Management by Objectives ist eine amerikanische Erfindung. (Fast, denn das System wurde von Wahlamerikaner und Ex-Österreicher *Peter Drucker* ausformuliert.) Ausgehend vom strategischen

Plan wird ein Jahresplan aufgestellt, der dann in Vierteljahrespläne und in vielen Fällen in Monatspläne unterteilt wird. Sogar tägliche Pläne werden aufgestellt, wenn das Geschäft sehr schnellebig ist. In diesen operativen Plänen werden eine Vielzahl von Planzahlen festgeschrieben, zum Beispiel die Veränderung von Profitabilität, Umsatz, Kosten, Werbebudgets, Produktentwicklungen und Marktanteilen innerhalb bestimmter Zeiträume. Wichtig ist, daß die Erwartungen klar und objektiv formuliert werden, so daß sie von jedem jederzeit nachgeprüft werden können. Der jeweilige verantwortliche Vorgesetzte legt die *objectives* in Zusammenarbeit mit seinen Mitarbeitern fest. Auch hier zeigt sich der oben erwähnte Konflikt zwischen *top-down-* und *bottom-up-leadership*. Idealerweise sollten die Erwartungen realistisch sein; manchmal sind sie aber auch recht hochgesteckt. *»Sie entscheiden sich für einen sportlich fairen, aber mitunter auch harten Wettkampf, den es gilt, Tag für Tag, Monat für Monat, Quartal für Quartal und Jahr für Jahr zu bestehen« (Konstroffer 1995, S. 175).*

In vielen Fällen hat die Vergütung einen großen variablen Anteil, welcher an das Erreichen oder die Übererfüllung gewisser quantitativer Ziele geknüpft ist. Gerade im Verkauf gibt es kaum eine Position ohne einen hohen variablen Gehaltsanteil. Diese Fixierung auf objektiv meßbare Leistungen kann bei Top-Positionen auch kontraproduktiv wirken. In den achtziger Jahren wurde die Vergütung der Unternehmenschefs in vielen Fällen »objektiviert«, das heißt, an den Wert der Aktien des Unternehmens gekoppelt. Die jeweiligen Führungskräfte erhielten Aktienoptionen. Aktienwerte lassen sich aber auch dadurch erhöhen, daß Investitionen unterlassen werden oder Akquisitionen getätigt werden, welche nicht unbedingt zum langfristigen Wachstum des Unternehmens beitragen. Unternehmenschefs profitieren von Richtungs- und Investitionsentscheidungen, welche vielleicht vor zehn Jahren vom jeweiligen Vorgänger getroffen wurden. Sie selbst hinterlassen unter Umständen ein Unternehmen mit hohen Gewinnen, aber geringen Wachstumschancen *(Hampden-Turner/ Trompenaars 1993, S. 82).*

Beispiel: General Dynamics

Nach 1989 war der Rüstungsgigant *General Dynamics* von schrumpfenden Märkten betroffen. Das Topmanagement genehmigte sich einen Bonus-Plan, welcher auf den Aktienwerten beruhte. Wenn es gelänge, den Aktienpreis von $ 25 und $ 35 zu heben und *zehn Tage dort zu halten,* würden die Mitglieder des Topmanagements einen Bonus in Höhe ihres normalen Jahreseinkommens erhalten. Wenn es gelänge, den Preis zehn Tage bei $ 45 zu stabilisieren, würde sich der Bonus verdoppeln.

Im Frühjahr 1991 wurden massive Kürzungen von 12 000 Stellen angekündigt. *General Dynamics* begann, große Liquiditätsreserven anzuhäufen. Produktinnovation war zweitrangig. Zum Jahresende waren die Aktienwerte tatsächlich mehr als 10 Tage über $ 45. Das Management kassierte $ 17 000 000 in Prämien.

Neben der monetären Entlohnung wird auf den unteren Ebenen auch die symbolische Entlohnung praktiziert. Dies hat auch einige Entwicklungen hervorgebracht, welche für Europäer eher befremdlich sind. Die öffentliche Auslobung des Angestellten des Monats *(employee of the month)* oder sogar der Woche wird in den USA auch im *middle management* durchaus ernstgenommen, während wir solche Versuche eher belächeln. Bei McDonald's werden z. B. Bilder von besonders verdienten Mitarbeitern aufgehängt – auch in Europa. In anderen Unternehmen ist es die gravierte Plakette.

Unternehmenskultur

Marvin Bower, unter dessen Führung *McKinsey & Co.* zum dominierenden Beratungsunternehmen der Welt wurde, beschrieb Unternehmenskultur als »*the way we do things around here*« (Bower 1966, S. 23). Sobald Sie von einem Gesprächspartner hören, »*that's not the way we do things around here*«, oder »*we don't do it like that«*, sollten Sie schleunigst Ihr Verhalten ändern oder sich ein neues Unternehmen suchen. McKinsey ist selber eines der besten Beispiele für eine professionelle Unternehmenskultur. Bower übertrug in weiten Bereichen die Berufsethik des Anwaltsstandes auf sein Unternehmen, um seine Mitarbeiter zu neutralen und professionellen Dienstleistungen für die Klienten zu machen.

Sein Ziel war es, McKinsey zu einem Berater für die obersten Führungskräfte in attraktiven Unternehmen zu machen. Um dieses Ziel zu erreichen, legte er einige Regeln fest: 1. *Client first, firm second, self third.* 2. Ein Consultant sollte die Wahrheit sagen und sich nicht scheuen, einem Klienten zu widersprechen. 3. Ein Consultant sollte nur notwendige Projekte annehmen. 4. Es wurde die Sprache des Anwaltsstandes anstelle einer geschäftsorientierten Sprache übernommen – Kunden sind »Klienten«, man hat eine »Praxis«, keinen Geschäftszweig, und Aufträge sind »Engagements« *(siehe Fortune, 1. November 1993).*

Viele Züge der Unternehmenskultur sind implizit. Sie sind deswegen nicht weniger wichtig. Solange Sie in einem Unternehmen beschäftigt sind, tun Sie gut daran, sich peinlich an die impliziten und expliziten Regeln des Unternehmens zu halten. Sie haben mit dem Eingehen Ihres Beschäftigungsverhältnisses Ihre Einwilligung zu diesen Regeln gegeben. Abweichendes Verhalten würde nicht sehr lange toleriert, es sei denn, Sie sind ein absoluter Star, der es sich leisten kann.

Ein großer Teil der Werte und Regeln eines Unternehmens sind ungeschrieben, das heißt, sie gleichen dem größeren Teil des Eisbergs, welcher sich unterhalb der Meeresoberfläche befindet. Besonders heikel wird es, wenn die offiziellen Regeln und Werte eines Unternehmens mit heimlichen Spielregeln kollidieren.

Peter Scott-Morgan hat dieses Thema in seinem Bestseller »Die heimlichen Spielregeln« (Campus 1995) analysiert. Je nachdem, ob die offiziellen oder die heimlichen Spielregeln stärker sind, können Konflikte zu den verschiedensten Situationen führen – von Zynismus über Anarchie, Ohnmacht, Kriegszuständen, Verrat und Panik. Ohne genaue Kenntnis der heimlichen Spielregeln scheitern sonst viele ernst gemeinte Veränderungsinitiativen. Sie sollten also neben der of-

Peter Scott-Morgan: Die heimlichen Spielregeln

In seinem Buch »Die heimlichen Spielregeln« zeigt Peter Scott-Morgan auf, wie sich aus der Diskrepanz von offiziellen und heimlichen Spielregeln große Probleme ergeben können. Bei einem Unternehmen fand Peter zum Beispiel die folgende Situation vor:

Offizielle Spielregeln	Heimliche Spielregeln	Probleme
Breite Erfahrung	Schnell die Position wechseln	Schlechte Teamarbeit
Schnelle Beförderung	Chef zufriedenstellen Sich hervortun Nicht versagen	Keine Kooperation
Ergebnisverantwortung	Terrain beschützen Gute Quartalszahlen produzieren	Kein Risiko eingehen

Das Verhalten von Menschen in Organisationen wird hierbei von drei Arten von Kräften bestimmt. *Motivierende Kräfte (motivators)* sind die Antriebskräfte für die Menschen. Sie zeigen, was für die einzelnen Menschen wichtig ist. Was treibt den einzelnen wirklich an? Was will er vermeiden? Selbst in den USA ist das Geld selten die wichtigste motivierende Kraft. Meist sind motivierende Kräfte eher im Bereich sozialer und menschlicher Erfüllung zu finden. Peter sagte mir, daß in einem einzigen der von ihm untersuchten Unternehmen, einer Investment-Bank auf Wall Street, das Geld die wichtigste Kraft gewesen sei. Die Unternehmenskultur war dementsprechend unangenehm.

Eine zweite Gruppe von Faktoren beschäftigt sich damit, *wer* für die einzelnen wichtig ist, die sogenannten *enablers*. Dies sind die Personen, welche die Macht haben, Belohnungen oder Sanktionen auszuteilen. Oft sind dies die Vorgesetzten. Es können aber auch »graue Eminenzen«, die Personalabteilung oder Komitees sein.

Eine dritte Gruppe von Faktoren wird von Scott-Morgan als *»Auslöser« (trigger)* bezeichnet. Diese verbinden motivierende Kräfte und enabler. Oft ist für Manager mit Ergebnisverantwortung das Betriebs- oder Bereichsergebnis ein trigger. Trigger zeigen an, wie ein bestimmtes Ergebnis erreicht werden kann.

In einem gut funktionierenden Unternehmen müssen diese drei Gruppen von Kräften aufeinander abgestimmt und auf die Unternehmensziele ausgerichtet sein. Sonst kann es zu den verschiedensten Abwehr- und Blockadereaktionen der Organisation kommen. Wenn zum Beispiel eine neue Initiative, welche im Widerspruch zu den heimlichen Spielregeln steht, schwächer ist als diese, wird es großen und offenen Widerstand in der Organisation geben. Wenn sich die Kräfte in etwa die Waage halten, wird daraus eine längere, zum Teil heftige Auseinandersetzung. Wenn schließlich die neue Initiative von einer sehr starken Kraft, zum Beispiel der Unternehmensleitung ausgeht, wird sich der Widerstand heimlich manifestieren, solange ein Widerspruch zu den heimlichen Spielregeln besteht.

fiziellen Unternehmenskultur auch versuchen, einen Eindruck von den ungeschriebenen Spielregeln zu erhalten. Wenn ein Mitarbeiter die offiziellen oder inoffiziellen Werte und Spielregeln nicht akzeptieren kann, wird es für alle sehr unangenehm. Die anderen Mitarbeiter können den Kollegen nicht verstehen und werden ihn ablehnen.

Aus den bisherigen Ausführungen läßt sich leicht ableiten, daß die Unternehmenskultur in vielen Fällen einen über die unmittelbare Arbeit hinausgehenden Einfluß hat. Berufs- und Privatleben durchdringen sich meist stärker als in Deutschland, und es wird von Ihnen als gutem Teamplayer erwartet, daß Sie an privaten Feiern und Terminen teilnehmen. Sie können sich ebenfalls darauf einstellen, daß die Feedbackschleifen zwischen Vorgesetzten und Mitarbeitern wesentlich enger sind, daß häufiger Veränderungen stattfinden werden und daß normalerweise ein pragmatischer, *hands-on*-Managementstil vorherrschen wird.

In fast allen Unternehmen hat sich eine starke Klientenorientierung durchgesetzt, insbesondere nach den Restrukturierungen und Kündigungswellen der achtziger Jahre. Diese neue Berufsethik setzte sich zuerst an der *Wall Street* durch. Das Buch *Liar's Poker* meines Kommilitonen *Michael Lewis* ist plastisches Zeugnis für die Sitten und Arbeitsweisen der New Yorker Finanzwelt. Einsteiger in den Beruf des Analysten wurden mit elektronischen Piepern ausgestattet, die sie sieben Tage lang vierundzwanzig Stunden am Tag mit sich zu führen hatten, um jederzeit erreichbar zu sein *(Lewis 1992)*. Wenn ein Klient oder ihr Boss sie benötigte, hatten sie zur Stelle zu sein, egal ob morgens, abends oder am Wochenende. Nicht alle amerikanischen Unternehmen sind wie *Wall Street*. Aber nach den *downsizing*-Wellen des letzten Jahrzehnts hat in vielen Unternehmen der Zugriff auf die früher für das Privatleben reservierte Zeit zugenommen.

In ihrem Buch *The Overworked American* beschreibt *Juliet Schoor* den »unerwarteten Niedergang der Freizeit« in Amerika *(Schoor 1992, S. 29)*. Nach Schätzungen der Autorin nahm die Jahresarbeitszeit von Männern zwischen 1969 und 1987 im Durchschnitt um 98 Stunden auf 2152 Stunden, diejenige von Frauen um 305 Stunden auf 1711 Stunden zu. Die durchschnittliche Jahresarbeitszeit betrug 1987 1949 Stunden, das sind ungefähr zweihundert Stunden mehr als in Deutschland oder fünf Wochen zu je 40 Stunden, beziehungsweise vier Wochen zu fünfzig Stunden. In Deutschland sind sechs Wochen Urlaub durchaus üblich, in den USA sind es zwei Wochen. Wenn Sie für eine Regierungsinstitution arbeiten oder schon sehr lange bei einem Unternehmen sind, können es auch schon einmal drei Wochen sein. Hinzu kommen einige Feiertage. In Deutschland fehlen Industriearbeiter im Durchschnitt 19 Tage pro Jahr wegen Krankheit; in den USA sind es nur 7 Tage.

Während der Prozentsatz der arbeitenden Männer von ungefähr 87 % im Jahre 1940 auf 77 % im Jahre 1990 abnahm, stieg der Anteil der Frauen im selben Zeitraum von 20 % auf fast 60 %. 53 % aller Teenager waren 1990 in einem Arbeitsverhältnis beschäftigt. Die klassische Familie ist damit in den USA eher zum Sonderfall geworden.

Deal und *Kennedy (1982, S. 107)* identifizieren vier Prototypen amerikanischer Unternehmenskultur, die »Harte-Jungs-Macho-Kultur« *(tough guy macho culture)*, die »Arbeite-hart-und-genieße-Kultur« *(work hard/play hard culture)*, die »Riskiere-Dein-Unternehmen-Kultur« *(bet your company culture)* und die »regeldominierte Kultur« *(process culture)*.

1. *Harte-Jungs-Macho-Kultur:* In dieser Kultur werden Entscheidungen mit hohem Risiko getroffen, und das Feedback über Resultate ist schnell und direkt. Zu dieser Kategorie zählen viele Investmentbanken, die Entertainment-Industrie, Fernsehen, Werbeagenturen und viele Beratungsunternehmen. Die Helden des Geschäfts sind die harten Jungs, das Geschäftstempo ist hoch. Diese Kultur ist das in den USA dominierende Modell, nicht, weil die meisten Unternehmen danach ausgerichtet wären, sondern weil es einen heimlichen Reiz auf die amerikanische Psyche ausübt. Nicht umsonst sind viele amerikanische Industrien, auf welche dieses Modell anwendbar ist, weltweit wettbewerbsfähig.

2. *Arbeite-hart-und-genieße-Kultur:* Diese Kultur begünstigt harte Anstrengungen bei relativ geringem Risiko. Das Feedback ist schnell und direkt. Diese Kultur ist typisch für verkaufsorientierte Organisationen und standardisierte Massendienstleistungen. Die Helden sind Superverkäufer, Kundendienst ist das oberste Ziel. Die Anstrengung macht das Geschäft. Neben der Harte-Jungs-Kultur ist dies wohl die zweite typische amerikanische Organisationsform.

3. *Riskiere-Dein-Unternehmen-Kultur:* Hier sind die Risiken hoch, das Feedback ist aber langsam. Kapitalintensive Unternehmen wie *Boeing* oder *Exxon* fallen in diese Kategorie. Weil hier langfristige Entscheidungen mit großen Konsequenzen getroffen werden, versucht man, intern so viele Fehlerquellen wie möglich auszuschalten. Autorität und technische Kompetenz stehen im Vordergrund. Unternehmensinterne Netzwerke sind stärker ausgeprägt als in anderen Unternehmen. Insgesamt herrscht eine konservative Geschäftsatmosphäre vor. Viele deutsche Unternehmen fallen in diese Kategorie.

4. *Regeldominierte Kultur: Deal* und *Kennedy* nennen die bürokratische Kultur *process culture*, weil sie von Regeln und Verfahrensweisen, nicht von Resultaten bestimmt wird. (Den Begriff *process culture* würden wir schon ein gutes Jahrzehnt später in diesem Zusammenhang nicht mehr gebrauchen, da der Begriff *Prozeß* heute eine positive Konnotation hat.) Die Risiken sind in regeldominierten Unternehmen schwer abzuwägen, Feedback über wirkliche Resultate existiert kaum. Der Schwerpunkt liegt auf Verfahren und Abläufen, dem Wie, und nicht auf dem Was. Verwaltungen, große Banken, Versicherungen und Versorgungsunternehmen können in diese Kategorie fallen.

Natürlich werden Sie auch in den USA Unternehmen aller Kategorien vorfinden. Vorbildfunktion haben aber insbesondere die Kategorien eins und zwei. Wenn Sie sich in diesen Kulturen wohlfühlen, könnten Sie für amerikanische Unternehmen wie geschaffen sein.

Bewerbung und Vorstellung bei einem amerikanischen Unternehmen

Sollte Sie all dies eher gereizt als abgeschreckt haben, können Sie sich um eine Arbeitsstelle in den USA bemühen. Zuerst einmal müssen Sie eine Arbeitsgenehmigung erhalten, was mittlerweile sehr schwierig geworden ist. Sie benötigen ein Unternehmen, welches Ihre Bewerbung unterstützt. Dies wird allerdings nur der Fall sein, wenn Sie während Ihres Studiums in den USA (ausnahmsweise auch in einem anderen Land) außergewöhnliche Erfolge hatten oder wenn Sie sich für eine Führungsposition bewerben, in welcher gerade Ihre spezifischen Fähigkeiten benötigt werden. Sie können sich natürlich auch an einer Lotterie für eine *green card* beteiligen oder einen amerikanischen Ehepartner suchen.

Zunächst einmal müssen Sie Kontakte zu potentiellen Arbeitgebern herstellen. Dies kann auf dem informellen Wege geschehen, zum Beispiel über Fachmessen oder über Nachfragen bei Klienten.

Sie können auf Suchanzeigen antworten oder auch Ihren Lebenslauf *(résumé)* an interessante Unternehmen versenden. Für die Gestaltung des Lebenslaufes gelten andere Regeln als in Deutschland. Am Ende des Kapitels sind zwei Beispiele wiedergegeben.

Für die Vorstellungsgespräche sollten Sie eine möglichst gute Kenntnis des Unternehmens mitbringen. Dieses Wissen können Sie sich zu einem guten Teil aus dem Studium des Jahresberichtes sowie weiterer öffentlich zugänglichen Materials aneignen. Sie werden wahrscheinlich eine Reihe von Einzelgesprächen durchlaufen, in denen Ihre spezifischen Fähigkeiten getestet werden, die Anforderungen des entsprechenden Arbeitsplatzes zu erfüllen. In vielen Fällen verlaufen die Gespräche in einer entspannten Atmosphäre. Dies sollte Sie aber nicht dazu verleiten, das Gespräch lässig anzugehen. Die Fähigkeit, Entspanntheit und gleichzeitig Respekt für die Gesprächspartner zu signalisieren, ist ein wichtiger Bestandteil Ihrer Umgangsformen. Sie sollten auch immer auf verborgene Testfragen gefaßt sein. In einigen Unternehmen ist diese Test-Mentalität insititutionalisiert: Hier treten Sie von Anfang an in einem harten Wettbewerb an.

Strahlen Sie Kenntnis, Selbstvertrauen und Optimismus aus. Auf die Frage nach Ihren Zielen sollten Sie eindeutige Antworten parat haben. Stellen Sie dar, wie Sie mit Ihren persönlichen Eigenschaften zum Unternehmenserfolg beitragen können. Vermeiden Sie Fragen nach Gehalt und Sozialleistungen, bis Ihr Gesprächspartner diese Punkte anspricht. Fragen sollten nach Möglichkeit nicht mit Gegenfragen beantwortet werden, und wenn Sie eine Antwort nicht parat haben, ist ein direktes »das weiß ich nicht« besser als ein langwieriges Grübeln.

Nachdem Sie mit Ihrem potentiellen Chef und mehreren potentiellen Kollegen gesprochen haben und diese Runde positiv ausgegangen ist, werden Sie wahrscheinlich noch mit einer höheren Führungskraft im Unternehmen sprechen. Dieses Gespräch wird wahrscheinlich besonders entspannt verlaufen; unterschätzen Sie es gerade deswegen nicht. Trotz eines hohen Anteils scheinbar belangloser Gesprächspunkte wird hier meist das letzte Wort gesprochen.

Amerikaner verwenden gelegentlich Tests für die Berufseinstellung. Diese beziehen sich aber meistens auf sehr spezifische Fähigkeiten, da die Nichtdiskriminierungsgesetzgebung die Verwendung von allgemeinen Tests sehr schwierig macht (vgl. Kapitel 5). So könnten Sie zum Beispiel für die Einstellung in einer Bank quantitative Tests vorgelegt bekommen. Insgesamt wird nicht weniger oder mehr getestet als in Mitteleuropa. Mit einer Ausnahme: Graphologische Gutachten werden so gut wie nie gefordert.

Der Personalberater *Oluf Konstroffer* beschreibt folgendes allgemeine Schema für ein Gespräch: (a) Warming-up; (b) Präsentation des Unternehmens, des Arbeitsplatzes und des Umfeldes; (c) Auslotung der Interessen, Motivation und allgemeinen Ziele des Bewerbers; (d) Lebenslauf und Werdegang des Bewerbers; (e) arbeitsplatzbezogene Qualifikation des Bewerbers (Validierung, Referenzen); (f) Persönlichkeit des Bewerbers; (g) Gehaltssystem des Unternehmens vs. Vorstellungen des Bewerbers; (h) Gesprächsbeendigung (Reisekostenerstattung, wie geht es weiter?) und (i) schriftlicher Bescheid durch das Unternehmen bzw. den Bewerber *(Konstroffer 1995, S. 181)*.

Mündliche Kommunikation im Büro

Amerikanisches Büroverhalten ist oft geprägt durch eine demonstrativ zur Schau gestellte Effizienz. Persönliches Zeitmanagement hat einen hohen Stellenwert. Auf *Benjamin Franklin* wird folgender Ausspruch zurückgeführt: »*To love life is to love time. Time is the stuff life is made of.*« Wenn Sie Ihre Zeit im Griff haben, demonstrieren Sie damit Ernsthaftigkeit, Effizienz und Managementfähigkeiten. Die Popularität von Büchern wie *The 10 Natural Laws of Succesful Time and Life Management* zeigt, wie ernst das Thema genommen wird. Zeitmanagementsysteme, bestehend aus Ringbucheinlagen, Kartensystemen oder Software, haben einen steigenden Absatz. Amerikaner sehen Zeit als eine sehr knappe Ressource an. Begriffe wie *spending time, losing time, saving time* und *investing time* sind ständig zu hören. Sie sollten auf keinen Fall in die Situation kommen, daß man Ihnen nachsagt: »He's wasting time.« Dies ist eines der schlimmsten Vergehen, das man Ihnen vorwerfen kann.

Alle paar Jahrzehnte erscheinen auch außergewöhnliche Bücher, welche über die Mechanik des reinen Zeitmanagements hinausgehen und innovative sowie ganzheitliche Ansätze zum Selbstmanagement vorstellen. *Peter Druckers* Buch *The Effective Executive (1966)* gehört in diese Kategorie, ebenso wie *Steven Coveys Sieben Wege zur Effektivität (1995)*. Dennoch ist das Ritual des effizienten, leider aber nicht immer effektiven Zeitmanagements allgegenwärtig. Lernen Sie dieses Ritual, das uns Mitteleuropäern nicht immer sinnvoll erscheint. Wenn Sie gleichzeitig nicht verlernen, ganzheitlich und konzeptionell zu denken, werden Sie Ihren amerikanischen Kollegen gegenüber erhebliche Wettbewerbsvorteile haben.

Viele Ihrer Gesprächspartner im Büro werden sofort zum Punkt kommen. Dies ist keine Unhöflichkeit oder Ablehnung Ihrer Person, sondern anerzogene Effizienz. Nehmen Sie zum Beispiel den folgenden Dialog. Sie gehen zu Ihrem Büronachbarn Tom:

> »Hello Tom, how are you today?«
> »I'm fine, Max. Thanks. What can I do for you?«

Die Frage von Tom hat effektiv sämtlichen *small talk* unterbunden, welchen Sie vielleicht im Sinn hatten. Man fühlt sich ertappt und als Eindringling in die Sphäre des anderen, wenn man kein wichtiges Anliegen hatte. Trotz ihres eigentlich positiven Inhalts hat die Frage etwas Bedrängendes. Aber Sie werden diese Formel häufig hören. Lassen Sie uns den obigen Dialog noch etwas weiterspinnen:

> »Hello Tom, how are you today?«
> »I'm fine, Max. Thanks. What can I do for you?«
> »Oh, nothing much. I was wondering if you had heard about the outcome of Friday's sales meeting.«
> »Yes, Max. Tony took a beating because of his dismal figures. Sally had done great, she was 20% over her quota. Jim raised the goal for the next quarter by 10%. Was there anything else?«

(Oder: *»Is there anything else?«*)
»No, thank you. I have to get back to work. See you later.«

Tom macht eindeutig klar, daß er dieses Gespräch beenden möchte und daß seine Zeit knapp ist. Die Frage: *»Was there anything else?«* beendet das Gespräch, da Max keine weiteren Anliegen hat. Auch in Deutschland kann man mittlerweile die Frage: »Was kann ich für Sie tun?« häufiger hören. In Amerika wird Sie Ihnen auf Schritt und Tritt begegnen. Andere Fragen mit demselben Ziel sind:

»What brings you around this way?«
»How may I help you?«
»What is it you need?«

Ich erinnere mich an ein Gespräch mit *Richard Holbrooke*, als dieser noch Botschafter in Bonn war. Es hatte mich viel Zeit gekostet, das Gespräch zu arrangieren. Nachdem ich nach Bonn gekommen war und die Sicherheitsmaßnahmen der Botschaft hatte über mich ergehen lassen, wurde ich von Holbrooke empfangen. Nach zwei Minuten *small talk* die unumgängliche Frage: *»What can I do for you?«* Nach weiteren drei Minuten war mein Anliegen geklärt. Daraufhin die unumgängliche Frage: *»Was there anything else I can do for you?«* Ich verneinte. Wir verabschiedeten uns. Das Gespräch hatte kaum fünf Minuten gedauert und war dennoch ergiebig gewesen.

Wenn Sie eine Person mit einem Anliegen ansprechen oder in der Arbeit unterbrechen, sollten Sie folgende drei Regeln beachten:

1. Fragen Sie immer, ob es gerade eine günstige Zeit ist, und geben Sie die Dauer Ihres Anliegens an. *(»Is now a convenient time to talk for five minutes?«)*
2. Planen Sie Ihr Gespräch sorgfältig. Schätzen Sie die Dauer des Gesprächs im voraus. Sie können sich sogar eine kleine Tagesordnung machen, wenn Sie mehrere Punkte besprechen wollen.
3. Seien Sie knapp in Ihren Ausführungen und beanspruchen Sie nicht mehr Zeit, als unbedingt notwendig. Geben Sie vor allem der anderen Seite nicht die Gelegenheit, Fragen wie *»What can I do*

for you?« an Sie zu richten. (So gesehen, könnte man mein fünfminütiges Gespräch mit Botschafter Holbrooke als zu große Schwatzhaftigkeit meinerseits auslegen. Ratschlag drei ist aber vor allem für Kollegen gedacht. Bei einem Senioritätsunterschied wie zwischen Botschafter Holbrooke und mir kann der Gesprächsverlauf auch anders gesehen werden: Ich überließ meinem Gegenüber die Gesprächsführung, um Respekt zu demonstrieren.)

Geben Sie Feedback, wenn Sie ein Gespräch führen. Suchen Sie Augenkontakt, streuen Sie gelegentlich einen verbalen Kommentar ein oder zeigen Sie durch nonverbale Gesten, daß Sie zuhören. Amerikaner benötigen dieses Feedback. Manchmal ist natürlich auch die sehr kontrollierte Gesprächsführung effektiv, bei welcher Sie nur wenige oder sehr versteckte verbale und nonverbale Signale von sich geben. Dies kann vor allem in den Chefetagen konservativer Unternehmen der Fall sein.

Regeln für Geschäftsgespräche in Amerika
(Allessandra/Hunsaker 1993, S. 76)

1. Haben Sie klare Gesprächsziele vor Augen.
2. Stellen Sie – sehr – einfache Fragen. Eine Frage auf einmal!
3. Folgen Sie einem logischen und linearen Ansatz.
4. Stellen Sie keine bedrohlichen Fragen. *(How could you . . .?)*
5. Fragen Sie auch in Amerika bei heiklen Fragen um Erlaubnis. *»For this decision, we need some information on your finances. Would you mind answering the following questions?«* Eine Anmerkung: Dies ist guter Stil. Allerdings habe ich auch schon oft gesehen, wie die »brutalsten« und »direktesten« Fragen geradewegs zum Ziel führten. Manchmal müssen Sie hier Zweck und Mittel gegeneinander abwägen.
6. Vermeiden Sie Doppeldeutigkeit. Fragen Sie nicht: *»Could you support this plan?«,* sondern: *»Will you support this plan?«*
7. Geben Sie häufiges Feedback. Auch hier ist es wichtig, präzise und explizit zu sein. Definieren Sie Begriffe oder fordern Sie

Definitionen ein, wenn Begriffe zweideutig sein könnten. Machen Sie keine Annahmen! Stellen Sie Fragen. Begeben Sie sich auf dasselbe Sprachniveau. Achten Sie auf nonverbale Signale. Loben Sie sofort. Kritisieren Sie sofort, allerdings immer Verhalten und Zustände, nie Personen. (Eine solche Kritik läßt sich natürlich auch auf die Zeit nach dem Gruppenmeeting verschieben. *»John, can we talk for a minute when this meeting is over?«*)

Es läßt sich leicht einsehen, daß diese Regeln für Gesprächsführung sich stark von denen in Japan unterscheiden, wo Harmonie Vorrang hat und versteckte Signale einen Großteil der Kommunikation ausmachen (vgl. *Rowland 1994, S. 49 ff.*). Aber auch wir sind nicht immer ganz so direkt wie Amerikaner. Insbesondere sind wir es gewohnt, längere Zeit ohne Feedback auszukommen. Wenn wir gerade dabei sind, einen Gedanken im Gespräch oder Vortrag zu entwickeln, kann Feedback sogar äußerst störend für Europäer sein. Amerikaner wiederum werden Ihnen häufiger Zwischenfragen stellen, nur um zu beweisen, daß sie noch »da sind«.

Meetings, conferences und committees

Jede Kraft erzeugt eine Gegenkraft. Dieses Gesetz der Physik ist auch auf viele soziale Vorgänge anwendbar. Der Effizienzkult in amerikanischen Unternehmen wird häufig durch ein ausuferndes System von *meetings* und *committees* konterkariert. Was durch die Knappheit persönlicher Gespräche gewonnen wird, verflüchtigt sich wieder in zahlreichen Konferenzen und Kommissionen.

Dies hat verschiedene Gründe. Aufgrund des in Amerika bevorzugten extravertierten, induktiven und pragmatischen Ansatzes ist Planung, wie bereits früher dargelegt, zumeist einzelfallbezogen. Langwierige *meetings* mögen notwendig sein, um alle Fakten zusammenzutragen. Ändern sich die Umstände auch nur geringfügig, sind sofort *feedback*-Schleifen notwendig. Die Zeithorizonte sind kurz. Gleichzeitig ist auch echte Delegation selten, so daß die Teamchefs in kurzen Abständen über die Arbeit ihrer Teams informiert werden.

Vor seinem phänomenalen Erfolg als Buchautor war *Tom Peters* Unternehmensberater bei *McKinsey.* Einmal begleitete er einen *Senior Vice President* eine ganze Woche lang. Er lebte in einem Gästezimmer des Hauses dieses Managers, spielte mit seinen Kindern, fuhr mit ihm zur Arbeit und kam abends mit ihm nach Hause. Am Ende der Woche stellte sich heraus, daß der Senior Vice President 97 % seiner Zeit in *meetings* verbracht hatte, welche im *Durchschnitt* 35 Teilnehmer aus vier Hierarchieebenen hatten. In vielen dieser *meetings* wurden komplexe Präsentationen vorgetragen. Zweck der *meetings* war die Vorbereitung und Ermöglichung von Entscheidungen *(facilitation)*; tatsächlich wurden allerdings wenige Entscheidungen wirklich getroffen, weil entweder die Zeit nicht vorhanden war oder die Optionen unklar waren. Als Peters diese Ergebnisse vortrug, stimmte der Vice President zu und fand, daß die Ergebnisse die Firmenkultur reflektierten: einen Glauben an Fakten und an Mertokratie *(Deal/Kennedy, S. 71)*. Schon 1966 hatte *Peter Drucker* darauf hingewiesen, daß *meetings* nicht das Leben eines Entscheidungsträgers dominieren sollten, weil sie ein Indikator für falsche Organisationsformen sind *(Drucker 1996, S. 45)*. Leider hat sich hier bis heute nicht viel geändert.

Das Beispiel einer Verkaufskonferenz eines großen Unternehmens illustriert diesen Punkt. Der Vizepräsident hatte alle Personen, welche mit einem bestimmten Großkunden zu tun hatten, zu einer dreitägigen Planungssitzung in ein Hotel eingeladen und aufgefordert, ihre relevanten Informationen mitzubringen. Sowohl das Unternehmen als auch seine Kunden waren über das Land verstreut, so daß viele von weiter anreisen mußten. Innerhalb der drei Tage wurden Unmengen von Fakten gewälzt. Nachdem die neuesten Informationen bekanntgegeben waren, bat der Vizepräsident um Input. Eine endlose Diskussion begann. Eine Stunde vor Abschluß erklärte der Vizepräsident, daß er sein Flugzeug erreichen müsse, welches in einer Stunde abfliegen würde. Zum Schluß sprach er einen Mitarbeiter an: »*Doug, your're good with words. Why don't you write up what we've discussed in a plan and see to it that everybody here gets a copy?*« *(Miller/Heiman 1991)*.

Bei der induktiv-pragmatischen Grundveranlagung der Amerikaner ist diese Gefahr des Ausuferns von *meetings* besonders dann gegeben, wenn man sich um strategische Planung bemüht. Hier kann es schnell vorkommen, daß man den Wald vor lauter Bäumen nicht mehr sieht. Deswegen gilt in den USA noch mehr als in Europa, daß gute *meetings* straff geführt werden müssen. Auch bei effizient geführten Unternehmen werden Sie eine Vielzahl von *meetings* erleben, in denen *feedback* gegeben wird. Viele dieser *meetings* werden aber extrem kurz sein, manchmal nur fünf Minuten lang. Dies ist für Mitteleuropäer ungewohnt.

Meetings können verschiedene Zwecke haben – Informationssammlung, Problemlösung, Entscheidungsfindung, Planung und Evaluation. Sollten Sie selber ein *meeting* einberufen, beachten Sie folgende Punkte:

1. Reflektieren Sie kritisch, ob das Treffen notwendig ist oder ob das Problem besser auf eine andere Weise gelöst werden kann.
2. Identifizieren Sie den Zweck des *meetings*. Teilen Sie diesen den Teilnehmern mit. Seien Sie so spezifisch wie möglich. Identifizieren Sie auch, wer unbedingt teilnehmen muß. Beschränken Sie den Teilnehmerkreis auf diese Gruppe. Machen Sie eine Tagesordnung und verteilen Sie diese nach Möglichkeit 2–3 Tage vorher. Schreiben Sie eine Tagesordnung auf ein Flipchart oder machen Sie einen Computerausdruck, selbst wenn Sie ein *meeting* in der letzten Minute einberufen mußten. Stellen Sie die wichtigsten Punkte an den Anfang.
3. Das *meeting* sollte eine klar definierte Anfangs- und Endzeit haben.
4. Die Tagesordnung ist ein Vertrag mit den Teilnehmern. Sollte ein wichtiger neuer Punkt auftauchen, lassen Sie darüber abstimmen, ob dieser Punkt jetzt oder in einem späteren *meeting* behandelt werden sollte.
5. Ermutigen Sie alle Teilnehmer beizutragen, aber steuern Sie die

Tagesordnung mit sanfter und fester Hand. Wenn Sie das *meeting* leiten, wird man Ihnen eine straffe Diskussionsleitung dankend anerkennen.

6. Machen Sie eine Zusammenfassung und verteilen Sie diese innerhalb von zwei Tagen. Diese Zusammenfassung sollte sehr pragmatisch ausgerichtet sein: *Wer* macht *was* bis *wann*.

Sie können natürlich auch die Rollen im *meeting* verteilen. Neben den Teilnehmern gibt es dann den *leader*, den Protokollanten *(recorder)*, und den *time keeper*, welcher darauf aufpaßt, daß die Zeit für die einzelnen Tagesordnungspunkte nicht überschritten wird.

Memoranden und Aktennotizen

Memoranden sollten in Mitteleuropa und Amerika denselben Gesetzmäßigkeiten folgen. Sie sollten nur dann geschrieben werden, wenn ein Grund vorhanden ist, und sie sollten extrem knapp sein. Man sollte sich daran erinnern, daß wenige Personen das Dokument wirklich lesen wollen, keiner es ganz lesen wird und fast alle Leser einen Teil des Memos mißverstehen werden. In vielen amerikanischen Unternehmen ist mittlerweile die Regel akzeptiert, daß eine Mitteilung nicht länger als eine Seite sein sollte. Oft besteht die Mitteilung aber auch nur aus einem Satz oder Absatz. Wir deutschsprachigen Europäer haben hier oft die Tendenz, uns etwas weitschweifiger auszudrücken.

Im Idealfall enthält ein Memo knappe Aussagen dazu, wer was wann erledigen sollte. Ein Memo kann auch im Ausnahmefall dazu genutzt werden, Kritik an einem Mitarbeiter zu äußern (die Gesprächsform ist aber meistens vorzuziehen). Kritik an gleichrangigen Kollegen sollte mündlich vorgetragen werden. (Kritik an Vorgesetzten ist in den USA eine extrem heikle Angelegenheit – noch mehr als bei uns.) Lob für Mitarbeiter kann durchaus in einem Memo (zusätzlich zum persönlichen Lob) zum Ausdruck gebracht werden.

In den meisten Unternehmen bestehen genaue Vorschriften über die Form des Memorandums. Hier sind zwei der häufig verwendeten Strukturen:

Memorandum

To: Frank Knight (An)
CC: Tricia Brown (Kopie)
From: Max Otte (Von)
Date: 05/23/96 (Datum)
Re: Your budget request (Bezug)

Your request for a budget increase of $ 50 000 has been granted. Frankly, you did terrific research to justify the expense.
Proceed right away to use the funds in the manner agreed upon. I am looking forward to the results.

May 23, 1996
Memo For: Frank Knight (An)
CC: Tricia Brown (Kopie)
Re: Your budget request (Bezug)

Your request for a budget increase of $ 50 000 has been granted. Frankly, you did terrific research to justify the expense.
Proceed right away to use the funds in the manner agreed upon. I am looking forward to the results.

Max Otte

Typisches Rollenverhalten amerikanischer Führungskräfte

Wallach und *Metcalf (1995)* identifizieren verschiedene typische Rollen, in welche ihre amerikanischen Vorgesetzten oder Kollegen schlüpfen können. Besonders interessant sind die folgenden drei Rollen, die sich unter Umständen deutlich von deutschen Verhaltensmustern unterscheiden: die »Ich-übernehme-Rolle« *(the take-charge-American)*, die »Wir-müssen-etwas-verändern-Rolle« *(the change-oriented-American)* und die »Ich-folge-den-Vorschriften-Rolle« *(the follow-the-rules-American)*.

1. »Ich übernehme«: Amerikaner sind an klar definierte Führungsrollen gewöhnt. Nicht umsonst ist das Studium von *leadership* sehr beliebt. Sie wollen Resultate, und diese möglichst rasch. Wenn Sie mit einem amerikanischen Vorgesetzten konfrontiert werden, der alles von Ihnen wissen und alle Entscheidungen selber treffen will, müssen Sie sich wohl oder übel auf dieses Spiel einlassen. Die beste Möglichkeit, die Beziehung langsam zu verändern, ist es, die Reaktionen Ihres Chefs vorauszusehen und Fakten sowie Lösungsvorschläge anzubieten. Wenn Sie selber in eine Situation kommen, in der »nichts mehr läuft«, können Sie ruhig eine starke Führungsrolle einnehmen. Solange Sie fair sind, wird man dies normalerweise akzeptieren.

Wenn Ungeduld und Ehrgeiz zusammenkommen, kann dies auch recht ungute Folgen für den Betreffenden haben. Kurz nach dem Attentat auf *Ronald Reagan* sprach der damalige Außenminister *Alexander Haig* einen Satz, der ihn zum Gespött der Nation machte und der ihm die weitere Karriere kostete: *»I'm in charge here.«* (Ich habe das Kommando.) Dabei waren es nicht unbedingt dieser Satz und die damit zur Schau gestellten Ambitionen, die Al Haig zum Verhängnis wurden, sondern die Tatsache, daß im Falle einer Handlungsunfähigkeit des Präsidenten die Befehlsgewalt zuerst auf den Vizepräsidenten übergehen würde. Wenn dieser sein Amt auch nicht ausüben könnte, wären der Sprecher des Senats und der des Repräsentantenhauses an der Reihe gewesen – erst danach Al Haig.

2. »Wir müssen etwas verändern«: »Veränderung« ist ein Begriff, der in Amerika vor allem mit positiven Konnotationen belegt ist. Er wird durch das starke Bedürfnis vieler amerikanischer Führungskräfte unterstrichen, ihrem Bereich den eigenen Stempel aufzudrücken. Als Unternehmensberater habe ich viel mit einer großen internationalen Organisation zu tun, welche traditionell von Amerikanern geleitet wird. Bislang habe ich drei verschiedene Chefs erlebt. Unter dem ersten Chef waren die regionalen und funktionalen Einheiten innerhalb der einzelnen Divisionen gleichberechtigt. Der nächste Chef betonte die Bedeutung der regionalen Einheiten. Der dritte Chef entzog den regionalen Divisionen funktionales Personal und baute damit zwei neue funktionale Divisionen auf. Und dies alles innerhalb von fünf Jahren. Sollten Sie als Mitarbeiter in eine solche Situation geraten, müssen Sie auf jeden Fall eine positive Einstellung zur Veränderung entwickeln und diese als Chance sehen, sich zu verbessern. Jeder Widerstand würde Ihnen sehr negativ ausgelegt.

3. »Ich folge den Vorschriften«: Auch diese Rolle wird von amerikanischen Führungskräften eingenommen, und sie ist gar nicht so selten. Amerika ist eine legalistische und explizite Gesellschaft. Vorschriften und Gesetze kodifizieren universelle Normen, innerhalb deren sich individuelles Verhalten frei entfalten kann. Amerikaner können sehr aggressiv und hart im Umgang miteinander sein, aber sie folgen normalerweise den Vorschriften und Spielregeln. So mogeln schon Schulkinder seltener als in Europa (vgl. Kapitel 3).

Die Bedeutung von Normen und Vorschriften setzt sich innerhalb der Organisation fort. Dabei ist die folgende Prioritätenfolge gegeben: 1. Regeln und Gesetze, 2. Sitten, Traditionen und Logik sowie 3. Gutwilligkeit und Wohltätigkeit. Bei Deutschen kann hin und wieder die Logik oder die Tradition wichtiger sein als die kodifizierten Regeln – natürlich nicht, wenn dies zu kriminellen Konsequenzen führen würde.

Probleme bei der Zusammenarbeit in deutsch-amerikanischen Teams

Alles, was Sie bis jetzt über die Verschiedenheit amerikanischer Unternehmensstruktur gehört haben, sollte Sie dafür sensibilisiert haben, daß in gemischt deutsch-amerikanischen Teams gravierende Probleme auftreten können, insbesondere wenn in diesen Teams eine ungefähre Parität beider Seiten gegeben ist und beide Seiten in die Kulturfalle gehen, das heißt, annehmen, daß die andere Seite genauso denkt und handelt wie man selber.

Silvia Schroll-Machl (1995, S. 203) beschreibt, wie eine solche Kulturfalle bei einem großen deutschen Elektrokonzern zuschnappte. Für ein bedeutsames Entwicklungsprojekt waren mehrere amerikanische Know-how-Träger nach Deutschland geholt worden. Bereits nach kurzer Zeit wurden Klagen über das Arbeitsklima laut. Die ersten Mitarbeiter verließen das Projekt, ein Amerikaner reiste wütend ab. Innerhalb des ersten Jahres hatten bis auf einen alle Amerikaner gekündigt. Innerhalb kurzer Zeit waren zwei Projektleiter verschlissen. Das Klima war von gegenseitigen Vorwürfen schwer belastet:

- Die Deutschen warfen den Amerikanern vor, daß sie ihr Wissen nicht teilten. Die Amerikaner verteidigten sich, daß die Deutschen keine Initiative zeigen und nicht fragen würden.
- Die Besprechungen waren unproduktiv. Die Deutschen redeten in den Augen der Amerikaner viel zu lange und detailliert. Die Amerikaner wiederum wurden von den Deutschen als unkonzentriert dargestellt. Hinterher würden sie dann die Deutschen ständig mit Fragen stören.
- Den Amerikanern wurde vorgeworfen, daß sie zu oberflächlich arbeiteten und man nachher ständig nachbessern müsse. Dies könne man durch mehr »Tiefgang« vermeiden.
- Die Amerikaner warfen dem deutschen Chef vor, daß er keine richtigen Ziele setze und sie im Unklaren lasse, da er nie *feedback* geben würde.

Erst der dritte Projektleiter kam auf die Idee, daß es sich nicht um persönliche, sondern um interkulturelle Probleme handeln könne, und suchte externen Rat. Wenn Sie dieses Buch bis zu diesem Punkt gelesen haben, sollte es Ihnen nicht schwerfallen, die Wurzel des Problems zu erkennen. Die induktiv-interaktive Arbeitsweise der Amerikaner, welche an *leadership* gewöhnt waren, war frontal mit der deduktiven und konsensorientierten Arbeitsweise der Deutschen zusammengeprallt.

Nach Schroll-Machl sehen diese Unterschiede wie folgt aus: Zu Beginn einer Aufgabe diskutieren *Deutsche* das Problem sehr gründlich, bis sie eine umfassende Lösung gefunden haben. Diese Lösung wird im Gruppenkonsens erarbeitet. Danach übernehmen die einzelnen Teammitglieder ihre Aufgaben. Der Kontakt zwischen den Teammitgliedern ist jetzt deutlich reduziert. Veränderungen werden ungern vorgenommen. Sollte nach einiger Zeit ein bedeutendes Zwischenziel erreicht sein, folgt gegebenenfalls wieder eine Phase intensiven Austauschs.

Amerikaner beginnen ein Projekt damit, daß das Endziel definiert wird. In einem Brainstorming werden mögliche Lösungswege gefunden. Der Leiter hat eine starke Rolle bei der Auswahl des entsprechenden Weges. Danach wird ein detaillierter Projektplan mit Zielen und Unterzielen, sowie Terminen erstellt. Die einzelnen Aufgaben werden verteilt, wiederum unter starker Einflußnahme des Leiters. Die Phase ist insgesamt wesentlich kürzer als bei Deutschen. Die einzelnen Teammitglieder begeben sich an ihre Aufgaben. Stellt es sich heraus, daß eine Aufgabe schneller als gedacht erledigt werden kann, bekommt das Teammitglied eine andere Aufgabe. Stellt sich eine Aufgabe als schwerer als angenommen heraus, wird Verstärkung angefordert. Zwischenzeitlich gibt der Chef *feedback*, ob die Einzelziele erreicht sind. Man geht experimentell vor. Stellen sich Lösungswege als unbrauchbar heraus, tritt das Team zusammen, um unter starker Führung des Teamleiters einen anderen Weg zu wählen. Zwischen den einzelnen Mitarbeitern, sowie zwischen Chef und Mitarbeitern findet ein permanenter, intensiver Austausch statt, welcher aber nicht die »Tiefe« der anfänglichen deutschen Diskussion hat.

Die Gestaltung eines Lebenslaufs für die Bewerbung bei amerikanischen Unternehmen

Der Lebenslauf heißt im amerikanischen *résumé*. Es wird in denselben Situationen verwendet wie der Lebenslauf oder die *Vita* in Europa. Das *résumé* unterscheidet sich in Stil sowie Aufbau und Form vom deutschen Lebenslauf. *Stil:* Sie sollten sich im *résumé* durchaus *aktiv* anpreisen. Das *résumé* ist ein Verkaufsdokument und kann als solches in den USA schon mit etwas mehr Selbstdarstellung als in Deutschland geschrieben werden. Allerdings sollte alles, was Sie schreiben, natürlich glaubwürdig und belegbar sein. Viele amerikanische Unternehmen beauftragen Privatdetektive oder sogenannte *verification agencies* damit, diese Daten zu verifizieren.

Die Aufmerksamkeitsspanne ist in den USA noch geringer als in Europa: Ihr Dokument muß innerhalb von 20–30 Sekunden einen positiven Eindruck machen, damit es ganz gelesen wird. *Aufbau und Stil:* Die optische Gestaltung ist in Amerika meist aufwendiger als in Europa; wobei allerdings die Lesbarkeit im Vordergrund steht. Das chronologische *résumé* ist die bevorzugte Form. Beim *funktionalen résumé* führen Sie Ihre Erfahrung in einzelnen Funktionen auf *(finance, accounting, marketing)*. Diese Form ist bei einer sehr vielseitigen Berufserfahrung gut geeignet, kann aber auch Mißtrauen erwecken. Das *narrative résumé* (Erzählform) ist dann geeignet, wenn Ihre Erfahrungen in keine traditionellen Berufsmuster passen (zum Beispiel Künstler). Ihr *résumé* sollte die folgenden Elemente enthalten:

1. *Name, Adresse und Telefonnummer* (es sei denn, Sie stellen über einen neutralen Vermittler Kontakt her, um die Vertraulichkeit zu wahren). Wenn Sie im Büro ein vertrauliches Gespräch führen können, geben Sie auch Ihre Büronummer an (H)=*home*, (O)=*office*.

2. *Zweck (objective).* Das *résumé* sollte offensichtlich auf einen spezifischen Zweck zugeschnitten sein. Dieser Zweck sollte in einer Zeile kurz beschrieben werden.

3. Nach der Angabe Ihres Ziels sollten Sie eine kurze *Zusammenfassung Ihrer Qualifikationen (summary of qualifications)* geben. Dies kann ein Satz, ein Absatz oder bei erfahrenen Führungskräften auch eine ganze Seite *(summary page)* sein.

4. *Berufserfahrung.* Hier wird die Berufserfahrung aufgeführt. Beschreiben Sie Ihre spezifischen Erfolge und Leistungen. Es gibt mehrere prinzipielle Formen und Mischformen. Beim *chronologischen résumé* führen Sie Ihre Positionen – anders als in Europa – in umgekehrter Reihenfolge auf. Sie beginnen mit Ihrer jetzigen Position und fügen die Wörter »to present« ein, um zu signalisieren, daß Sie noch dort angestellt sind.

5. *Bildung und Ausbildung.* Sollten Sie frisch von der Universität kommen, folgt dieser Punkt unmittelbar auf Punkt 3. Wenn Ihre Ausbildung noch nicht lange zurückliegt, geben Sie gute Noten und Stipendien an.

6. *Persönliches Engagement während des Studiums* (z. B. bei der Studentenzeitschrift). Geben Sie dies an, wenn Ihre Ausbildung noch nicht lange zurückliegt und die entsprechenden Aktivitäten einen positiven Eindruck hinterlassen.

7. *Praktika.* Hier gilt dasselbe wie bei Punkt 6.

8. *Wehrdienst.*

9. *Mitgliedschaft in Berufsverbänden.*

10. *Soziales, kirchliches und lokales Engagement.*

11. *Zulassungen.*

12. *Persönliche Daten:* Geburtsdatum, Familienstand, Geschlecht (male/female), Gesundheitszustand (wenn sehr gut), Staatsbürgerschaft, Bereitschaft zum Umzug, bevorzugte geographische Region, Verfügbarkeit (wenn nicht sofort), Auslandserfahrung. Die Gesetze gegen Diskriminierung verbieten, Entscheidungen auf der Basis von Alter, Hautfarbe, Religion, Rasse und Geschlecht zu fällen. Sie können diese Daten aber angeben, wenn Sie sich einen Vorteil davon versprechen. So werden zum Beispiel in vielen großen Unternehmen farbige Frauen bei gleicher Qualifikation bevorzugt, damit das Unternehmen die Zusammensetzung der Belegschaft vielseitiger gestalten kann.

13. *Hobbys.*
14. *Sprachen.*
15. *Grund des Berufswechsels.* Kann und sollte in den meisten Fällen ausgelassen werden.

Sie sollten keine Gehaltsvorstellungen nennen, es sei denn, es wurde ausdrücklich danach gefragt. Weiterhin sollten Sie keine Referenzen angeben, sondern gegebenenfalls den Satz einfügen: *»References provided upon request.«* Die Länge von *résumés* ist nicht standardisiert. Für einen Berufsanfänger empfiehlt sich eine Seite, für erfahrene Führungskräfte können auch fünf Seiten richtig sein (vorausgesetzt, man schiebt eine *summary of qualifications* vor). Das *résumé* sollte auf jeden Fall übersichtlich gestaltet werden.

Auf den folgenden Seiten finden Sie Beispiele für ein *résumé* für einen Berufsanfänger und für einen erfahrenen Manager. Das erste *résumé* bringt auf einer Seite alle wichtigen Daten. Man sieht, daß der Bewerber gute Noten erzielt hat und sich speziell auf seinen Wunschberuf vorbereitet hat. Er hat in den Sommerferien gearbeitet, um bei der College-Finanzierung zu helfen, und er hat es geschafft, ein Praktikum an der Chicago Mercantile Exchange zu bekommen. Er ist bei guter Gesundheit und hat ein intellektuelles Hobby. Das *résumé* für den erfahrenen Manager ist ausführlicher. Es beschreibt die spezifischen Leistungen und Beiträge dieses Managers.

223 Crestwood Drive (609)–787–2929
Princeton, N.J. 08542

Résumé
of
Frank Knight

Personal Data: Born 07/10/66, single.

Objective: Entry-level-position as a financial analyst.

Qualifications:
High academic grades, excellent grades in economics and mathematics, willingness to work hard; broad interest in world affairs. Internship with the Chicago Mercantile Exchange. Participant in summer exchange program in France. Basic knowledge of French.

Education:
B.A., Economics, University of North Carolina at Chapel Hill, 1990. 3.7 GPA. Courses in General Management, Economics, European Politics, Business Ethics. Dean's list for two years.

Work Skills:
Proficient in word-processing and spreadsheet programs.

Extra curricular Activities:
Swimming team, editor of student newspaper.

Summer Jobs and Interships:
1989: Chicago Mercantile Exchange. Gained insight into back office operations and assisted senior commodities trader. 1987–88: lifeguard in local swimming club.

Hobbys:
Skiing, European literature.

References and Further Data Provided on Request

223 Old Mill Street
(609)–787–3029
Princeton, N.J. 08542

Résumé
of
Jim Beam

Objective:
Position as a consulting manager in the areas of overall strategic development, business process redesign, and cost reduction.

Key Qualifications:
A consulting executive in the areas of business strategy, business process redesign and cost control with five years of experience. Maintained client relations and managed large consulting engagements. Generated on overall fee volume of $ 3,500,000 for the company. Participated in over 50 consulting assignments.

Education:
B.A., English, University of Massachussets, 1982. 3.7 GPA. M.B.A. Northwestern University, 1987. Finance and Accounting.

Personal Data:
Born 07/10/60, married, two children.

Experience:
<u>1987-Present:</u> ENGAGEMENT MANAGER, Weston, Brown & Co., Management Consultants, Boston, MA.

Responsible for:
– project teams of up to 10 members in the areas of business strategy, business process redesign and cost reduction.
– fee volumes of up to $ 1,000,000.
– client relations in a broad range of industries, including manufacturing, retail, and government.
– new product development, especially in the area of business process redesign.
– recruitment.

These responsibilities entailed:
– examining the overall strategic situation of a regional retail chain for apparel.
– and clothing and making recommendations for new strategic positioning.
– examining the cost situation of that chain and instituting a cost reduction programme.

- implementing new business process for a variety of clients in the public sector and developing new methods for business process redesign.
- examining the business strategy of a manufacturing company and making recommendations for a turnaround.

Achievements:
- saved institutional clients in the public sector an average of 25 % of their personnel costs.
- turned around apparel distribution chain from net loss of 5 % of sales to net profit of 7 % on sales in nine months.
- Increased sales by 4 % by refocusing product spectrum and defining target group.
- developed management systems for ongoing corporate success.
- turned around manufacturing company within eleven months. Streamlined product spectrum. Achieved profitability of 10 % return on sales with an overall reduction of sales volume of 25 %.
- developed and sold model for business process redesign to a broad range of customers.

1982–85: BUSINESS ANALYST, McKinsey & Co., Chicago

Responsible for:
- analysis of business strategy and cost situation in a broad range of industries, including manufacturing, retail, finance and insurance.
- analysis of financial data.
- interviews with clients.
- development of streamlining recommendations.
- development of plans for strategic repositioning.

Community activities, professional associations and club memberships:

Member of the City Council of Boston. Treasurer, Rotary Club, Boston. Member, American Consulting Association.

Willing to relocate.

References and Further Data on Request.

5 Führungsverantwortung in amerikanischen Organisationen

I just don't like you very much.
Begründung Henry Fords (II), als er Lee Iaccoca,
der Ford 30 Jahre lang gedient hatte,
quasi über Nacht vor die Tür setzte.

Der Leiter des Washington-Büros einer großen deutschen politischen Stiftung hatte weitverzweigte Kontakte und beste Einblicke in das politische Leben in Amerika. Man hätte annehmen müssen, daß er nach zehn Jahren in Washington für die Probleme im Umgang mit Mitarbeitern sensibilisiert gewesen wäre. Dennoch wurde er unvermittelt von zwei Mitarbeiterinnen wegen rassistischer und diskriminierender Äußerungen angeklagt. Es wurde ein hoher Schadenersatz gefordert. Das Gericht ließ die Klage zu.

Weil Amerika anders ist, gehen immer mehr Tochtergesellschaften europäischer Unternehmen dazu über, amerikanische Geschäftsführer einzusetzen. Im Falle Deutschlands sind dies nach jüngsten Daten ungefähr 60 %. Dennoch kommt es vor, daß Europäer in die USA geschickt werden, um Führungsaufgaben zu übernehmen (immerhin 40 % aller deutschen Tochtergesellschaften haben einen deutschen Geschäftsführer). Und die Welle von Übernahmen amerikanischer Unternehmen durch deutsche Unternehmen reißt nicht ab. Denken Sie an die Übernahme von *Bantam*, *Doubleday*, *Dell*, *RCA* und *Arista* durch *Bertelsmann*, die Übernahme von angesehenen Zeitschriften-Verlagen durch die *Holtzbrinck-Gruppe* (unter anderem *Scientific American*) oder *Gruner & Jahr,* von *Celanese* durch *Hoechst*, sowie den Aufbau von Produktionsbetrieben durch *BMW* und *Mercedes*.

Auch amerikanische Unternehmen sind offen für Talente, aus Europa. Beispiele sind Andy Grove, CEO von Intel, der 1956 aus Ungarn emigrierte, sowie Super-Spekulant George Soros, ebenfalls Flüchtling des Aufstandes von 1956. Weitere Beispiele sind H. Robert Heller

(Deutschland), CEO von Visa International und zuvor Mitglied des Zentralnotenbankrats, Alex Trotman (Schottland), CEO der Ford Motor Company, Eckart Pfeiffer (Deutschland), CEO von Compaq und Michael Spindler (Deutschland), der ein kurzes Gastspiel als CEO von Apple ablieferte. Michael Dornemann (Deutschland) leitet als Vorstandsmitglied für Bertelsmann das Musikgeschäft von New York aus.

Selbst in verantwortungsvollen Regierungsfunktionen findet man europäische Auswanderer, allerdings seltener als in den Nachkriegsjahrzehnten. Beispiele sind der frühere Außenminister Henry Kissinger (Deutschland) sowie die jetzige Außenministerin Madeleine Albright (Tschechische Republik), Fred Charles Iklé (Schweiz), Staatssekretär im Verteidigungsministerium unter Reagan und Weinberger und General John Shalikashvili (Polen), früherer Vorsitzender der Joint Chiefs of Staff und damit der ranghöchste Offizier der amerikanischen Streitkräfte.

Kreative, wissenschaftliche und künstlerische Felder sind besonders offen für Talente aus dem Ausland – wenn das Talent wirklich außergewöhnlich ist. Einige Namen: Gene Simmons (Israel), Rockmusiker der Band Kiss, Joan Collins (England), Schauspielerin, Eddie Van Halen (Holland), Rockmusiker, Sidney Poitier (Bahamas), Schauspieler, Saul Bellow (Kanada), Schriftsteller, Yo-Yo Ma (Frankreich), Cellistin, I. M. Pei (China), Architekt, und Itzhak Perlman (Israel), Violinist, Paul Verhoeven (Holland), Regisseur, sowie Roland Emmerich und Wolfgang Petersen (Deutschland), Regisseure. Die Liste könnte endlos fortgesetzt werden. Allerdings ist der Wettbewerb enorm. Wenn Sie sich durchsetzen wollen, müssen Sie wirklich Weltspitze sein. Sonst werden Sie in einem Land, in dem es fast keine subventionierte Kultur gibt (Nordrhein-Westfalen hat ungefähr dieselbe Anzahl von Opernhäusern wie die gesamte USA), mit großen finanziellen Schwierigkeiten zu kämpfen haben.

Erst in den letzten Jahren, sagen wir, seit Anfang der neunziger Jahre, haben europäische Großunternehmen angefangen, sich wirklich einen amerikanischen Managementstil zuzulegen. Fusionen und *downsizing* werden langsam in das Standardinstrumentarium des mitteleuropäischen Managements eingegliedert. Unternehmen werden zunehmend als Portfolios betrachtet. Die Arbeitsplatzsicherheit hat abgenommen. Die Mobilität (und die Vergütung des Managements) nehmen zu. Ob dies Europa langfristig nützt, sei dahingestellt. Die europäische Version ist aber aufgrund der unterschiedlichen Sozialgesetzgebung immer noch weit von der US-Version entfernt.

Sollten Sie nun in die Situation kommen, Führungsverantwortung in Amerika übertragen zu bekommen, müssen Sie sich daran gewöhnen, daß vieles anders und einiges härter als in Europa ist. Sie können durchaus Elemente Ihres europäischen Stils einbringen. Dies kann sogar ein Aktivposten sein. Aber Sie müssen wissen, wann Sie sich »amerikanisch« verhalten müssen. Auf den folgenden Seiten werden verschiedene Punkte vorgestellt, welche besonders wichtig für eine Führungskraft sind. Das erste Thema – Ihre Vergütung – ist recht erfreulich. Daran schließen sich die Unternehmensstrategie und deren Konsequenzen für Ihren Führungsstil an. Die folgenden Abschnitte beschäftigen sich mit Personalführung: Einstellung, Führung im eigentlichen Sinne und Kündigungen. Ein Abschnitt beschreibt Erfolgsstrategien für Frauen. Im Anschluß daran werden Fragen der Nichtdiskriminierungsgesetzgebung besprochen.

Ihre Vergütung

Ein Thema, bei welchem europäische Topmanager gerade anfangen zu lernen, ist die Vergütung. Amerikanische Topmanager erhalten astronomische Vergütungen, wobei neben dem Gehalt eine Vielzahl von Nebenleistungen gezahlt wird. Zwischen 1980 und 1995 stieg die durchschnittliche Vergütung von Topführungskräften um erstaunliche 1000 %. *Executive compensation 101*, ein beliebter Kurs an der *Business School* der *University of Berkeley,* wurde von Studenten *greed 101* getauft. Die durchschnittliche Vergütung eines CEO war 1993 *zweihundertfünfundzwanzigmal* so hoch wie die eines durchschnittlichen Arbeiters desselben Unternehmens. Demnach hätten deutsche Vorstandsvorsitzende im Durchschnitt *minde-*

stens neun Millionen DM p.a. verdienen müssen. (Noch 1974 war das Verhältnis der Bezüge eines durchschnittlichen CEO zu dem eines durchschnittlichen Arbeiter 40:1). Noch erstaunlicher ist, daß sich bei der Vergütung laut einer Untersuchung des Wirtschaftsmagazins *Fortune* im Jahr 1993 trotz Kopplung an Aktionoptionen kein Zusammenhang zwischen Gehalt und Gesamtverzinsung des Aktienkapitals (Dividende und Aufwertung) feststellen ließ. Auch ging es den Unternehmen durchaus nicht immer gut, während die Topmanager astronomische Vergütungen bezogen.

Entlassungen, Verzinsung des Aktienkapitals und CEO-Gehälter amerikanischer Unternehmen im Jahre 1994

Unternehmen	Entlassungen	Σ *Aktiendividende und Aufwertung*	CEO-Gehalt in $
IBM	85 000	−10,4 %	15 252 000
AT & T	83 000	16,4 %	4 830 000
General Motors	74 000	10,8 %	2 444 000
Sears	50 000	16,4 %	6 905 000
Boeing	30 000	12,5 %	25 392 000
Eastman Kodak	20 000	9,2 %	25 392 000
Du Pont	14 000	14,7 %	1 979 000
Phillip Morris	14 000	21,0 %	5 069 000
Citicorp	13 000	11,8 %	13 125 000
Procter & Gamble	13 000	25,0 %	3 414 000
Ford	10 000	11,0 %	5 501 000

Was sollte Ihre Strategie sein? Mitspielen! Wenn Sie in die Situation kommen, einen Top-Job zu erhalten, sollten Sie alles herausholen, was Sie können. Es würde Ihnen geradezu negativ ausgelegt, wenn Sie dies nicht täten, denn dann würde man unter Umständen Ihre Qualitäten in Frage stellen.

Michael Korda: Gehaltsverhandlungen in Amerika

- Zuerst kommt das Geld. Wenn Sie das Geld bekommen haben, können Sie die Nebenleistungen einfordern – und je mehr Geld Sie erhalten, desto höhere Ansprüche können Sie dabei stellen.
- Unternehmen glauben an den Kapitalismus und dürften kaum schockiert sein, wenn Sie ein höheres Gehalt fordern.
- Was Sie auch fordern, Sie können sicher sein, daß ein anderer in der Firma es auch schon gefordert oder sogar bekommen hat.
- Die besten Nebenleistungen sind die, die Ihnen Geld sparen. Nebenleistungen für Schau und Status nützen Ihnen weniger.
- Kümmern Sie sich nicht darum, was andere bekommen. Denken Sie an sich; was geht es Sie an, wenn einer mehr (oder weniger) bekommt?

(Michael Korda 1978, S. 61)

Dabei müssen Sie sich aber im klaren sein, daß die Gehaltspyramide wesentlich steiler ist als in Europa. Top-Gehälter werden nur auf Vorstandsebene gezahlt. Darunter können Sie nur dann ein wirklich hohes Gehalt fordern, wenn Sie dem Unternehmen nachweisbar viel Umsatz bringen, also in einer operativen Funktion tätig sind. Es ist ratsam, sich mit einem spezialisierten Personalberater und Rechtsanwalt zu beraten, bevor Sie in die Gehaltsverhandlungen für eine Spitzenposition eintreten.

Auch die möglichen Nebenleistungen sind in Amerika sehr vielseitig. Sie reichen von vom Unternehmen bezahlten Lebensversicherungen, Krankenversicherungen und Dienstwagen bis zu Bodyguards, Chauffeur, Firmenflugzeugen, Jachten und Ferienhäusern. Bei vielen der ultimativen Statussymbole ist es natürlich eine wichtige Frage, wer ein Anrecht darauf hat. Auch hier zeigt sich wieder die stark hierarchische Struktur. So kann zum Beispiel die Segeljacht allein dem Vorstands- und Aufsichtsratsvorsitzenden vorbehalten sein, während man so tut, als ob alle höheren Führungskräfte sie nutzen könnten. In Wirklichkeit erwartet man aber, daß eine Bitte nach Benutzung gar nicht geäußert wird, so daß man unangenehm auffällt, wenn man es doch tut. Beobachten Sie also die Praxis in Ihrem Unternehmen.

Gehälter und Nebenleistungen der Führungskräfte in der Industrie im Jahr 1990

Position	Basis-gehalt	Jahres-bonus	Barwert der Op-tionen	»soziale« Nebenlei-stungen (benefits)	sonstige Nebenlei-stungen (perquisi-tes)	Durch-schnitt ($ 1000 p.a.)
CEO	35 %	22 %	29 %	12 %	2 %	1400
COO	36 %	21 %	27 %	14 %	2 %	880
CFO	38 %	18 %	28 %	15 %	2 %	575
Gehobene Führungs-kräfte	37 %	19 %	26 %	16 %	2 %	585
Führungs-kraft mit Li-nienverant-wortung	41 '%	18 %	21 %	17 %	3 %	385
Führungs-kraft in Stabsfunk-tion	41 %	17 %	21 %	18 %	3 %	365

Quelle: Hay Management Consultants, Executive Compensation Report – Industrial Management 1990.

Strategie und Stakeholder Relations

In einem Top-Job *(Chairman, CEO, COO)* wird man Sie daran messen, wie Sie die Beziehungen zu den verschiedenen *Stakeholdern* des Unternehmens gestalten, wie Sie die Strategie des Unternehmens definieren und ob Sie die gesetzten Ziele erreichen. Auf den Ebenen darunter wird man Sie daran messen, was Sie zur Strategie beitragen. *Stakeholder* ist die unterschiedliche Klientel, welche ein Interesse an dem Unternehmen hat. Dies sind: Aktionäre, Banken, Arbeitnehmer und Gewerkschaften, Gesetzgeber, Kommunen, in denen das Unternehmen tätig ist, Kunden und Lieferanten. In den folgenden Absätzen wird kurz auf Strategie und *stakeholder relations* eingegangen. *Human Resources Management* im engeren Sinne bleibt dem nächsten Abschnitt vorbehalten.

Unternehmensstrategie: Eignen Sie sich so schnell wie möglich die Grundlagen der Unternehmensstrategie an, wenn Sie von einem technischen Hintergrund kommen und sich noch wenig mit diesen Fragen beschäftigt haben. Als gehobene Führungskraft werden Sie permanent mit dem Problem des *value added* konfrontiert werden. Dazu müssen Sie das Instrumentarium der Positionierung, der strategischen Differenzierung, der Wertanalyse, des Outsourcing und andere Methoden der strategischen Analyse zumindest überblicken können. Die Strategielehre ist in den beiden Klassikern »Wettbewerbsstrategien« und »Wettbewerbsvorteile« von *Michael Porter* hervorragend dargestellt *(Porter 1995/1* und *1995/2).*

Stakeholder relations – Aktionäre: Im modernen amerikanischen Kapitalismus kommen die Aktionäre immer zuerst, in Kontinentaleuropa ist dies oft nicht der Fall. Der Börsenwert der Aktien ist die wichtigste Richtschnur für unternehmerisches Handeln. Diesem System liegt die Theorie der rationalen Erwartungen zugrunde, welche davon ausgeht, daß die Börsen und Aktionäre am besten wissen, was gut für das Unternehmen ist (sie sind schließlich die Eigentümer), und gute Handlungen des Managements durch einen hohen Börsenwert belohnen. Ob diese Theorie berechtigt ist, mag dahingestellt sein, aber sie dominiert das amerikanische Wirtschaftsleben (siehe *Höfner/Pohl 1994).*

Insbesondere übt dieses System einen permanenten Zwang auf das Management aus, sich börsenkonform zu verhalten – z. B. indem es verschlafene Unternehmen aus dem Dornröschenschlaf weckt. Es kann aber auch dazu führen, daß langfristige Investitionen unterbleiben. Jedes Vierteljahr werden die Einkommensdaten veröffentlicht.

Ich habe aus dem Munde eines amerikanischen Managers schon den folgenden Satz gehört: *»Let me tell you my long-term strategy for the next quarter.«*

Diese kurzfristige Orientierung wird in vielen Unternehmen noch durch den informellen Zwang zum »job hopping« – zum möglichst häufigen Wechsel der Position zwecks Verbreiterung der eigenen Erfahrungsbasis als Vorbereitung auf eine Managementposition – verstärkt. Also nimmt man eine neue Position innerhalb des Unternehmens an, hat sechs Monate Zeit, sich zurechtzufinden und muß dann sehr schnell Resultate aufweisen, um sich für die nächste Position zu empfehlen. Diese Verhaltensweise wird auch als »Seemövenmanagement« *(seagull management)* bezeichnet.

Stakeholder relations – Banken: In Europa sind die Banken in vielen Fällen die wichtigsten *stakeholder.* In Amerika kommen sie erst weit hinter den Aktionären. Hausbankenbeziehungen im europäischen Sinne gibt es nicht – die Banken finanzieren Inventar oder stellen kurzfristige Kredite bereit. Ein Unternehmen in Schwierigkeiten wird meist nicht von »seiner« Bank gerettet werden. Startkapital kommt fast immer von privaten Investoren oder Venture-Kapital-Firmen. Banken dürfen auch keine Unternehmensanteile halten. Der *Glass-Steagal-Act*, welcher nach der Bankenkrise der Großen Depression vom Kongreß verabschiedet wurde, schreibt eine strikte Trennung von Kreditwesen und Investment-Banking (Börsenwerten) vor. Deswegen sollten Sie neben Beziehungen zu Ihrer Hausbank auch bald Beziehungen zu einer Investment-Bank aufbauen. Dies kann sich dann auszahlen, wenn Sie schnell Kapital für das Unternehmen benötigen.

Stakeholder relations – Arbeitnehmer und Gewerkschaften: Bis in die achtziger Jahre hinein hatte auch Amerika sehr einflußreiche Gewerkschaften, welche vor allem in der alten Industrieregion von Chicago bis Neuengland und Washington aktiv waren. Sie sind in dem Dachverband AFL-CIO organisiert. Wie auch in Europa ist der Einfluß der Gewerkschaften stark zurückgegangen. Dennoch können Sie in den »alten Industrieregionen« damit zu tun bekommen.

In Deutschland existieren Einheitsgewerkschaften, was dazu geführt hat, daß die Arbeitskämpfe normalerweise moderat ausfallen.

In Amerika sind die Gewerkschaften nach dem Club- und Berufsprinzig organisiert, so daß in einem Unternehmen viele Gewerkschaften tätig sein können. Streiks waren früher recht häufig, wenn auch im Umfang begrenzt. Das Berufsprinzip führte auch dazu, daß amerikanischen Gewerkschaften selbst die stärksten Vertreter des Taylorismus in den Unternehmen wurden. Leistungen, Berufe und Positionen wurden minutiös katagolisiert, so daß wenig Flexibilität herrschte. Technischer Fortschritt wurde oft wegen des damit verbundenen Wandels bekämpft. Heutzutage hat sich das Problem durch den massiven Entlassungsdruck der letzten Jahre teilweise entschärft. Im Süden und Westen werden Sie weniger mit Gewerkschaften zu tun haben. Selbst in den alten Industrieregionen haben es vor allem die japanischen Produktionsunternehmen geschafft, weitgehend harmonische Beziehungen herzustellen.

Stakeholder relations – Gesetzgeber: Unternehmen haben in den USA einen sehr großen Einfluß auf die Gesetzgebung. Da es praktisch keine Parteidisziplin gibt, sind die einzelnen Abgeordneten sehr empfänglich für Lobbying. Die meisten europäischen Großunternehmen haben dies erkannt, unterhalten Büros in Washington und sind in den Bundesstaaten ebenfalls aktiv. Noch aktiver sind aber die Japaner. In *Agents of Influence* hat *Pat Choate (1989)* aufgezeigt, daß in Washington mehrere tausend Lobbyisten für die Interessen japanischer Unternehmen tätig sind. Eine gute und humorvolle Einführung in die amerikanische Politik liefert auch das Buch *Hardball* von *Christopher J. Mathews (1988)*.

Stakeholder relations – Kommunen, in denen das Unternehmen tätig ist: Da die gesetzlichen Auflagen immer noch wesentlich geringer sind als in Europa, zeigen viele Unternehmen ihre soziale Verantwortung, indem sie kommunale Einrichtungen dort unterstützen, wo sie tätig sind. Dies drückt sich vor allem in vier Bereichen aus: 1. Vorträge und Bildungsveranstaltungen, 2. Hilfe für die Kranken und Bedürftigen, 3. Unterstützung von Forschung und 4. kulturelle Veranstaltungen. Insgesamt sind 5 % des Einkommens von der Steuer absetzbar, wenn sie für gemeinnützige Zwecke ausgegeben werden.

Unternehmen werden sehr schnell von Nonprofit-Organisationen in ihren Kommunen angesprochen werden. Deswegen empfiehlt es sich, proaktiv einen Plan mit Prioritäten aufzustellen – eine *policy* zu entwickeln – und einer Person unterhalb der Geschäftsführungsebene die Verantwortung für *donations* und *corporate sponsorship* zu übertragen. Dann kann sich die Geschäftsführung immer darauf beziehen, daß die Verantwortung für *sponsorship* delegiert worden ist. Großunternehmen richten zu diesem Zweck auch Stiftungen ein.

Stakeholder relations – Kunden und Lieferanten: Hier haben europäische Führungskräfte einen Vorteil, da sie normalerweise mehr Wert auf den Aufbau langfristiger Beziehungen legen. Vergessen Sie aber nicht, daß trotzdem alles durch einen Vertrag untermauert werden sollte, was Ihnen wichtig ist oder wichtig werden könnte.

How To Manage the Boss

Ausschließlich mit Strategie oder *stakeholder relations* haben nur die absoluten Topmanager zu tun. Wenn Sie sich in den mittleren Ebenen der Unternehmenshierarchie bewegen, werden Sie auch mit der Frage konfrontiert, wie Sie die Beziehung zu Ihrem Vorgesetzten gestalten sollten. Dies ist eine der wichtigsten Fragen für Ihr eigenes berufliches Fortkommen. Sie ist natürlich auch in Europa wichtig, erhält aber in Amerika aufgrund der relativ stärkeren Machtposition des Vorgesetzten einen anderen Stellenwert.

Peter Drucker schrieb 1986 eine Kolumne zu diesem Thema im *Wall Street Journal.* Er faßte seine Botschaft in drei *dos* und zwei *don'ts* zusammen. *Do:* Werden Sie sich darüber klar, daß es eine Ihrer wichtigsten Pflichten und besten Chancen ist, Ihren Boss zu managen. Fast alle Führungskräfte definieren sich dadurch, für wieviele Mitarbeiter sie Verantwortung tragen. Drehen Sie den Spieß um: Definieren Sie Ihre Bedeutung durch die Tatsache, für welchen Vorgesetzten Sie Verantwortung tragen. Es ist oft wesentlich wichtiger und einfacher, den Boss als die Mitarbeiter zu managen. Ihre Leistung und Ihr Fortkommen hängen davon ab, wieviel Sie zur Effektivität Ihres Vorgesetzten beitragen können.

Do: Suchen Sie nach Wegen, die Produktivität Ihres Vorgesetzten und Ihrer Arbeitsbeziehung zu steigern. Sie sollten deshalb regelmäßig und explizit fragen: »Was können ich und meine Mitarbeiter dazu beitragen, daß Sie Ihre Aufgabe besser erfüllen können?« *(»What can I and my people do that will make you more productive?«)* »Gibt es Tätigkeiten in meiner Abteilung, welche Sie behindern oder Ihre Aufgabe erschweren?« Der Rhythmus solcher Fragen sollte natürlich auf die entsprechende Situation zugeschnitten sein. Auf der Top-Ebene ist wahrscheinlich ein- bis zweimal im Jahr ausreichend, aber auch hier müssen Sie die Frage stellen. Unterstützen Sie die Stärken Ihres Bosses und finden Sie einen Weg, die Schwächen irrelevant zu machen.

Do: Seien Sie sich darüber im klaren, daß alle Personen einen unterschiedlichen Stil haben. Will Ihr Boss kurze, logische und sachliche Sitzungen in relativ großen Abständen, oder möchte er in alles involviert sein? Möchte er, daß seine Mitarbeiter ihre Differenzen ausbügeln und eine Gruppenlösung vorstellen (wie es Angewohnheit der Präsidenten *David Eisenhower* und *Ronald Reagan* war), oder möchte er ausformulierte unterschiedliche Standpunkte hören und selber als Schiedsrichter und Moderator auftreten (wie es die Generäle *Douglas MacArthur* und *George Marshall* taten)? Benötigt er seine Informationen mündlich oder schriftlich, morgens oder abends?

Don't: Setzen Sie Ihren Boss niemals Überraschungen aus, auch nicht positiven.

Don't: Unterschätzen Sie niemals Ihren Boss. Er mag Ihnen dumm vorkommen (und es ist auch möglich, daß er tatsächlich dumm ist). Aber wenn Sie Ihn so sehen, laufen Sie das Risiko, daß er Ihre Einstellung durchschaut. (Bosse sind schließlich darin geübt, Mitarbeiter einzuschätzen.) Bestenfalls gestalten Sie Ihre Arbeitsbeziehung unproduktiv. Wenn Sie ihn allerdings in einem positiven Licht sehen, wird sich der Boss geschmeichelt fühlen. Ihre Situation kann sich dadurch nur verbessern, nicht verschlechtern.

Was macht einen guten Manager aus?

Peter Drucker hat auch zu diesem Thema einige interessante – und zeitlose – Gedanken entwickelt. In *The Effective Executive (1966)* entwickelt er vier grundlegende Regeln. 1. Er wächst über seinen alten Job hinaus, wenn er in eine neue Position kommt, und paßt sich den veränderten Anforderungen an. 2. Was können Sie beitragen? Analysieren Sie genau, was Sie zum Erfolg des Unternehmens beitragen können – und was nicht in Ihrer Macht liegt. 3. Konzentrieren Sie sich darauf, Ihre Stärken produktiv zu machen, und verschwenden Sie keine Zeit damit zu versuchen, Ihre Schwächen auszumerzen. 4. Erledigen Sie die wichtigsten Dinge zuerst – egal, wie lange es dauert. Unterscheiden Sie zwischen wichtig und dringend und geben Sie den wichtigen Dingen Vorrang (vgl. auch *Covey 1995*).

Charles Garfield nennt die folgenden sechs Charakteristika, welche einen guten Manager in den USA ausmachen: 1. Er transzendiert seinen alten *job*, wenn er in eine neue Position kommt, und paßt sich den veränderten Anforderungen an. 2. Er richtet sich nicht zu gemütlich in seiner Position ein, sondern sucht aktiv nach Veränderung und Herausforderungen. 3. Er genießt seine Position. 4. Er »übt« im Geiste für Herausforderungen. 5. Er ist nicht daran interessiert, die Schuld für Fehler zu verteilen, sondern sucht nach Lösungen. 6. Er überdenkt die schlimmsten Konsequenzen, die eine Handlung möglicherweise haben könnte, und wägt das Risiko gegen die Vorteile ab.

Gute Führungskräfte lassen sich auch nicht allzu stark vom operationalen Geschäft einbinden, sondern finden Zeit für Planung und Reflexion. Sie können ihre Ideen gut verkaufen und präsentieren neue Ideen mit Enthusiasmus. Sie sind nicht kumpelhaft – so haben sie zum Beispiel normalerweise keine »lustigen« Spitznamen; *Jim* für *James*, *Gerry* für *Gerard* und *Connie* für *Constance* sind aber vollkommen akzeptabel. Sie betonen *people development* mehr als *operations*, da sie wissen, daß ihr Erfolg ultimativ vom Erfolg des Bosses und der Leistungsfähigkeit der Mitarbeiter abhängt.

Trotz dieser Beobachtungen wird das operative Geschäft in Amerika häufig einen höheren Stellenwert als in Europa einnehmen. Sie werden nicht umhinkommen, stark interaktiv-pragmatisch (anstelle von arbeitsteilig-systematisch) zu arbeiten.

Human Resources I: Einstellungen

In einer Führungsposition werden Sie auch mit Einstellungen zu tun haben. Obwohl Sie in den meisten Fällen wahrscheinlich einen amerikanischen Personalspezialisten hinzuziehen werden, ist es nützlich, die grundlegenden Regeln für Einstellungsverfahren in den USA zu kennen.

Zunächst sollten Sie wissen, daß es sehr stark kodifizierte Regeln gegen die Diskriminierung von Minderheiten gibt. Bundes- und Landesgesetze verbieten Diskriminierung auf der Basis von Rasse, Religion, nationaler Herkunft, Alter, Geschlecht, Familienstand und Behinderung. Die Wahrscheinlichkeit, daß ein Bewerber, welcher der Ansicht ist, daß er diskriminiert wurde, vor Gericht geht, ist beträchtlich. Schließlich gibt es mittlerweile Anwälte, welche sich über die Medien als *labor-law-specialists* anpreisen und für einen Prozentsatz der Schadensersatzsumme arbeiten. Für »Nichtdiskriminierung« gelten vor allem drei Voraussetzungen.

1. Die Auswahlkriterien müssen sich sämtlich auf die *Position* beziehen, welche Sie besetzen wollen, und nicht auf die *Person*. Insbesondere müssen die Kriterien die in der Position geforderte Leistung beschreiben. Wenn Sie zum Beispiel bestimmte physische Qualifikationen (Fitness, Größe, Gewicht) als Kriterien angeben, sollten Sie in der Lage sein, schlüssig nachzuweisen, daß diese Kriterien notwendig für die Position sind. Ein Gewichtslimit könnte für den Fall einer Pilotenfunktion begründbar sein (muß es aber nicht). Sie können zum Beispiel nicht fragen, ob eine junge Frau vorhat, in der nächsten Zeit Kinder zu bekommen. Dies wäre eindeutig Diskriminierung aufgrund des Familienstandes. Sie können noch nicht einmal fragen: »Wie wird Ihre Familie auf all die erforderlichen Reisen reagieren?«

Sie können aber fragen: »Wieviel Zeit werden Sie auf Reisen verbringen können?«

2. Die Kriterien, welche Sie für die Position etablieren, dürfen nicht automatisch die Einstellungschancen einer bestimmten Gruppe verschlechtern. So können Sie zum Beispiel kein Alterslimit für Stewardessen und Flugbegleiter setzen. (Dieses wäre *age discrimination.*) Das Durchschnittsalter der amerikanischen Flugbegleiterinnen ist in den letzten Jahren auch dementsprechend gestiegen. Viele Bewerber geben mittlerweile ihr Alter nicht mehr auf ihren Lebensläufen an. (Natürlich kann der geübte Beobachter in vielen Fällen das Alter recht genau schätzen.)

3. Schließlich darf auch das Berufsumfeld nicht so strukturiert sein, daß bestimmte Gruppen automatisch ausgeschlossen werden. Ein Beispiel sind militärische Einrichtungen, in welchen lange Zeit nur sanitäre Einrichtungen für Männer vorhanden waren. Dies ist kein Grund, keine Frauen einzustellen. Der Arbeitgeber ist verpflichtet, Chancengleichheit herzustellen. Wenn Sie Behinderungen als Grund nehmen, eine Einstellung abzulehnen, müssen Sie meßbar nachweisen können, daß diese Behinderung die Leistung im *job* verringern wird.

In bezug auf die finanzielle Situation und die kriminelle Vergangenheit haben Sie mehr Freiraum. Sie *dürfen* fragen, ob ein Bewerber jemals von einem ordentlichen Gericht verurteilt worden ist. Sie *dürfen nicht* fragen, ob ein Bewerber jemals verhaftet wurde. Sie *dürfen* in den meisten Bundesstaaten eine Kreditüberprüfung des Bewerbers durchführen. Weitere Fragen zur finanziellen Situation sollten aber tabu sein.

Der Einstellungsprozeß besteht im wesentlichen aus fünf Schritten: 1. Analyse der Anforderungen, 2. Ausschreibung, 3. Screening der Bewerber, 4. Bewerberauswahl und 5. Einstellungsverhandlungen.

Analyse der beruflichen Anforderungen: Eine schriftliche und genaue Analyse der beruflichen Anforderungen sollte jeder Einstellung vorausgehen, wenn sie nicht Teil einer wiederkehrenden Routine ist. (Selbst dann ist eine periodische Analyse angebracht.) Seien Sie nicht zu anspruchsvoll, solange Sie keine Top-Jobs mit einem sehr speziellen Profil besetzen. Vor allem: Legen Sie nicht so strenge Kriterien an die Ausbildung an, wie Sie es aus deutschsprachigen Ländern gewöhnt sind. Beschränken Sie sich auf die essentiellen Qualifikationskriterien und sparen Sie lieber beim Gehalt. Wenn sich die Person bewährt, können Sie immer noch eine Gehaltserhöhung geben. Nach Statistiken des *Department of Labor* halten immerhin 50 % aller Arbeitsverhältnisse weniger als sechs Monate!

Ausschreibung: Wägen Sie die Vor- und Nachteile von interner Ausschreibung, einem Nachforschen im persönlichen Umfeld, dem Engagement eines Personalberaters und einer externen Ausschreibung gegeneinander ab. Der Text der Ausschreibung sollte mindestens eine Arbeitsplatzbeschreibung sowie Aussagen über Art und Standort des Unternehmens, Gehalt und Entwicklungschancen enthalten. Auch hier müssen strikte Kriterien bezüglich Diskriminierung angelegt werden.

Screening: Résumés können immer nur einen Ausschnitt der Realität wiedergeben. Dennoch werden Sie in fast allen Fällen eine Vorauswahl treffen müssen. In vielen Fällen gelten hier dieselben Regeln wie in Deutschland. Was hat der Bewerber in den vorherigen Positionen geleistet? Hat er seinen Verantwortungsbereich und seine Leistungen möglichst spezifisch beschrieben? Ist der Karriereverlauf harmonisch? (Ein funktionales *résumé* erlaubt diese Bewertung nicht und sollte daher in den meisten Fällen vermieden werden; vgl. Kapitel 4). Erlaubt das *résumé* einen Eindruck, ob der Bewerber bereit ist, hart zu arbeiten? Hat er sich auch in Bereichen außerhalb des Unternehmens engagiert?

Bewerbungsgespräch und follow-up: Im Bewerbungsgespräch müssen Sie sicher die Klippen der Nichtdiskriminierungsgesetzgebung umschiffen und dennoch relevante Dinge über den Bewerber erfahren. Auch wenn Sie einen Einstellungstest verwenden, darf dieser nicht diskriminieren – alle Tests müssen sich auf die Spezifika der Position beziehen. Sie sollten mit einem klaren Plan in das Gespräch gehen und eine entspannte Atmosphäre herstellen. Stellen Sie vor allem geeignete, das heißt zumeist offene Fragen, und lassen Sie vor allem den Bewerber reden. Stellen Sie Fragen über die bisherigen Arbeitsstellen, Fähigkeiten und Qualifikationen, welche für die Stelle benötigt werden, allgemeine Bildung und Intelligenz sowie Einstellungen und Persönlichkeit. Überprüfen Sie einige Referenzen, selbst wenn der Bewerber einen sehr guten Eindruck macht. Der Prozentsatz derjenigen Bewerber, welche »mogeln« oder Tatsachen unrichtig darstellen, ist höher als in Europa. In einer Umfrage von *Burke Marketing Research* gaben immerhin 90 % aller Befragten an, daß sie zumindest eine Referenz überprüfen würden. Dabei wird das persönliche Gespräch als wesentlich besser als das Telefongespräch und dieses wiederum als besser als der Brief angesehen. Immerhin 70 % aller Befragten erwarteten eine offene Antwort im persönlichen Gespräch, 50 % erwarteten dies bei einem Telefongespräch und nur 40 % bei der Schriftform. Wenn der Bewerber auch gegen Diskriminierung geschützt ist, gilt dieser Schutz nicht gegen weitreichende Einblicke in die persönliche Sphäre. Immerhin 40 % aller befragten Unternehmen hielten es für eine gute Idee, Privatdetektive mit der Verifikation von Daten zu beauftragen. Nur 20 % waren dagegen, während weitere 40 % indifferent waren oder keine Stellung bezogen *(Half 1986, S. 202* und *209).*

Einstellungen: Zunächst sollten Sie sich darüber im klaren sein, wieweit der Bewerber auf die Position paßt. Der beste Bewerber ist nicht notwendigerweise die beste Person für die Position, welche Sie ausgeschrieben haben.

Robert Half: Positive Signale und Warnsignale

Positive Signale

- beweisbare Fähigkeiten, die Anforderungen der Position zu erfüllen
- Kandidat zeigt, was er erreicht hat (und beschreibt nicht nur die Funktion)
- Kandidat zeigt Interesse und Enthusiasmus
- Kandidat stellt logische Fragen und zeigt, wie seine Erfahrungen Ihrem Unternehmen helfen können
- Kandidat ist pünktlich und gut gekleidet
- angenehme Persönlichkeit
- Kandidat gibt seinem früheren Arbeitgeber genug Zeit, bevor er kündigt
- Kandidat benennt Referenzen

Warnsignale

- verläßt vorherige Position ohne ausreichende Vorwarnzeit
- keine Referenzen
- überqualifiziert
- kann keine spezifischen Leistungen nachweisen
- unangenehme Persönlichkeit, unpünktlich, Zorn, Lügen
- wenig Enthusiasmus
- weiß wenig über Ihr Unternehmen oder seinen eigenen Arbeitgeber
- akzeptiert ein Angebot und versucht später nachzuverhandeln

Human Resources II: Motivation, Appraisals und Retention

Es wurde schon an mehreren Stellen in diesem Buch angesprochen, daß der amerikanische Managementstil *hands-on* und pragmatisch ist. Als Mitteleuropäer denken wir sehr stark in Systemen. Dies ist ein konzeptioneller Vorteil. Er kann aber auch zum Nachteil werden, wenn wir nicht gleichzeitig einen »involvierten« Managementstil praktizieren. Ich bin selbst nach fünf Jahren USA noch in diese Falle getappt. In meiner Branche, der strategischen Unternehmensberatung, habe ich normalerweise mit extrem gut ausgebildeten und hoch motivierten Mitarbeitern zu tun. Für diese Selbstläufer gilt das Prinzip *»learning by doing«*. Ein Büromitarbeiter unterhalb der Consultant-Ebene hatte keine betriebswirtschaftliche Ausbildung, aber eine hohe Grundintelligenz und einen hohen Leistungswillen mitgebracht. Nach einem Jahr sah ich einen Leistungsabfall, gerade zu dem Zeitpunkt, als ich eine Leistungssteigerung erwartet hatte. Nach einigem *soul-searching* kamen wir zu der Erkenntnis, daß tatsächlich mangelndes *feedback* das Hauptproblem gewesen war. Seitdem ich stärker involviert bin und mich nicht scheue, auch die Richtung anzugeben, läuft es wieder.

Kernstück des Managementprozesses ist das schon in Kapitel 4 erwähnte *management by objectives*. Ein darauf basierender Zielbildungs- und Evaluationsprozeß könnte wie folgt ablaufen:

1. Der Manager teilt die Ziele des Unternehmens und der Abteilung mit. Der Mitarbeiter macht Vorschläge, wie diese in seinem Falle konkretisiert werden können. Der Manager prüft diese Vorschläge und teilt mit, wie der Erfolg gemessen wird.
2. Der Manager und der Angestellte diskutieren die Leistung. Der Angestellte teilt besondere Leistungen und Probleme mit.
3. Zwischenergebnisse werden gemeinsam evaluiert, ggf. werden die Ziele verändert.
4. Der Manager bereitet sich für die formelle Evaluation vor, indem die Leistungen des Angestellten klassifiziert werden. Eventuelle Trainingsanforderungen werden ebenfalls aufgeführt.
5. Die Gehaltsvorschläge werden von der nächsthöheren Managementebene überprüft.
6. Nach der Genehmigung durch den Vorgesetzten führt der Manager eine formelle Evaluation *(performance appraisal)* mit seinem Mitarbeiter durch.

Es ist Aufgabe der Führungskraft, die Leistungen der Mitarbeiter zu beobachten und zu dokumentieren, Führung und Unterstützung zu geben, *feedback* bezüglich der Erreichung der *objectives* zu geben (und zwar sowohl Lob als auch Warnungen) und eventuelle Änderungen im Umfeld zu berücksichtigen. Das *feedback* sollte in vielen Fällen häufiger und direkter sein als in Europa. (Im Gegenzug warnt ein Buch für amerikanische Führungskräfte in Deutschland davor, die deutschen Mitarbeiter zu sehr zu loben. Dies könnte als Bevormundung ausgelegt werden und das Gegenteil von dem bewirken, was beabsichtigt war.)

Drei Aspekte sind besonders wichtig. 1. Die formale Beschreibung und Kodifizierung der Anforderungen, 2. das kontinuierliche Feedback und 3. die formale Evaluation *(performance appraisal)*.

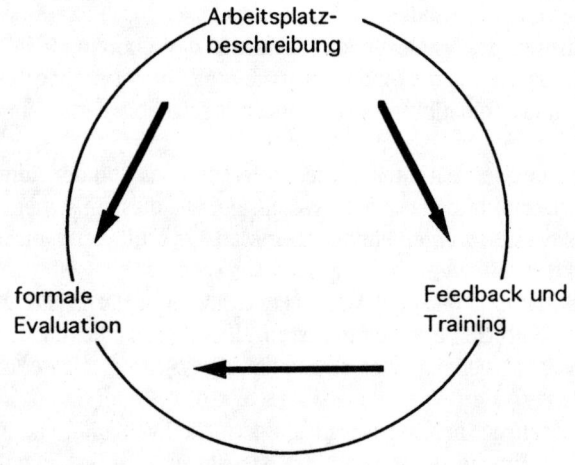

Arbeitsplatz-
beschreibung

formale
Evaluation

Feedback und
Training

Peters und *Waterman (1982)* kritisieren das rationale Modell, welches den obigen Prozessen zugrunde liegt. Sie betonen das Element der Unternehmenskultur, die informellen Aspekte der Mitarbeitermotivation und die Notwendigkeit für Sinn- und Wertstiftung durch das Management. Ihre Lösung: charismatische Führung. Diese kann ihrer Meinung nach durch die Gleichzeitigkeit von zentralen und dezentralen Elementen erreicht werden *(simultaneous loose-tight proper-*

ties). So sollte zum Beispiel Autorität möglichst weit dezentralisiert werden und eine Atmosphäre geschaffen werden, welche Handlung gegenüber Planung bevorzugt. Gleichzeitig sollten aber dauerhafte und prägende Werte den Stil des Unternehmens bestimmen.

Amerikanische Mitarbeiter sind in der Regel sehr viel offener gegenüber charismatischer Führung und Sinnstiftung als Mitteleuropäer. Allerdings kann bei allzuviel Charisma an der Spitze schnell die Eigenverantwortung leiden. Und wenn das Charisma nicht auf langfristigen *objectives* basiert, wird charismatisches Management langfristig wenig erreichen. *Tom Peters* ist neuerdings dazu übergegangen, auch die langfristigen *objectives* und Werte der Unternehmenskultur über Bord zu werfen (z. B. *Peters 1995*). Er argumentiert, daß in einem Umfeld, welches sich so rasch wandelt wie das der achtziger und neunziger Jahre, langfristige Prozeduren nur Ballast darstellen. Statt dessen sollen sich alle Angestellten als Unternehmer fühlen und das Unternehmen als eine Organisation in permanentärer Umwälzung sehen. Diese Empfehlungen mögen für Führungskräfte zutreffen, Mitarbeiter auf den unteren Sprossen der Hierarchieleiter werden damit zum Teil überfordert. *Management by objectives* scheint meines Erachtens immer noch die beste Methode zu sein.

Das Thema Entlohung und Sozialleistung als Teil der Miatarbeitermotivation soll hier nicht diskutiert werden. Da es kein standardisiertes System gibt, stehen einem Unternehmen sehr viele Optionen offen. Hier sollten Sie auf jeden Fall einen *compensation specialist* zu Rate ziehen. Größere Unternehmung, welche sich diesem Thema widmen, sind z. B. Hay Management Consultants, Watson Wyatt International und Towers Perrin.

Firing

Leider gehört zum Thema der Mitarbeiterführung auch das unerfreuliche Thema der Entlassungen, welche im Rahmen des *corporate downsizing* zu einem häufigen Vorkommnis geworden sind. Entlassungen können in den USA von einem Tag auf den anderen erfolgen, wenn die gefürchteten *pink slips* ausgehändigt werden. Da der Angestellte oft kein Recht auf eine Pension und Krankenversicherung hat, sind Entlassungen sozial besonders problematisch. Dennoch waren Massenentlassungen in den achtziger und neunziger Jahren an der Tagesordnung.

Alan Downs: Anatomie einer Massenentlassung

Alan Downs wurde als *director of organizational development* von einem Computerhersteller in Silicon Valley angestellt. Seine Aufgabe: Konsolidierung von Strukturen und Prozessen in dem schnell und planlos gewachsenen Unternehmen. Schnell sah er, daß die Organisation zuviel Personal hatte. Sechs Monate später kündigte der CEO in einem internen Meeting an, daß 400 Personen entlassen werden sollten. Es war die Aufgabe von *Alan Downs* Abteilung, diese Entlassungen vorzubereiten.

Die *task force* traf sich monatelang in einem Konferenzraum, der speziell abgeschottet worden war, um Aufsehen zu vermeiden und den Tag der Entlassungen vorzubereiten. Für alles wurden Pläne vorbereitet. Falls ein Angestellter gewalttätig würde, standen versteckte Einsatzkommandos bereit. Das Paßwort des Angestellten wurde exakt zu dem Zeitpunkt ungültig, an dem ihm die Neuigkeit mitgeteilt wurde. Auch der nächste Ausgang war für jeden Angestellten identifiziert worden, so daß er schnell aus dem Gebäude geführt werden konnte.

Die Kündigungen fanden an einem Freitag zwischen 9:00 und 16:30 statt. Die mündliche Ankündigung fand in Gegenwart eines *human resources manager*, eines *outplacement specialist* und des direkten Vorgesetzten statt. Der Text wurde auswendig gelernt, damit keine rechtlichen Fehler begangen werden konnten. Dann wurde der Angestellte an seinen Platz begleitet, wo er seine persönlichen Dinge einpacken konnte, und aus dem Gebäude geleitet. Er mußte noch am selben Tag eine Verzichtserklärung unterschreiben, wenn er in den Genuß einer Abstandszahlung kommen wollte.

Um 17:00 fand eine Party mit dem *vice president for human resources* für das Team statt, welches die Kündigungen vorbereitet und durchgeführt hatte. Zu Beginn las der *vice president* diejenigen Namen aus der *human-resources*-Abteilung vor, denen ebenfalls gekündigt worden war und die schon nicht mehr dabei waren. Niemand – noch nicht einmal Alan Downs – hatte von dieser Handlung gewußt.

Sechs Monate später trennte sich das Unternehmen von seinem CEO, welcher es in diese Krise geführt hatte. Die Abfindung – $ 4 Millionen – entsprach ungefähr den Ersparnissen durch die Massenentlassung im ersten Jahr.

Downs 1995, S. 69ff.

So häßlich das obige Beispiel in europäischen Ohren klingt – es beschreibt den Regelfall und nicht die Ausnahme. Wenn Sie als Führungskraft in eine solche Situation kommen, wird Ihnen nichts anderes übrigbleiben, als das Spiel nach diesen harten Regeln zu spielen. Wenn Sie es allerdings mit einzelnen Angestellten zu tun haben, welche ihr Soll nicht erfüllen, können Sie diesen Fristen setzen, bis zu denen sie ihre Ziele erreichen müssen, und klarstellen, daß sonst das Beschäftigungsverhältnis in Gefahr ist. Diese humane Ankündigung funktioniert aber nicht im Falle von Massenentlassungen. In einer Umfrage wurde festgestellt, daß nachmittags, und zwar besonders freitags, der häufigste Zeitpunkt für Entlassungen ist *(Half 1985, S. 226)*. Die entlassenen Personen werden zumeist von einem Moment auf den anderen aus dem Unternehmen geführt.

Wenn Sie mit einer möglichen Entlassung konfrontiert werden, sollten Sie sich zunächst sicher sein, daß diese Entlassung richtig ist. Dann sollten Sie Ihre Entscheidung mitteilen. Wenn der betreffende Angestellte für Sie arbeitet, dürfen Sie die Aufgabe nicht delegieren. Dies würde Ihnen sofort als Schwäche ausgelegt. Bereiten Sie sich gut auf das Entlassungsgespräch vor. Führen Sie dieses an einem privaten Ort, aber ziehen Sie es nicht in die Länge. Am besten ist es, das Ende des Gesprächs nach ca. 30 Minuten vorprogrammiert zu haben, zum Beispiel durch eine Verabredung zum Lunch. Seien Sie auf negative Reaktionen gefaßt, und lassen Sie sich nicht zu unüberlegten Äußerungen hinreißen. Wecken Sie keine falschen Erwartungen.

Härte ist oft notwendig. Ihre amerikanischen Mitarbeiter sind darauf eingestellt. Mit Großzügigkeit erreichen Sie oft das Gegenteil von dem, was Sie erreichen wollen. Peter Scott-Morgan erzählte mir auch von einem besonders bizarren Beispiel: Ein Unternehmen mußte Entlassungen vornehmen und wollte sich sinnvollerweise von denjenigen trennen, welche unterdurchschnittliche Leistungen erzielt hatten. Zu diesem Zweck wurde ein kompliziertes 360-Grad-Bewertungssystem konstruiert, bei welchem alle sowohl durch ihre Vorgesetzten, Kollegen und Mitarbeiter evaluiert werden sollten. Gleichzeitig wurde allen, von denen sich das Unternehmen trennen würde, eine großzügige Abfindung in Aussicht gestellt.

Nun überlegen sich viele Leistungsträger folgendes: Da sie gut waren, würden sie schnell woanders eine angemessene Position finden. Gleichzeitig konnten sie das Abfindungsangebot »mitnehmen« und sich damit finanziell erheblich gegenüber der jetzigen Position verbessern. Andere Leistungsträger wiederum sahen die Abfindung als die ideale Möglichkeit an, sich selbständig zu machen. Als Folge trugen viele dieser Leistungsträger in der Zeit, als die Bewertungen durchgeführt wurden, Anstecker mit dem Text »Rank me low, I WANT to go!« Ihre Kollegen und Freunde erfüllten ihnen diesen Wunsch, und das Unternehmen verlor einige seiner besten Leute.

Frauen in Führungspositionen

1995 hatten 60 % aller Aufsichtsräte in den USA Frauen als Mitglieder. Dies ist eine deutliche Verbesserung gegenüber 11 % im Jahr 1973. 1992 waren 16 % aller gehobenen Führungspositionen (ab *Senior Vice President*) von Frauen besetzt. Obwohl bis zur Parität noch ein weiterer Schritt ist, hat sich der Prozentsatz seit 1982 (5 %) mehr als verdreifacht. In den *Fortune-500*-Unternehmen sind immer noch weniger als 7 % der Vorstandspositionen durch Frauen besetzt. Mehr als die Hälfte aller Absolventen der *business schools* sind Frauen.

Mittlerweile gibt es viele Branchen, in denen Frauen gute Chancen haben. Dazu gehören Verlagswesen und Journalismus, »junge« Industrien wie die Software-Industrie und Investment-Banking sowie die Modebranche und Filmindustrie. (Wobei Sie in der letzteren den Eindruck einer besonders harten Geschäftsfrau machen sollten, um nicht falsch eingeordnet zu werden.) Aber auch in den traditionellen Industriesektoren (zum Beispiel Automobilbau und allgemeines Bankwesen) machen Frauen Fortschritte. Viele Unternehmen geben bei gleicher Qualifikation Frauen den Vorzug, um die zahlenmäßige Balance zu verbessern. Ihre Chancen stehen also nicht schlecht.

Es wird Ihnen nicht entgangen sein, daß der Ton in amerikanischen Unternehmen oft direkter und die Umgangsformen kompetitiver sind als in Europa. Dies stellte Sie als Frau bislang vor ein besonderes Dilemma – sollten Sie sich auf Ihre Stärken besinnen und einen einfühlsamen Führungsstil praktizieren, oder sollten Sie sich als besonders harte Geschäftsfrau ausgeben, um sicher zu sein, daß Sie ernst genommen werden? Dieses Dilemma hat in der Vergangenheit manche Geschäftsfrau das Privatleben gekostet.

Michael Korda (1978, S. 211 ff.) warnt Frauen, daß sie hart zuschlagen können müssen, wenn sie ihre Karriere ernst nehmen. Laut Korda können sich Männer einen gewissen Großmut leisten, da der Aufstieg teilweise automatisch erfolgt. Für eine Frau ist jedoch jede Niederlage oder jedes unangebrachte Nachgeben besonders gefährlich, da dies immer als Schwäche und niemals als Großmut ausgelegt wird. Frauen sollten sich deswegen auch einen besonders harten Blick angewöhnen und eine kräftige, tiefe Stimme zulegen und – bei der jetzigen Arbeitslosenquote einfach zu machen – einen Mann als Sekretär anstellen. Insbesondere sollten Frauen auch nicht den Eindruck erwecken, ihre eigene Sekretärin zu sein. Das heißt: das Telefon nicht selbst abnehmen, keine Dienstbotenarbeiten übernehmen, bei Konferenzen keine Notizen machen und solche Utensilien wie Tesafilm vom Tisch entfernen. Laut *Korda* zahlt es sich aus, Ihren Lunch am Schreibtisch einzunehmen, um besonders dynamisch zu wirken, und einige Minuten über die Zeit zu bleiben. Machen Sie auf sich aufmerksam, wenn Ihnen etwas nicht gefällt (vorausgesetzt, Ihr Anliegen ist berechtigt), und setzen Sie sich durch.

Glücklicherweise hat sich das Klima seit 1978 entschieden verbessert. In der jüngeren amerikanischen Managementliteratur wird zunehmend vom Manager als Coach und Motivator gesprochen, so daß sich das Problem tendenziell entschärfen dürfte. Verlassen Sie sich aber nicht darauf! *Glaser* und *Smalley (1994)* geben folgende Ratschläge, wenn Sie eine neue Führungsposition antreten: 1. Setzen Sie Prioritäten. 2. Lernen Sie Ihre Mitarbeiter kennen. 3. Konzentrieren Sie sich darauf, respektiert zu werden, und nicht, gemocht zu werden. 4. Seien Sie stets für Ihre Mitarbeiter verfügbar. 5. Vermeiden Sie es, alles besser zu wissen (selbst wenn Sie es tun). Immer noch gibt es die Situation, daß Frauen wesentlich besser sein müssen als Männer, um ihren Weg zu machen. Aber in vielen Fällen haben sich die Chancen auch schon umgedreht. In Unternehmen mit einer aktiven Frauenpolitik werden Frauen mit gleicher Qualifikation oft vorgezogen.

Minderheiten und Diskriminierung

Das Beispiel zu Anfang dieses Kapitels zeigte, daß man schnell die Gefahr einer Rechtsklage wegen diskriminierender Praktiken heraufbeschwören kann, selbst wenn man schon einige Erfahrung hat (oder vielleicht gerade dann). In einem so diversen Land wie den Vereinigten Staaten wird die Nichtdiskriminierungsgesetzgebung mittlerweile sehr ernst genommen. Die Bevölkerung der USA ist zu 14 % angelsächsischer, zu 13 % deutscher, zu 12 % afrikanischer, zu 10 % hispanischer und zu 2 % asiatischer Herkunft. Es wird geschätzt, daß die nicht-weiße Bevölkerung ab dem Jahr 2050 die Mehrheit ausmacht. Pro Jahr wandern 500 000 Personen legal ein, geschätzte 1 500 000 kommen illegal dazu. 1990 waren mehr als 20 % der arbeitenden Bevölkerung von New York Mitglieder von Minderheiten. Im

Jahr 2000 werden 40 % aller Kinder unter 18 Jahren von nicht-weißen Eltern stammen.

Bislang war es so, daß Aufsteiger aus allen Minderheiten versuchten, den angelsächsischen Stil der *upper middle class* zu kopieren und sich kulturell zu assimilieren. Dies war die große Stärke des amerikanischen Modells, aber es dauerte meistens auch eine Generation, bis die Tür zum Erfolg wirklich offenstand. So haben viele Kinder von Einwanderern bewußt die Sprache ihrer Eltern ignoriert, um ganz als Amerikaner zu gelten. Heute zeigt dieses Modell gewisse Schwächen. Die Rechte der Minderheiten werden oft für wichtiger genommen als der »Kitt« der Gesellschaft, die gemeinsamen amerikanische Werte. Selbst altliberale Theoretiker wie *Arthur M. Schlesinger, jr.* sprechen deshalb von der »Desintegration Amerikas«.

Es bleibt abzuwarten, ob diese pessimistischen Vorhersagen eintreffen werden. Immerhin erhalten zum Beispiel Studenten der winzigen asiatischen Minderheit über 50 % aller Doktorgrade in den Naturwissenschaften – ein Beweis für die andauernde Assimilationsfähigkeit der amerikanischen Gesellschaft. Auf der anderen Seite existieren mittlerweile ganze Stadtteile oder Landstriche, in denen Englisch nur noch zur Not gesprochen wird. Dies ist vor allem dort der Fall, wo die hispanischen Bevölkerungsgruppen angesiedelt sind. Sollten Sie Mitarbeiter für einfache Positionen einstellen, seien Sie auf der Hut: Die Tatsache, daß jemand nur schlechtes Englisch spricht, ist kein Grund für eine Absage. Sie müssen klar nachweisen können, daß für die entsprechende Position gutes Englisch notwendig ist.

Klagen wegen Diskriminierung können Sie jederzeit treffen. Ein älterer Anzeigenverkäufer eines Verlagshauses begann zum Beispiel, sehr aggressive Taktiken zu verwenden. Anstatt die Marketing-Abteilungen seiner Klienten anzusprechen, bearbeitete er deren Senior Management (einschließlich CEOs) aggressiv durch Telefonanrufe und Besuche. Drei große Unternehmen erklärten den Anzeigenverkäufer daraufhin zur persona non grata. Anstatt dem Angestellten zu kündigen, wurde er in ein anderes Gebiet versetzt, wo er bald ähnlich negativ auffiel. Drei weitere Großkunden verweigerten den Kontakt mit dem Verkäufer. Jetzt kündigte ihm sein Unternehmen. Der

Angestellte klagte wegen Diskriminierung. Das betroffene Unternehmen sandte nicht nur Zeugen aus dem eigenen Management, sondern auch sechs Vertreter der Klienten, welche es abgelehnt hatten, weiter mit dem Verkäufer in Kontakt zu treten. Der Fall schien eindeutig, aber der Kläger brach im Zeugenstand in Tränen aus. Die Jury gab dem Kläger in allen Punkten recht und sprach ihm das Recht auf Beschäftigung, Kompensation für erlittene emotionale Verletzungen und eine Vorauszahlung von mehreren Jahresgehältern zu. Später gelang es allerdings dem Arbeitgeber in der Revision, zumindest die Vorauszahlung zu annullieren *(Bernbach 1996, S. 146ff.)*.

Die Ausgänge von Jury-Verfahren sind immer schwierig vorherzusagen. Allerdings ist der Arbeitgeber in Arbeitskonflikten nicht automatisch im Nachteil. In vielen Fällen sind die besseren Rechtsanwälte auf der Seite des Arbeitgebers. Es wird geschätzt, daß 80 % aller Konfliktfälle außerhalb der Gerichte gelöst werden, zum Beispiel durch finanzielle Entschädigungen. In manchen Fällen geht dies sogar so weit, daß Arbeitgeber älteren und teuren Angestellten kündigen und diesen Kompensationszahlungen anbieten, wenn sie auf den Rechtsweg verzichten. Damit sparen sie immer noch Geld.

Auf beiden Seiten wird gelegentlich mit harten Bandagen gekämpft. Dies ist eine Tatsache, auf die man zumindest vorbereitet sein sollte. Mit einem europäischen Führungsstil kann man vielleicht einige Situationen entschärfen, aber eine Krise kann unvermittelt eintreten. Wenn Sie präventiv tätig werden wollen, etablieren Sie eine schriftliche *compancy policy* bezüglich Diskriminierung und sorgen Sie dafür, daß diese *policy* allgemein bekannt ist und durchgesetzt wird. Mittlerweile gibt es genug Berater, die sich darauf spezialisiert haben, multikulturelle und nichtdiskriminatorische Praktiken einzuführen. Dies kann Sie zwar nicht immer schützen, aber es ist Ihre beste Option.

Unternehmensethik

Als gehobene Führungskraft üben Sie in Amerika eine sehr große Macht aus. Vielleicht wird es Ihnen möglich sein, die Unternehmenskultur und die ethischen Regeln Ihres Unternehmens zu beeinflussen. Das Thema *corporate or business ethics* hat in den letzten zehn Jahren einen festen Platz im Curriculum der amerikanischen *business schools* erhalten. Auch viele Unternehmen haben Anstrengungen unternommen, einen ethischen Code zu etablieren. Eine Studie von 1989 kommt allerdings zu dem Ergebnis, daß in fast allen Unternehmen der Begriff »ethischer Code« mißverstanden wird *(Robin et. al. 1989).* Von 1000 mit Hilfe eines Fragebogens befragten Unternehmen sandten 84 schriftlich ausformulierte Codes zurück, weitere 168 antworteten konkret auf die einzelnen Fragen. Die Initiatoren der Studie fanden vier verschiedene Gruppen von Regeln. Die wenigsten dieser Regeln hatten tatsächlich mit Unternehmensethik zu tun!

Ethik im klassischen Sinne ist ein System von Kriterien, welches dazu beiträgt, zu beurteilen, was wünschenswert ist. Damit versetzt Ethik den einzelnen in die Lage, Werturteile zu fällen. Die in der Studie zutage tretenden Regelwerke gaben aber detaillierte Verhaltensnormen vor. Als solche tragen sie nicht besonders dazu bei, den verantwortungsvollen Mitarbeiter zu schaffen, sondern schwächen im Gegenteil die eigene Urteilskraft. Was, wenn zwei Regeln in Konflikt geraten? Was, wenn die geschriebenen Regeln und die genauso starken ungeschriebenen Regeln nicht zusammenpassen? Leider glauben fast alle amerikanischen Führungskräfte, welche ein Regelwerk im obigen Sinne entwickelt haben, daß sie damit ethisches Bewußtsein im Unternehmen fördern.

Verhaltensnormen in amerikanischen Unternehmen dienen größtenteils dazu, das Unternehmen oder das Management zu schützen oder die Produktivität zu erhöhen. Man kann immer sagen: »Wir haben ja Regeln für diesen Fall aufgestellt – der Angestellte ist schuld.« Damit zeigt sich wieder der Hang zum expliziten Ausformulieren von Regeln. Dies ist in den meisten Fällen wahrscheinlich notwendig.

Leider gibt es derzeit nur in relativ wenigen Unternehmen Regeln, welche die Angestellten vor ihren Bossen schützen. Die Verletzung der Privatsphäre von Angestellten findet teilweise in einem Ausmaß statt, das in Europa unvorstellbar wäre. Mehr als 30 % der Großunternehmen und mehr als 50 % der Einzelhandelsunternehmen nutzen Lügendetektoren-Tests zumindest manchmal. Persönliche finanzielle Daten werden von Kreditagenturen wie zum Beispiel *TRW* und *Equifax* gespeichert und können von jedermann abgerufen werden. In vielen Dienstleistungsunternehmen werden Telefongespräche abgehört. In einer Umfrage von *Mac-World* kam heraus, daß 20 % der Arbeitgeber E-mail, Voice mail oder Computerdaten von Angestellten einsehen *(Horowitz 1995, S. 130)*.

Auf der anderen Seite klagen Angestellte auch in einem in Europa unvorstellbaren Ausmaß – und bekommen oft sehr hohe Schadensersatzsummen zugesprochen. Diese Individualkonflikte signalisieren einen neuen Arbeitgeber-Arbeitnehmer-Konflikt, welcher die in den dreißiger Jahren in den USA entstandene Gewerkschaftsbewegung ablösen könnte. Die Konflikte sind jetzt individualisiert, ihre Bedeutung ist deshalb nicht geringer geworden.

1987 hatte zum Beispiel *Eastern Airlines* einen Tip erhalten, daß einige Mitarbeiter der Gepäckabfertigung in Miami Drogen nähmen. Die Mitarbeiter wurden am Arbeitsplatz von zehn *security guards* umstellt und vor den Augen der Passagiere zu bereits wartenden Bussen geführt. Im Labor stellte man ihnen zur Wahl: Drogentest oder sofortige Kündigung. Alle zehn Angestellten machten den Test, alle hatten negative Testergebnisse und alle klagten gegen Eastern Airlines.

Die Angestellte einer Drogerie in Maryland weigerte sich, einen Lügendetektor-Test mitzumachen, als einige Unterschlagungen untersucht wurden. Obwohl solche Tests gegen Landesgesetze verstießen, wurde der Frau sofort gekündigt. Ein Gericht sprach ihr Schadensersatz in Höhe von 1,3 Millionen Dollar zu.

Sollten Sie Einfluß auf die Unternehmenskultur und die internen Regeln haben, wenden Sie Ihr europäisches deduktives Denken an, um folgendes zu erreichen: 1. Achten Sie darauf, daß das Regelwerk nicht ausufert. Dies ist der Tod jeder Unternehmenskultur! 2. Versuchen Sie klarzumachen, was Ethik ist, nämlich ein System, das es dem einzelnen ermöglicht, zu beurteilen, was wünschenswert ist.

6 Die richtige Geschäfts- und Freizeitkleidung

Successful dress is really no more than achieving good taste and the look of the upper middle class, or whatever is perceived by the greatest number of people to reflect these qualities. Historically, in Europe, there were men and organizations who taught the upwardly mobile man how to acquire the necessary manners and taste of the class to which he aspired. When those Pygmalions came to America, they generally treated America as a country whithout classes and without class. Neither conclusion is correct, and so their input was of no value.

John T. Molloy in »Dress for Success«

Appearance counts.

Paul Fussell in »Class: A Guide to the American Status System«

Being perfectly well-dressed gives a feeling of tranquility that religion is powerless to bestow.

Ralph Waldo Emerson

1975 schrieb ein bis dahin unbekannter Bekleidungsberater namens *John T. Molloy* ein Buch mit dem Titel *Dress for Success*. Molloy wurde damit »Amerikas erster (selbsternannter) Bekleidungsingenieur«. Er behauptete, in zahlreichen Fragen und Experimenten systematisch und wissenschaftlich erforscht zu haben, welche Kleidung den erfolgreichen *look* ausmacht. Molloys Ratschlag: In der überwiegenden Mehrzahl aller Fälle signalisiert der Bekleidungsstil der *upper middle class* Erfolg und erleichtert den Aufstieg. Das Buch wurde zu einem sofortigen Bestseller und ging millionenfach über den Ladentisch. Molloy wurde zu einem Star.

Sie werden schnell bemerken, daß sich Geschäftsleute in den USA anders kleiden als in Europa. Ich nehme nicht an, daß Sie zu den Europäern gehören, auf welche sich Molloy im obigen Zitat bezieht, mit anderen Worten: daß Sie Amerika als ein Land ohne Klassen und ohne Klasse ansehen. Zumindest sollten Sie diese Auffassung nach fünf Kapiteln *Amerika für Geschäftsleute* revidiert haben. Sie sind für die feinen Unterschiede sensibilisiert. Sie merken instinktiv, daß auch für die Bekleidung subtile Regeln gelten, aber Sie können diese Regeln vielleicht nicht genau identifizieren. Und Ihre Geschäftspartner werden sich hüten, Ihnen Ratschläge zu erteilen. (Allerdings sollten Sie immer dann zumindest skeptisch sein, wenn ein Bekleidungsstück übermäßig gelobt wird. Wie bei Duftwasser kann dies ein Zeichen dafür sein, daß etwas zu auffallend oder penetrant ist. Extravaganz können sich im amerikanischen Geschäftsleben nur Showstars, Rockmusiker und Künstler leisten. Denken Sie daran, daß Konformität in Äußerlichkeiten ein wichtiges Symbol der Zugehörigkeit zu einer Gruppe ist.) Anhand der folgenden Fragen Molloys können Sie testen, wie gut Ihr Wissen über amerikanische Bekleidungssitten wirklich ist.

John T. Molloy: Kennen Sie die heimlichen Bekleidungsregeln?

1. Welches ist die beste Farbe für Regenmäntel?
2. In welchen Berufen sind Fliegen akzeptabel und beliebt?
3. Welche Krawattenfarbe macht einen Mann sexy und sollte daher im Beruf vermieden werden?
4. Sollten Führungskräfte Hosen mit Umschlägen tragen?
5. Sind Hemden mit kontrastierender Kragenfarbe in einem konservativen Unternehmen akzeptabel?
6. Amerikaner von »altem Gelde« mißtrauen am ehesten einem Mann, der (a) unordentliches Haar hat, (b) einen zerknitterten Anzug trägt, (c) ungeputzte Schuhe oder Schuhe mit abgelaufenen Absätzen trägt, (d) ein altes Auto fährt.
7. Sollten Ihre Hosenträger immer mit Knöpfen befestigt sein?
8. Wird ein dunkler Nadelstreifenanzug Sie noch kleiner machen, wenn Sie ein von Natur aus kleiner Mann sind?
9. a) Welche Kleidung ist gut für einen Erstbesuch bei einem High-Tech-Unternehmen in Silicon Valley, wo man Sie vielleicht in Jeans und Pullover empfängt? b) Was ist für Folgebesuche anzuraten?

1. Beige. 2. Kellner, Clowns, College-Professoren und Kommentatoren. 3. Purpurrot. Was Sie in der Freizeit tun, ist Ihre Sache. 4. Ja. 5. Ja. *Lee Iacocca* hat sie eingeführt. 6. (c) 7. Ja. 8. Nein, mit den richtigen Accessoires werden Sie den umgekehrten Effekt erzielen. 9. (a) Blauer Anzug, nicht zu dunkel, schlichte Krawatte. (b) Vertrauen Sie Ihrem Instinkt, ob Sie sich ebenfalls informell kleiden sollten.

In diesem Kapitel werden einige der grundlegenden Bekleidungsregeln für Frauen und Männer erläutert. Die Regeln des guten Geschmacks ähneln sich im großen und ganzen in der westlichen Welt. Aber einiges ist auch unterschiedlich zwischen Amerika und Europa. Als Mitteleuropäer haben Sie einen gewissen Bonus und können abweichende Kleidung auch als Instrument einsetzen, um Aufmerksamkeit zu gewinnen oder um zu signalisieren, daß Sie anders sind. Sie müssen aber wissen, wann dies möglich ist und welche Verstöße gegen die ungeschriebenen Bekleidungsregeln auf keinen Fall akzeptabel sind.

Ich kenne einige der großen Unternehmer der deutschen Nachkriegszeit, die heute alle um die 75 Jahre alt sind. Es ist mir immer wieder aufgefallen, wie wenig Wert diese Führungspersönlichkeiten auf Äußerlichkeiten legen. Sicherlich ist der Anzug Pflicht, und Hemd, Krawatten, Anzug und Schuhe passen einigermaßen zueinander. Aber die subtile Kombination von Farben und Mustern hat diese Herren nie lange aufgehalten. Sie hatten Wichtigeres zu tun, als sich um die Mode zu kümmern, zum Beispiel, den Wiederaufbau Deutschlands voranzutreiben. Ich wünschte, dieselbe Logik wäre auch in Amerika zutreffend. Leider ist dies meist nicht der Fall. Nur unter Mitgliedern der Oberschicht, bei »altem Gelde«, verhält man sich Äußerlichkeiten gegenüber relativ tolerant. In der *upper middle class* kleidet man sich sehr sorgfältig. Dies muß einem Uneingeweihten nicht unbedingt auffallen, aber gerade das macht den Reiz dieses *dresscode* aus.

Auf den folgenden Seiten werden Sie die Feinheiten des amerikanischen *dresscode* kennenlernen. Sie müssen selbst entscheiden, wie weit Sie sich anpassen wollen. Ein wenig »europäisches Flair«

kann in vielen Fällen nicht schaden. Sie sollten es aber nicht übertreiben. Die Nachrichtensprecher-Kombination, welche auch in vielen
deutschen Industrieunternehmen populär ist (zum Beispiel grünes
Pepita-Jackett mit auberginefarbener Hose), lassen Sie besser zu
Hause.

Bevor wir in die Einzelheiten einsteigen, einige allgemeine Beobachtungen über den *elite look* in Amerika. Bedenken Sie, daß die
Auffassungen der regierenden Klasse Amerikas in vielen Fällen immer noch englischen Ursprungs sind – insbesondere, was Stil angeht.
Es versteht sich von selbst, daß alle Kleider aus natürlichen Fasern
sind: Wolle, Baumwolle, Kaschmir und Seide. Bei Hemden und Anzügen kann ein wenig Polyester manchmal der Paßform und der
Haltbarkeit nachhelfen, aber seien Sie *extrem* vorsichtig. Die Wahrscheinlichkeit ist hoch, daß Ihr *upper-middle-class*-Gesprächspartner
auch einen fünfprozentigen Polyesteranteil erkennt. Lieber gut, pas-
send und schon etwas abgetragen, als neu und zu einem Großteil aus
synthetischen Materialien.

In seinem Buch *The English Gentleman* schreibt *Douglas Suther-
land: »Gentleman können ihre Anzüge tragen, bis sie völlig abge-
wetzt sind, aber sie tun dies mit viel Stil, und jedermann erkennt,
daß diese Anzüge von einem guten Schneider gefertigt wurden.«*
Der *Northeastern Establishment Style* wird am besten von der Kon-
fektionsfirma *Brooks Brothers* repräsentiert, welche Sie in New York
und einigen anderen großen Städten finden. Zugegebenermaßen sind
Brooks-Brothers-Anzüge nicht ganz billig, aber bei dem niedrigen
Stand des Dollars und den hohen europäischen Preisen legen Sie
auch nicht viel mehr hin als in Europa. Machen Sie aber nicht den
Fehler, mit Freizeitkleidung zum Kauf eines guten Anzugs zu gehen.
Ziehen Sie Ihre konservativste und beste Geschäftskleidung an. Erst
dann werden Sie vom Verkäufer ernstgenommen. Einen Einblick in
die Freizeitkleidung der *upper middle class* bekommen Sie ebenfalls
bei *Brooks Brothers*, aber auch im Angebot des traditionellen Ver-
sandhauses *L. L. Bean* (und neuerdings auch beim Versandhaus
Land's End).

Die *upper-middle-class*-Frau erscheint in einem Flanellkleid oder
Kostüm *(skirt)*, grau, khaki oder mit einem dezenten Schottenkaro,

einem blauen Pullover *(cardigan)*, einer weißen Bluse mit recht hoch geschlossenem Kragen und nicht zu hochhackigen Schuhen. Im Geschäftsleben trägt sie häufiger einen blauen Blazer.

Die dominante Farbe der *upper middle class* ist Navy, gefolgt von Grau. Die Kleidung sowohl von Männern als auch Frauen versteckt die unterschiedlichen Charakteristika der Geschlechter mehr, als daß sie diese hervorhebt. Daher haben *upper-middle-class*-Anzüge für Männer keine gepolsterten Schultern und die Schuhe der Frauen haben keine hohen Absätze. Etwas europäisches Flair ist o.k. Gerade in den letzten zehn Jahren, sagen wir seit 1985, ist in den progressiven Regionen etwas mehr Modebewußtsein und Weltoffenheit aufgekommen. Bedenken Sie aber, daß das, was uns Europäern an der amerikanischen Geschäftskleidung langweilig und archaisch vorkommt, aus einem bestimmten Grund so ist, wie es ist: Die Amerikaner mögen es und vertrauen Personen, die sich so kleiden.

Noch ein Wort zum Auftreten der oberen Klassen: Schlankheit macht sich bezahlt. Das wird von so unterschiedlichen Autoren wie *Michael Korda* und *Paul Fussell* bestätigt *(Korda 1978, S. 90; Fussell 1983, S. 52)*. Weil fast 70 % der Amerikaner übergewichtig sind, ist Schlankheit ein wichtiges Statussymbol. Nehmen Sie nur alle amerikanischen Präsidenten seit *Johnson*, das heißt: *Nixon, Ford, Carter, Reagan, Bush* und *Clinton*. Alle bis auf *Bush* kamen sie aus den verschiedenen Schichten der Mittelklasse. Keiner war stark übergewichtig. *Reagan* und *Ford* hatten, was man eine athletische Figur nennen könnte. *Nixon* hatte eine Normalfigur. *Clinton* ist leicht übergewichtig. Und er bemüht sich redlich, sein Gewicht zu reduzieren. In seinem ersten Amtsjahr ging er regelmäßig joggen. Man sah ihm an, daß es ihm keinen Spaß machte, aber er tat es dennoch. *Carter,* der eine etwas höhere sozioökonomische Herkunft als die anderen hatte, war recht schlank. Aber nur der Elitesprößling *Bush* repräsentierte wirklich den *elite look*. Natürlich können auch übergewichtige Menschen Erfolg haben, aber sie werden zunächst relativ starke Vorurteile antreffen.

Regionale und branchenspezifische Unterschiede: ein Überblick

In seinem Bestseller *The Nine Nations of North America* beschrieb *Joel Garreau* Anfang der achtziger Jahre, wie Nordamerika sich in neun verschiedene Makroregionen entwickelte, welche alle verschiedene Kulturen und Werte hatten *(Garreau 1982)*. Mit Ausnahme von Quebec überspannten alle diese Regionen zwei oder mehr Länder. Neuengland zum Beispiel lag zum Teil in Kanada.

Im einzelnen sah *Garreau* die folgenden »Nationen«: 1. Neuengland hat die längsten Traditionen, aber auch sehr fortschrittliche Werte in bezug auf Umweltschutz und ähnliche Themen. 2. Das »Ruhrgebiet« Amerikas erstreckt sich von Chicago über Toronto nach New York und südlich bis Kentucky und ist mit denselben strukturellen Problemen behaftet wie das Ruhrgebiet Deutschlands. Hier ist man konservativ in dem Sinne, in welchem in Deutschland traditionell sozialdemokratische Gebiete als konservativ bezeichnet werden könnten: Es existiert eine ausgeprägte *blue-collar*-Kultur mit konservativen Familienwerten und »konservativer« gewerkschaftlicher Orientierung. In Amerika kommt noch ein solider Patriotismus hinzu. 3. Quebec ist Quebec, nämlich francophon und francophil. 1995 wäre es fast wieder einmal soweit gewesen, daß Quebec seine Unabhängigkeit erklärt hätte. Der Ausgang des Memorandums war noch knapper als die Zustimmung Frankreichs zur EG. 4. Der Süden – eine Wachstumsregion mit konservativen Werten – erstreckt sich von Virginia bis Miami und Mississippi. 5. Die »hispanischen Inselstaaten« beginnen in Miami und erstrecken sich bis Südamerika. Diese Staaten sind nach Garreau kulturell ein Teil Lateinamerikas. 6. Der »Brotkorb Amerikas« – bestehend aus unendlichen landwirtschaftlich genutzten Flächen und besiedelt von einer konservativen und einfachen Bevölkerung – beginnt am Michigan-See und endet an den Rocky Mountains. 7. Dahinter beginnt das »leere Quartier«, in welchem die Bundesregierung bis zu 70% des Landes besitzt und das sich von den Indianerreservaten in Neumexiko bis Alaska erstreckt. Dies ist auch heute noch der Cowboy-Westen, in dem der Geist der Unabhängigkeit besonders stark weht. 8. Mexamerika, mit

Hauptstadt Los Angeles, zieht sich bis nach Mexiko. Hier gibt es zwar auch starke lateinamerikanische Einflüsse, aber anders als in den Inselstaaten formt sich hier eine durch und durch »amerikanische« Kultur, welche lateinamerikanische Elemente aufnimmt. 9. Ökotopia beginnt nördlich von Los Angeles und zieht sich als schmaler Streifen an der Westküste nach Norden. Hier sind die politischen Werte sehr progressiv. *Garreau* identifiziert auch noch einige »Abirrungen«, welche nicht in die normale amerikanische Kultur passen: Hawaii (über 50% asiatisch), Alaska, New York und Washington. Die beiden letztgenannten Orte sind definitiv anders (zu europäisch), deswegen fühlt sich der Europäer hier auch besonders wohl.

Für den Zweck der Charakterisierung von *dresscodes* können wir es uns etwas einfacher machen. Eine Untergliederung in fünf Regionen ist meines Erachtens ausreichend: 1. Zuerst gibt es den traditionellen »englischen« Nordosten, zu dem auch New York, Washington und erstaunlicherweise San Francisco gehören. (In New York darf man allerdings etwas modischer sein als in Neuengland.) 2. Im Mittelwesten sowie im Süden sollte man sich ebenfalls konservativ, aber einfacher kleiden. Die Anzüge können etwas heller sein. 3. Im Westen kann auch Freizeitkleidung im Geschäftsleben getragen werden. (Studieren Sie Ihre Umwelt.) 4. Südkalifornien, das Zentrum der Filmindustrie, ist sehr leger. Es existieren dementsprechend keine festen Regeln. 5. In High-Tech-Gebieten (Silicon Valley, Seattle, Umgebung von Boston, Resarch Triangel in North Carolina) herrscht oft ein informeller *dresscode* vor, wobei die Qualität der Kleidung allerdings sehr hoch sein sollte.

Auch bei den verschiedenen Branchen sind die allgemeinen Prinzipien nicht sehr schwer zu erraten. Am konservativsten sind Bankwesen und Jurisprudenz, wie auch in Mitteleuropa. In den Konzernzentralen ist man ähnlich konservativ. Je kleiner die Städte und Unternehmen werden, desto einfacher sollte man sich kleiden, um seine Kollegen, Mitarbeiter oder Geschäftspartner nicht einzuschüchtern oder als Außenseiter dazustehen. Das eigene Aussehen sollte immer solide und konservativ sein. In »jungen« High-Tech-Branchen herrscht oft ein informeller Stil vor – Jeans und Pullover sind häufig die Hauptbekleidungsstücke. Die Kleidung wird natürlich aus dem besten Material sein. Das heißt aber nicht, daß Sie sich bei einem Erstbesuch immer ähnlich informell kleiden sollten (weitere Hinweise unten). In der traditionellen Industrie ist der Stil ebenfalls einfacher als im Bankwesen und der Jurisprudenz, aber was in Mitteleuropa funktioniert (zum Beispiel die Kombination in Grün oder Brauntönen), funktioniert hier meistens nicht. In der Werbebranche kleidet man sich kreativer und modischer. Im Entertainment und in Südkalifornien ist der Bekleidungsstil sehr informell, aber auch hier setzen sich in einigen Managementetagen die dunklen Anzüge durch.

Geschäftskleidung für Männer

Anzug: In den USA sind Männer in 90 % aller Geschäftssituationen gut beraten, einen dunklen oder dezenten Anzug anzuziehen. Die einzig akzeptable Kombination ist ein *navy blazer,* kombiniert mit einer grauen Hose – und auch das ist oft zu sportlich. *Molloy* erzählt, wie vor einigen Jahren eine Wirtschaftsprüfungsgesellschaft an der Westküste einen Imageberater einlud, auf der Jahreshauptversammlung in San Francisco vorzutragen. Dieser Consultant riet den Mitgliedern des Los-Angeles-Büros, ihre dunklen Anzüge zu Hause zu lassen. Viele der Klienten des Büros waren Personen im *movie business*, so daß sich die Mitglieder der Gesellschaft ebenfalls leger anziehen sollten, um besser mit ihren Klienten kommunizieren zu können. Dem Direktor des Los-Angeles-Büros wiederstrebte diese Empfehlung zwar instinktiv, aber er setzte sie um. Immerhin hatten sowohl ein »Fachmann« als auch die Zentrale dazu geraten. Zwei Tage später hatte er eine Vielzahl von Klagen erhalten und nahm die Empfehlung zurück. Der Wendepunkt war erreicht, als einer seiner Klienten, ein berühmter Schauspieler, erklärte, daß er seine Steuererklärung von einem Steuerberater und nicht von einem Schauspieler erledigt haben wollte.

Mit dem Anzug liegen Sie in Amerika fast immer richtig, und in vielen Fällen sollte er dunkel sein! In folgenden Situationen sollten Sie allerdings Ihre Umgebung genau beobachten: 1. Sie haben mit einer Computerfirma in Silicon Valley zu tun, die sich bewußt informell gibt. Als Angestellter sollten Sie den informellen Code übernehmen. Als Besucher haben Sie beide Optionen – informell oder formell. 2. Sie sind in einer kreativen Branche (Werbung, Musik, Film) und haben mehr im »kreativen« Bereich als im reinen Management zu tun. 3. Sie wickeln Geschäfte im *Westen* oder *Süden* ab und haben mit einem regionalen oder lokalen Unternehmen zu tun. Hier können Sie – nach sorgfältiger vorheriger Prüfung – einen *casual western look* (Jeans, Westernstiefel) durchaus in Erwägung ziehen. Ein solcher *look* ist sogar ratsam, weil Sie ansonsten bei informell gekleideten Westlern den Eindruck eines angespannten und steifen Stadtmenschen machen. Hier können Sie Ihre Phantasien austoben. Sobald das entsprechende Unternehmen aber eine bestimmte Größenordnung überschritten hat und zum Beispiel national tätig ist, kommt der dunkle Anzug wieder zum Vorschein. Randnotiz: Der Westen ist nicht die Westküste, sondern besteht aus den Rocky-Mountains-Staaten, Garreaus *empty quarter.* War bis in die siebziger Jahre hinein Kalifornien das Modell des *American dream*, so kann man das neue Modell in Colorado, Wyoming, Idaho oder Montana finden. Mit der Verschiebung der gesellschaftlichen Werte haben sich auch die bevorzugten Regionen verändert. 4. Sie haben im Lande »vor Ort« zu tun und haben Aufgaben in Fabrikhallen, im Bergbau oder in anderen Linieneinrichtungen übernommen. Hier kann es sinnvoll sein, sich etwas informeller zu kleiden (dies muß aber nicht so sein). 5. Dasselbe gilt, wenn Sie eine Position mit viel Kundenkontakt haben. Wiederum kann es sinnvoll sein, sich den örtlichen Gegebenheiten anzupassen. Auf der anderen Seite kann es auch zu Ihrem Berufsbild gehören, sich von Ihren Kunden abzusetzen.

Beim Anzugstil haben Sie zwei Optionen, wenn Sie auf Geschäftsreise sind. Sie können es den Amerikanern gleichtun oder einen europäischen Stil beibehalten. Wenn Sie in einem amerikanischen Unternehmen beschäftigt sind, sollten Sie in den meisten Fällen den amerikanischen Stil übernehmen. Amerikanische Anzüge sind fast immer Einreiher. Der Hosenbund sitzt höher als in Europa (die Hose geht bis zum Bauchnabel). Der Bund ist schlichter als in Europa; die Hosentaschen sind nicht ausgestellt. Schließlich haben »echte« amerikanische Anzüge keine ausgepolsterten, sondern natürliche Schultern. Selbst wenn Sie sich für europäischen Stil entschieden haben, sollten Sie zu stark ausgepolsterte Schultern sowie zu weit ausgestellte Hosen vermeiden. Diese sehen für Amerikaner »unsolide« aus.

Akzeptable Muster für Anzüge sind unifarben, Nadelstreifen *(pinstripe)* und dezente Karomuster. Im winterlichen Nordosten können Sie sich auch einen britischen Tweed erlauben. Neben den Nadelstreifenanzügen gibt es auch Kreidestreifen *(chalkstripes)*, welche etwas breiter und schwächer als die Nadelstreifen sind. Sobald ein solches *chalkstripe-suit* auch nur etwas »laut« aussieht, sollten Sie es auf jeden Fall vermeiden. Sie könnten in die Kategorie eingestuft werden, welche Molloy als *Chicago-gangster-look* bezeichnet. Akzeptable Farben sind Navy, Dunkelgrau und Dunkelbraun sowie etwas hellere Töne derselben Farben.

Achten Sie auf die folgenden Merkmale bezüglich der Paßform: Der Kragen sollte perfekt liegen und nicht abstehen. Die Schultern sollten gut sitzen. Dies ist ein wichtiges Zeichen für einen gutsitzenden Anzug.

Sie sollten keine Mühen und Argumente scheuen, eine Änderung richtig machen zu lassen. Sie können dem Schneider zum Beispiel vorher ein Trinkgeld geben, damit er sich besonders bemüht. Wenn die Arbeit nicht Ihren Vorstellungen entspricht, bestehen Sie auf weiteren Änderungen. Wenn der Anzug nach einigen Wochen Tragen oder nach der ersten Reinigung schrumpft oder sich dehnt, ist eine weitere Änderung fällig.

Hemden: Amerikanische Hemden sind etwas anders geschnitten als europäische. Insbesondere die Taille ist meist betonter. Europäische Schnitte sind aber akzeptabel. Ihre Hemden sollten aus Baumwolle sein. Ein Minimum an Polyester kann nicht schaden, aber nur, wenn Sie *absolut sicher* sind, daß man das Hemd nicht von reiner Baumwolle unterscheiden kann. Die Farben sollen einfach und dezent sein. Weiß ist immer gut, dazu helle, pastellfarbene Blau-, Gelb- und

Grautöne. Pastellfarbene Lavendel- oder Pinktöne sollten Sie bei älteren und konservativen Gesprächspartnern vermeiden, denn diese machen einen femininen Eindruck. *Upper-middle-class*-Hemden sind immer pastellfarben. Dafür gibt es einen einfachen historischen Grund. Früher konnten sich nur wohlhabende Leute gute Stoffe leisten, welche die Farben einfach annahmen und daher subtilere Farbtöne ermöglichten. Die einfachen Leute trugen stark eingefärbte Stoffe.

Für Geschäftshemden stehen Ihnen zwei Muster zur Verfügung – einfarbig und einfarbige Längsstreifen. Die Streifen sollten aus einer deutlichen Farbe (Navy, Dunkelbraun) bestehen. Der Hintergrund sollte weiß oder eine sehr helle Pastellfarbe sein. Eine generelle Regel: Je schmaler die Streifen und je enger diese beieinander sind, desto besser. Mehrfarbige Hemden, breite Streifen, ausgewaschene Farben, Punkt- und andere Muster sollten Sie im Geschäftsleben tunlichst vermeiden.

Monogramme sind nicht von Vorteil. Wenn Sie aber gerne welche haben, sollten diese persönlichen Zeichen dezent sein – selbst in Amerika. Viele Hersteller werden sie an der Stelle plazieren, wo bei billigeren Hemden die Brusttasche sitzt. Das ist zu auffallend. Besser ist es, wenn Sie Monogramme über der Gürtellinie plazieren. Sowohl einfache Manschetten wie Doppelmanschetten sind akzeptabel, wobei die Doppelmanschette eleganter ist.

Krawatten: Bei Krawatten zeigt sich die ganze Subtilität der amerikanischen Bekleidungsregeln. Zunächst einmal die *basics.* Die Länge sollte genau richtig sein, das heißt, die Spitze sollte bis zum Gürtel reichen. Die Breite variiert etwas mit der Mode. Hier sollten Sie einfach Ihr Umfeld beobachten. Die Art der Knoten sollte natürlich mit der Kragenform korrespondieren: Der Knoten sollte weder zu eng noch zu breit für den entsprechenden Kragen sein. Seide ist fast immer das korrekte Material.

Prinzipiell stehen Ihnen sechs Muster zur Verfügung: 1. unifarben. 2. kleine Punkte auf unifarbenem Hintergrund *(polka dot)*, 3. *foulard* oder *ivy league tie*, 4. Paisley, 5. Club-Krawatte oder 6. die diagonal gestreifte Krawatte *(rep* oder *regimental rep).*

1. Dezente unifarbene Krawatten ohne erkennbare Muster im Stoff (navy, dunkelbraun, Sommer-pastellfarben) sind keinesfalls »langweilig«, wenn sie mit den richtigen Hemden und Anzügen kombiniert werden, und lassen sich sehr vielfältig verwenden.

2. Bei der gepunkteten Krawatte *(polka dot)* sind kleine weiße (oder helle Punkte) auf einem dunklen Hintergrund angeordnet. Die Grundfarbe der Krawatte sollte mit dem Anzug koordiniert werden (das heißt, entweder eine ähnliche Tönung haben oder einen Kontrast aufweisen). Die Punkte sollten mit dem Hemd koordiniert sein. Diese Kombination wird als sehr konservativ und elegant angesehen.

3. Die *ivy league* Krawatte ist eine sehr konservative Krawatte, welche früher vor allem von Mitgliedern der *upper class* getragen wurde. Anstelle der hellen Punkte sind hier kleine Kreise, Dreiecke oder Vierecke mit Mustern auf dunklem Hintergrund angeordnet. Früher galt diese Krawatte als sehr elitär, und Personen mit solchen Krawatten wurden auf dem Land als »feine Pinkel« angesehen. Heute hat sie sich aber allgemein etabliert.

4. Bei der *Club-Krawatte* werden die Punkte durch kleine Symbole (Jachten, Golfschläger, Pferde etc.) ersetzt. Diese Krawatten sind durchaus akzeptabel, solange sie dezent sind und keine echten Clubsymbole imitieren. Bei Mitgliedern der *upper class* sowie in England sollten Sie besser keine Club-Krawatten tragen (es sei denn, die Ihres eigenen Clubs). Alles außer echten *club-ties* wird dort als Imitation angesehen.

5. Das *Paisleymuster* ist ein »sportliches« *upper-middle-class*-Muster, welches zu sehr »ernsthaften« Verhandlungsrunden nicht getragen werden sollte. Es kann aber sehr vielseitig kombiniert werden und macht einen langweiligen Anzug lebhafter.

6. Schließlich erfreut sich auch der Diagonalstreifen einer großen Beliebtheit. Normalerweise hat dieser *rep tie* dunkle Streifen, welche sich klar vom Hintergrund absetzen. Dieser Krawattentyp mag für Europäer recht langweilig aussehen – für Amerikaner vermittelt er unaufdringliche Solidität.

Vermeiden Sie große Bilder oder Symbole und vermeiden Sie Fliegen! Fliegen gelten als unsolide und sind nur in intellektuellen Berufen wie zum Beispiel Geschichtsprofessor erlaubt. Aber ein solcher intellektueller Beruf ist in den Augen vieler Amerikaner sowieso unsolide. (Sie werden sich erinnern: *The business of America is business.*)

Schuhe: Gute Schuhe sind konservativ, einfach, von höchster Qualität, aus Leder (vorzüglich Pferdeleder) und haben keine Metallteile (auch kein Designerlogo). Akzeptable Farben sind schwarz, burgunder und braun. Schuhe sind ein sehr wichtiger Bestandteil Ihrer Bekleidung. Sie kommen vielleicht mit einem zerknitterten Anzug davon (wenn dieser offensichtlich von guter Qualität ist), aber nicht mit abgelaufenen, dreckigen oder schlechten Schuhen. Stellen Sie sich permanent die folgende Frage: »Sehen meine Schuhe zumindest einen Tag lang neu aus, wenn ich sie gepflegt habe?« Wenn die Antwort »nein« lautet, senden Sie Ihre Schuhe zu einer Generalüberholung in die Fabrik zurück (gute Hersteller machen dies für 50–75 Dollar). Wenn das nichts bringt, werfen Sie die Schuhe weg.

Es gibt drei Kategorien von Schuhen: konservative Schuhe, welche nur mit einem Anzug getragen werden können, Schuhe für formelle Freizeitkleidung und reine Freizeitschuhe. Unter den konservativen Schuhen sind der *wingtip* und der *lace-up (captoe)* die beliebtesten Exemplare. Im Büro sind diese Schuhe immer richtig, bei freizeitlichen Anlässen (wenn Sie zum Beispiel zu einer Grillparty in Shorts mit solchen Schuhen erscheinen) können sie katastrophal wirken. *Slipper (slip-ons)* sind eine Zwischenkategorie, welche Sie nur bei informellen Geschäftsanlässen tragen sollten, es sei denn, diese Slipper sind sehr konservativ und teuer.

Sandalen in der Freizeit: bitte, bitte nicht! Es kommt leider immer noch vor – sogar bei unserem Herrn Bundeskanzler. Aber unterdrücken Sie den Impuls bei Geschäftsreisen in Amerika. In einigen unkonventionellen und intellektuellen Kreisen sind allerdings Birkenstock-Sandalen sehr populär. Im Gegensatz zum Tragen von Sandalen ist es ein Statussymbol, Segelschuhe oder ähnliche Schuhe ohne Socken anzuziehen.

Sonstiges: Es würde den Rahmen dieses Buches sprengen, zu beschreiben, wie Farben, Formen oder Muster im einzelnen kombiniert werden sollten. Hier kann ich Ihnen nur raten, sich an gutangezogene Kollegen zu wenden. Wenn Sie allerdings die hier aufgeführten Ratschläge befolgen, werden Sie sich in Amerika gut einfügen. *Regenmäntel* sollten beige sein, und nicht blau. Dies hat einen einfachen Grund. Beige Mäntel sind schwerer zu pflegen und werden daher mit »Wohlstand« assoziiert. *Gürtel* sind mit einer einfachen Schnalle versehen. Sie tragen entweder Hosenträger oder Gürtel, nicht beides. *Socken* sind dunkel und reichen bis zu den Waden. Sie zeigen niemals Bein. Ihr *Haarschnitt* sollte kurz, einfach und ordentlich sein. Benutzen Sie Haarlack oder ähnliches, wenn Sie Haare haben, welche leicht in Unordnung geraten.

Regionale Unterschiede

Auch in Amerika gibt es große regionale Unterschiede. Zunächst einige einfache Regeln. Wenn Sie sich im unklaren sind, wie Sie sich kleiden sollten, ziehen Sie sich konservativ an. Wenn Sie bemerken, daß man sich in dem entsprechenden Unternehmen oder Landesteil wesentlich legerer kleidet, passen Sie sich etwas an. Sie könnten sonst arrogant wirken. Ihre Kleidung sollte aber immer Gleichwertigkeit und Autorität ausstrahlen. Bleiben Sie Ihrem Berufsstand treu: Banker und Wirtschaftsprüfer sollten auch dann konservativ gekleidet sein, wenn sie mit »kreativen« Branchen zu tun haben.

John Molloy hat folgende regionalen Unterschiede beobachtet:

1. *Konzernzentralen multinationaler Konzerne, der Nordosten, New York, Washington und San Francisco:* Hier werden Sie die höchste Konzentration von Personen der *upper middle class* und der *upper class* antreffen. Die Ratschläge für Ihre Kleidung sind einfach: gut, subtil, teuer. Wenn Sie sich maßgeschneiderte Anzüge leisten können, ist dies die Gelegenheit, zu der sich eine solche Investition lohnt. (Am meisten lohnt, sollte ich sagen. Die In-

vestition lohnt sich immer.) Uhren sollten flach, golden und sehr gut sein. Wenn Sie keine solche Uhren haben, tragen Sie gar keine. In New York sollte Ihre Kleidung etwas modischer sein als im extrem konservativen Nordosten.

2. *Amerikanischer Süden und Mittelwesten:* Außerhalb von Atlanta und Dallas sollten Sie darauf achten, sich weder zu konservativ noch zu modisch zu kleiden. Nadelstreifen und sehr elegante Krawatten sollten im Schrank bleiben. Einfache blaue oder graue Anzüge sind gut. Auch im Mittelwesten (Chicago, Detroit, Cleveland) ist ein etwas einfacherer Stil meistens angebracht.

3. *Kleine Städte:* Je kleiner die Städte, desto mehr hinkt die Mode hinterher. Passen Sie sich den örtlichen Gegebenheiten bis zu einem gewissen Grade an, damit Sie nicht als »feiner Pinkel« abgestempelt werden.

4. *Südwesten und Westen:* Bringen Sie Anzüge mit, welche leicht kariert oder von einer hellen bis mittleren Tönung sind. Hier hat man eine starke Abneigung gegen den sehr konservativen *Establishment-Stil* und reagiert dementsprechend negativ auf dunkle Anzüge. Wenn Sie sich etwas eingefühlt haben, können Sie auch Ihren Cowboyphantasien nachgehen (vorausgesetzt, Ihre hochrangigen Gesprächspartner kleiden sich ebenso). Ich hatte gelegentlich mit einer sehr einflußreichen und vermögenden Familie in Wyoming zu tun und habe zu keinem meiner *meetings* auch nur ein Jackett, geschweige denn einen Anzug mitgenommen.

5. *Silicon Valley, Kalifornien, sowie die Technologieparks um Boston und in North Carolina:* Hier herrscht ein informeller *dresscode* vor. Auch hohe Führungskräfte laufen in Jeans und Pullover herum. (Diese Pullover sind natürlich aus sehr gutem Material.) Lassen Sie den sehr konservativen Nadelstreifenanzug zu Hause und nehmen Sie einen einfachen blauen oder grauen Anzug für das erste *meeting* mit. Danach können Sie überlegen, ob Sie sich dem lokalen *dresscode* anpassen. In einigen Fällen, Sie werden merken wann, ist dies äußerst ratsam.

Geschäftskleidung für die erfolgreiche Frau

Auch für die erfolgreiche Geschäftsfrau gibt es einen *Standardlook*, eine Uniform, welche *»business«*, Ernsthaftigkeit und Erfolg signalisiert. Dies ist der Rock mit Bluse und Jackett mit männlichem Schnitt. (Aber niemals Anzüge mit männlichen Mustern und männlichem Schnitt!) Analog zum Anzug bei Männern sollten Rock und Jackett konservative Geschäftsfarben (Navy, alle Grautöne, Kamelfarben, Schwarz, Dunkelbraun und Beige) und Muster (Uni, Tweed oder dezente Karos) aufweisen. Die Bluse sollte weiß oder hell und hochgeschlossen sein. Die beste Rocklänge ist knielang, die Knie sind gerade bedeckt. Die bevorzugten Materialien sind Wolle und Leinen – synthetische Materialien sollten vermieden werden.

Die zweitbeste Kleidung für die Geschäftsfrau sind einfache Kleider (Knie bedeckt, ganzer Arm) in den obigen Farben und Mustern mit oder ohne Jackett. Hosenanzüge sind problematisch. Ziehen Sie nur einen an, wenn Sie sich über den Effekt absolut sicher sind. Vermeiden Sie Westen. Sie imitieren damit zu stark die Männer. Als Frau ist es wesentlich wichtiger für Sie, die Kleidung für geschäftliche und gesellschaftliche Anlässe zu trennen, als für Männer.

Blusen: sollten relativ hochgeschlossen sein. Sie können auch mit einem Halstuch versehen werden.

Schuhe: Am besten sind einfache, vorne geschlossene Schuhe mit einem mittelhohen Absatz von ca. 3–4 cm. Blau, Schwarz, Dunkelbraun und Grau sind die besten Farben für das Geschäft.

Strumpfhosen: Ziehen Sie immer hautfarbene Strumpfhosen an, egal wie warm es ist. Alles andere macht Sie verdächtig.

BH: Ein Büstenhalter ist immer, immer Pflicht.

Schals: Hier haben Sie die Auswahl zwischen drei Stilen – Ascot, Krawatte und Scout. Die Muster sind ähnlich wie bei Männern: unifarben, Streifen, polka dots und Paisley. Dazu kommt Karo.

Mäntel: Kamelfarben, gute Qualität, mit einem Gürtel. (Es sei denn, Sie sind stark übergewichtig.)

Haarstil und Make-up

Die Haare der Geschäftsfrau in Amerika (wie auch in Europa) sind 1. nicht zu lang, 2. nicht zu kurz und 3. nicht zu lockig. Langes, sehr lockiges und auch extrem kurzes Haar sind »sexy«, ein Eindruck, welchen Sie im Geschäftsleben vermeiden sollten. Die Maximallänge ist Schulterlänge. Wellen sind o.k., solange Sie, wie gesagt, keine überstarke Lockenpracht entwickeln.

Beim Make-up gilt: Auch in Amerika ist weniger mehr. *Molloy* hat dies getestet. Frauen in verschiedenen Altersgruppen wurden fotografiert, einmal ohne Make-up, und einmal mit Make-up, welches von einem professionellen Schönheitsexperten *(beautician)* aufgetragen wurde. Über 90 % der Männer unter 25 Jahren, 70 % der Männer bis 35 Jahre und 62 % der Männer bis 45 Jahre bevorzugten die Frauen ohne Make-up. Lediglich ältere Männer hatten eine leichte Präferenz für Make-up (das ist die Generation, welche auch schon in den fünfziger Jahren im Berufsleben war). Bei Frauen über 45 Jahren bevorzugten die Mitglieder der Testgruppe allerdings leicht die geschminkte Version *(Molloy 1977, S. 86)*.

Die amerikanische Frau rasiert sich immer Beine und Achselhöhlen. Alles andere macht auf Amerikaner einen abstoßenden Eindruck.

Sonstiges: Auch beim Schmuck sollten Sie zurückhaltend sein, es sei denn, Sie sind relativ klein und verschaffen sich mit dem Schmuck mehr Präsenz. Sie können Ihren Schmuck bei gesellschaftlichen Anlässen tragen, aber erst, wenn Sie sich sicher sind, daß Sie damit die anderen Damen nicht überwältigen. Bei der *Oscar-Verleihung* liegen Sie sicherlich richtig, bei einer Antrittsfeier in einer kleinen Stadt im Mittelwesten wohl eher verkehrt. Hüte können Ihnen in gewissen Situationen Autorität verleihen, aber Sie sollten sich sehr sicher über den Stil sein. Ein *Attaché-Koffer* anstelle der Handtasche ist ein wichtiges Zubehör. Sie demonstrieren damit, daß Sie zur *business community* gehören.

Die *regionalen Unterschiede* sind weniger ausgeprägt als bei Männern. Im konservativen Süden, das heißt außerhalb der progressiven Unternehmen in Atlanta und Dallas, ist ein einfaches Kleid besser als das Kostüm. Sie sollten feminin, aber natürlich nicht »sexy« aussehen. In progressiven Industrien sollten Sie beim Erstbesuch ebenfalls ein Kostüm anziehen (vielleicht etwas heller). Wenn Sie sich danach anpassen, geht das natürlich nur mit informellen, aber sehr konservativen Kleidungsstücken im Neuengland-Look. In Südkalifornien gibt es kaum etablierte Regeln. Es kommt auf den Einzelfall an.

Freizeitkleidung für Männer und Frauen

Ich befürchte, daß auch Freizeitkleidung von einer Vielzahl von Regeln bestimmt wird. Viele Geschäftstransaktionen werden in Amerika in der »Freizeit« abgewickelt (siehe Kapitel 7). Gerade wenn Sie mit Mitgliedern der *upper class* oder *upper middle class* zu tun haben, wird man Sie zu »informellen Anlässen« einladen und hierbei besonders gnadenlos unter die Lupe nehmen. Wenn Sie nicht entspannt genug sind, wenn Sie nur vom Geschäft reden oder wenn Sie die falsche Kleidung tragen, werden Sie disqualifiziert. Viele Topmanager bestätigen, daß sie bei informellen Anlässen mehr über ihre jungen Nachwuchstalente lernten, als während der Geschäftszeit. So ist es eben. Wenn Sie wissen, wie Sie sich informell zu kleiden haben, können Sie wichtige Punkte sammeln.

Freizeitkleidung ist deutlich als solche erkennbar. Man kann sie nicht im Büro tragen. Ein »sportlicher Anzug« ist ein schlechtes Zeichen. Sie tragen entweder einen Geschäftsanzug oder *leisurewear*, aber keine Mischform. Das erste Zeichen sozialer Klasse ist deshalb, daß Sie gute Freizeitkleidung besitzen – und möglichst verschiedene Outfits für verschiedene Situationen. So erfordern die Sportarten Segeln, Tennis, Golf, Skifahren und Reiten alle einen unterschiedlichen *look. Western wear, jeanslook* und *Neuengland-look* sind vielseitiger. Bei der Freizeitkleidung gilt das Prinzip des *layering* (Schichtenbildung): Je mehr an sich einfache Kleidung Sie in verschiedenen Schichten übereinander tragen können, desto positivere Signale senden Sie aus. Sie signalisieren »Wohlstand«. So könnte man sich für den Winter einen Rollkragenpullover (dünn) mit Hemd und Pullover darüber anziehen. Dies hat noch den Vorteil, daß man sich schnell den Temperaturen der Umgebung anpassen kann.

Auch bei der Freizeitkleidung gilt: je weniger figurbetont, desto besser. Die *upper-middle-class*-Kleidung versteckt die Unterschiede der Geschlechter, anstatt sie hervorzuheben. Frauen sollten deshalb sehr vorsichtig mit Pullovern sein. Die bevorzugten Materialien für Freizeitkleidung sind Wolle, Baumwolle, Leinen, Tweed und gutes Leder. Lediglich für Skifahren, Bergsteigen oder ähnliche Sportarten sind synthetische Fasern erlaubt. Die bevorzugten Farben sind Navy, Beige, Khaki, Dunkelbraun und Pastellfarben. Helle Blau-, Gelb- und Rottöne sollten vermieden werden. Wenn Muster vorhanden sind, dann Karo oder Tweed. Karos sind »englisch« dezent, im Cowboy-Westen, wo mittlerweile viele *uppers* ihre Zweitwohnung haben, dürfen sie aber auch kräftig sein. Streifen, Punkte, Paisleys sind zu vermeiden.

Classy people haben keinen Textaufdruck auf ihren Kleidern, es sei denn, sie »spielen« *common man*. Dieses Spiel der *uppers* können Sie bei Baseball- und Football-Spielen beobachten. Hier gehört der *ordinary-people-look* (noch besser: *ordinary-* oder *plain-»folks«-look*) dazu. Genausowenig trägt man eine Baseballmütze, es sei denn, man signalisiert: »Ich bin einer von euch.« *George Bush,* Sprößling einer Elitefamilie, tat dies hin und wieder im Wahlkampf. Der aufmerksame Beobachter nahm ihm diese Verkleidung allerdings nicht ganz ab. Wenn Sie einen Gesamteindruck von dem bekommen wollen, was korrekte Freizeitkleidung darstellt, gehen Sie doch zu *Brooks Brothers* in New York oder bestellen Sie sich einen Versandhauskatalog der Firma *L. L. Bean.*

Paßform und Qualität sind bei Freizeitkleidung fast noch wichtiger als im Büro. Gerade weil Sie sich in Freizeitkleidung nicht automatisch als Mitglied einer »besseren« Klasse zu erkennen geben, müssen Sie darauf achten, daß Ihre Kleidung tadellos sitzt, höchste Qualität hat und penibel sauber ist. (Es sei denn, Sie kommen von einem mehrtägigen Camping-Trip im Freien zurück.) Wenn Sie sich nicht sicher sind, gehen Sie zu *Brooks Brothers* oder *Saks Fifth Avenue* in New York.

Am vielseitigsten sind der britische (oder Neuengland-) Look oder Jeans mit entsprechender Sportkleidung. Der britische Look eignet sich besser für den Winter, da die bevorzugten Materialien schwere Wolle, Kord und Tweed sind. Der Jeanslook kann das ganze Jahr über getragen werden. Im Sommer sollte Ihr Outfit ruhig etwas lebhafter sein, aber auch hier gelten die Prinzipien von Geschmack und Harmonie. Sehr akzeptabel sind auch der Golf- und Tennis-Look, allerdings nur, während Sie an den entsprechenden Sportarten teilnehmen oder sich im Clubhaus befinden. Hier gilt: je einfacher, desto besser. Für Tennis ist immer noch weiß die Standardfarbe, beim Golf benötigen Sie nur spezielle Schuhe, Bälle und Schläger. Neuengland-Kleidung ist auf dem Golfkurs völlig akzeptabel. Designerlogos und Logos von Stars stören eher.

Feierliche Anlässe

Feierliche Anlässe sind in Amerika sehr beliebt. Amerikaner verwenden viel Mühe darauf, sich dafür formell zu kleiden. Auch der Handwerker wird zur Hochzeit seiner Tochter in einen Smoking schlüpfen (obwohl man merken wird, daß er nicht dafür geschaffen ist).

Black tie events: Gesellschaftliche Anlässe, zu denen ein Smoking getragen werden sollte, heißen in Amerika *black tie events*. Gebrauchen Sie die Begriffe *black tie* oder *dinner jacket* für Smoking. Sie werden hin und wieder auch das Wort *tuxedo* hören, das Sie vermeiden sollten, da es einen niedrigeren sozialen Status andeutet. Tragen Sie auf alle Fälle einen Smoking, selbst wenn auf Ihrer Einladung steht: »*black tie optional*«. Ihr Smoking sollte schwarz und konservativ sein. Wenn Sie einen Anzug in einer anderen Farbe haben, tragen Sie diesen nie in Amerika. Die Fliege sollte ebenfalls schwarz sein.

Zum Smoking gehören dünne, schwarze Socken und Lackschuhe. Zur Not gehen auch polierte schwarze Schuhe, aber niemals *wingtips*. Ihr Hemd ist weiß. Punkt. Zum Smoking gehören Manschettenknöpfe und dazu passende Einsteckknöpfe für das Hemd anstelle der normalen Hemdenknöpfe. In vielen Fällen wird auch ein Kummerbund *(cummerbund)* getragen.

Black tie events finden nach sechs Uhr statt. Die Frau – auch die Geschäftsfrau – sollte dann ein Abendkleid tragen. Es sollte nicht extrem weit ausgeschnitten sein, kann aber schon etwas mehr zeigen. Nehmen Sie auch eine Jacke mit, die Sie gegebenenfalls überziehen können. Ihr Schmuck kann teuer und auffallend sein, sollte aber nicht »erdrückend« wirken. Der Haarstil und das Make-up sollten nicht stark verändert werden, damit Sie nicht auf einmal zu einer ganz anderen Person werden.

White tie events: Die formellsten Einladungen sind sogenannte *white tie events*. Wenn Sie für ein großes Unternehmen zu tun haben und sich gelegentlich in Washington aufhalten, kann es durchaus sein, daß Sie zu einer solchen Gelegenheit eingeladen werden. Bestimmte gesellschaftliche Anlässe und bestimmte Einladungen ins Weiße Haus sind *white tie*. Die deutsche Botschaft unterstützt periodisch solche Feste zugunsten bestimmter wohltätiger Institutionen. Männer tragen Frack, weißes Hemd, Weste, Fliege und Handschuhe. (Obwohl ich schon gesehen habe, daß sich der Handschuhzwang lockert.) Die Kleidung ist sehr warm, so daß diese Anlässe nur im Winter stattfinden. Sie können Ihre Ausrüstung in jeder größeren Stadt mieten. Frauen tragen ihr bestes Ballkleid und Juwelen. Wenn Sie wollen, lassen Sie sich eine aufwendige Frisur machen.

Einkaufen in Amerika

Mit den gegenwärtigen Wechselkursen des Dollars gegenüber DM, Franken und Schilling ist Amerika ein Einkaufsparadies für Kleidung geworden, und auch für vieles andere (zum Beispiel für französischen Rotwein). Viele Exporteure verzichten lieber auf Gewinne, als

Marktanteile zu verlieren. Preisniveaus von 40–70% der europäischen Preise sind keine Seltenheit. 1994 kaufte ich in New York zwei Anzüge von tadellosem italienischem Schnitt, einen aus dunkelblauem Super-100-Stoff, den anderen aus stahlblauer Naturseide, für jeweils $ 300. Ein maßgeschneidertes Hemd ist in New York durchaus für $ 60 zu haben. Die besten Krawatten kosten um die $ 35. Die besten nicht maß-, aber handgefertigten Schuhe liegen zwischen $ 330 und $ 450. Viele der großen und guten Kaufhäuser haben Abteilungen, in denen Sie sich Maßanzüge fertigen lassen können. Bei Maßanzügen und Maßhemden sollten Sie sich über den Unterschied zwischen *full custom* und *made to measure* im klaren sein. *Full custom* heißt vollständig maßgefertigt. Diese Prozedur dauert bei einem Anzug 6 Wochen und länger. Sie werden drei- bis viermal in das Atelier des Schneiders kommen müssen. Der Schneider wird zuerst ein Modell Ihres Anzuges herstellen und dann langsam darangehen, den Anzug zu vervollständigen. Ein guter *full-custom*-Anzug kostet ab $ 2000. Bei *made-to-measure*-Kleidung werden Ihre Maße ebenfalls abgenommen. Dann wird aber nach diesen Maßen ein Anzug in der Fabrik hergestellt, so daß der Spielraum für weitere Korrekturen nicht sehr groß ist. Ein *made-to-measure*-Anzug ist ab $ 800 zu haben.

Wo sollten Sie einkaufen? Am besten ist immer noch New York. Den klassischen Look finden Sie bei den schon mehrmals erwähnten *Brooks Brothers*. Aber auch *Saks Fifth Avenue, Bergdorf Goodman* oder *Maceys* haben diesen Look. Trainieren Sie sich vorher aber ein Auge dafür bei *Brooks Brothers* an. *The Custom Shop* und *Ascot Chang* bieten gute *made-to-measure*-Ware an. Discount-Kaufhäuser wie *B.F.O.* und *Moe Ginsburg* (für Männer) sowie *Century 21* (Männer und Frauen) bieten häufig stark herabgesetzte Markenware an. Sie sollten allerdings etwas von Qualitäten verstehen. Bei *Century 21* gibt es keine Möglichkeit anzuprobieren, so daß Sie unter Umständen mehrmals zurückkommen müssen. Dafür zahlen Sie bis zu 70% weniger als in Europa.

Eine bekannte und gute amerikanische Schuhkette ist *Florsheim Shoes*, obwohl ich immer noch *Church's English Shoes* bevorzuge. Wenn Sie *custom grade* kaufen, heißt dies, daß die Schuhe manuell hergestellt wurden – allerdings nicht speziell für Ihren Fuß. Echte handgemachte Schuhe fangen bei $ 1000 an.

Bekleidungsmaße in den USA und Kontintentaleuropa

Maße basieren in den USA auf dem empirischen System. Je besser Sie sich mit diesem System auskennen, um so weniger wahrscheinlich ist es, daß der Verkäufer versucht, Ihnen unpassende Größen zu verkaufen.

Männer: Anzüge und Mäntel						
Europa	46	48	50	54	56	59
USA	36	38	40	42	44	46

Männer: Hemden					
Europa	37	38	39	40	41
USA	14½	15	15½	16	16½

In den USA können Sie in den besseren Geschäften nicht nur nach Kragenweite, sondern auch nach Ärmellänge kaufen. Wenn Ihnen Hemden mit der Bezeichnung 16½ – 33/34 vorgelegt werden, bezeichnet das erste Maß die Kragenweite, das zweite Maß die Ärmellänge. Nach Möglichkeit sollten Sie die genau passende Ärmellänge wählen und nicht ein Doppelmaß wie im obigen Beispiel. Manchmal kann es aber Sinn machen, das Hemd dennoch zu kaufen und kürzen zu lassen.

Männer: Schuhe					
Europa	41	42	43	44	45
USA	8	8½	9½	10	10½

Neben der Schuhlänge sollten Sie unbedingt auch nach Weite kaufen, welche von A bis E variiert. Lassen Sie Maß nehmen, bevor Ihnen der entsprechende Verkäufer ein Hemd oder ein Paar Schuhe bringt. Leider sind Sie auch in besseren Läden nicht immer dagegen gefeit, daß der Verkäufer die nächstpassende Größe bringt und hofft, daß Sie es akzeptieren.

Frauen: Kleider und Mäntel

Europa	42	44	46	48	50	52
USA	34	36	38	40	42	44

Frauen: Strümpfe

Europa	0	1	2	3	4	5	6
USA	8	8½	9	9½	10	10½	11

Frauen: Blusen, Pullover, Slips

Europa	38	40	42	44	46	48
USA	30	32	34	36	38	40

Frauen: Schuhe

Europa	35	36	38	38½	39	40
USA	5½	6	7	8	8½	9

7 Business und Freizeit:
The Art of Socializing

I would never join a club that accepted me as a member.
Groucho Marx

The basis on which good reputation in any highly organized industrial society ultimately rests is financial strength; and the means of showing such strength, and so of gaining a good name, are leisure and a conspicuous consumption of goods.
Thorstein Veblen, Theory of the Leisure Class (1899)

Geschäft und Freizeit gehören oft zusammen, besonders in den USA. Da die Trennung von privaten und öffentlichen Belangen weniger stark ist als in Mitteleuropa, können Sie auch in der »Freizeit« Geschäfte machen. Viele *deals* werden zum Beispiel auf dem Golfplatz abgeschlossen. Wie im letzten Kapitel dargestellt, werden Personen oft anhand ihres Verhaltens in informellen Situationen bewertet. Auf Galaveranstaltungen oder bei gemeinnützigen Anlässen *(public service functions)* treffen Sie unter Umständen Personen, an die Sie sonst schlecht herankommen würden. Und diese Freizeitbekanntschaften wirken sich wiederum auf das Berufsleben aus.

Allerdings gelten für die Freizeit natürlich andere Regeln als für Treffen im Büro. Als Europäer haben wir viele Vorteile – wenn wir die elementaren Regeln der amerikanischen Etikette kennen. Wir können dann zwischen zwei Welten hin- und herwechseln, ohne die Grundregeln unseres Gastlandes zu verletzen. Das macht uns interessant. Unsere Allgemeinbildung und unser europäischer Hintergrund sorgen dafür, daß uns der Gesprächsstoff nicht ausgeht.

Die USA sind ein extrem mobiles Land. Wenn Sie nicht nur für einen spezifischen Geschäftsabschluß dort sind, wird Ihr Erfolg früher oder später davon abhängen, wie gut Sie neue Kontakte herstellen oder *networking* betreiben können. Und selbst wenn Sie nur einen *deal* abschließen, ist die Art, wie Sie sich bei gesellschaftlichen Anlässen verhalten, unter Umständen ausschlaggebend für den Erfolg.

Auf den folgenden Seiten werden zunächst einige Formen beschrieben, bei denen Sie gut informelles *networking* betreiben können. Danach folgt ein längerer Abschnitt zu Feiern und gesellschaftlichen Anlässen, welche mehr oder weniger in einem vorherbestimmten Rahmen stattfinden.

Gelegenheiten zum Networking

Amerika ist das Land der Clubs und Interessenverbände. *De Tocqueville: »In no country in the world has the principle of association been more successfully used, or applied to a greater number of objects, than in America . . . An association consists simply in the public assent which a number of individuals give to certain doctrines; and in the engagement which they contract to promote in a certain manner the spread of those doctrines.«*

Kammern und Verbände: Auch in Amerika gibt es Handelskammern und Branchenverbände. Diese sind kurzfristige Zweckverbände, denen man schnell beitreten kann und welche man ebenso schnell wieder verlassen kann. Die Deutsch-, Österreichisch- oder Schweizerisch-Amerikanische Handelskammer sind gute Anlaufstellen. Daneben existieren lokale Handelskammern und Branchenverbände. Eine gute Übersicht über die Branchenverbände ist im Verzeichnis *The Capital Source* wiedergegeben, welches vom *National Journal* in Washington herausgegeben wird.

Clubs: Amerika ist das Land der unverbindlichen Clubs. Während die deutschen Vereine zumindest in der Vergangenheit sehr »vereinnahmend« waren, sind angelsächsische Clubs dies nicht. Zwar gelten auch hier strenge Verhaltensregeln, wenn man anwesend ist, aber die Zeiten der Anwesenheit und die gemeinsamen Aktivitäten sind wesentlich weniger strukturiert als in mitteleuropäischen Vereinen. Dazu gehört, daß ein Club ein Clubhaus mit Angestellten hat, welche dieses Haus betreiben. Die alten Clubs, in denen die *old boy networks* florieren, haben meist extrem konservative Regeln. In meinem *Princeton Club* in New York besteht zum Beispiel in allen öffentlichen Räumen Jackett- und Krawattenpflicht. Geschäftliche Dinge dürfen nicht diskutiert werden, zumindest nicht so laut, daß sie den Nachbarn stören. Wenn Sie Mitglied in den richtigen Clubs werden können, haben Sie zweifelsohne einen großen Aktivposten. Eine Mitgliedschaft – oder auch nur eine Luncheinladung – in Washingtons *F Street Club*, in welchem auch die Präsidenten gelegentlich speisen, hebt Ihren Status ungemein.

Neben den Universitäts-Clubs gibt es sogenannte *country clubs*, welche außerhalb der Stadt liegen und oft von einem Golfplatz umgeben sind. Hier herrscht Freizeitatmosphäre, und Familien sind willkommen. Sie sollten sich aber nicht von der informellen Atmosphäre täuschen lassen – Sie werden um so genauer unter die Lupe genommen.

Sportarten: Die Sportclubs sind etwas stärker zweckorientiert, häufig bietet aber auch der *country club* mehrere Sportarten an. *Alison Lurie* definiert »sozial wertvolle« Sportarten wie folgt: »Ein Sport mit hohem Statuswert erfordert teure Geräte oder eine teure Anlage oder beides; idealerweise wird er viele Güter und Dienstleistungen aufbrauchen.« Segeln, Reiten, Polo, Tennis und Golf sind nach dieser Definition »sozial wertvoll«. Aber Vorsicht: Motorboote sind es nicht, genausowenig wie Autorennen. Golf und Tennis sind etwas gesunken, seitdem viele Wohnsiedlungen Tennisplätze haben und viele Kommunen Golfplätze. Aber in der richtigen Umgebung können beide noch als »wertvoll« eingestuft werden.

Teamsportarten sind schwierig zu beurteilen. *Baseball, American football* und *Basketball* muß man einfach kennen. (Leichter gesagt als getan: Während die allgemeinen Regeln für *football* noch halbwegs erlernbar sind, scheitert auch der intelligenteste Mitteleuropäer beim *baseball* hoffnungslos). Auch die Mitglieder der *upper class* werden sich gelegentlich zu diesen »niederen« Sportarten begeben, um zu demonstrieren, daß sie einfach »normale Leute« sind. Selbst *Leticia Baldridge* schreibt in ihrem *Complete Guide to Executive Manners*, daß Sie jemanden ganz besonders beeindrucken können, wenn Sie Karten zum *super bowl* (dem *football*-Endspiel) besorgen können. Auch Basketball ist sehr beliebt. Europäischer Fußball *(soccer)* wird zunehmend populär und entwickelt sich zu einem Sport des progressiven Bildungsbürgertums.

Öffentliche und gemeinnützige Ämter: Die Rolle des Staates ist in vielen Bereichen, zum Beispiel Kultur und sozialen Angelegenheiten, traditionell wesentlich geringer als in Europa. Hier hat Amerika immer stark auf die Privatinitiative gesetzt. Und wer wäre besser geeignet, solche Privatinitiative zu zeigen, als Mitglieder der *upper class*, welche Geld und Zeit haben. Wenn Sie länger in Amerika sind, lohnt es sich auf jeden Fall, aktiv zu werden. Und wenn Sie in einer gehobenen Position sind, werden Sie so viele Aufforderungen bekommen, daß Sie gar nicht umhin können werden, einige anzunehmen.

Eine unverbindlichere und etwas kostspieligere, dafür aber sehr effektive Form des *networking* sind die Gala- und Benefizdiners, welche vor allem für kulturelle und soziale Zwecke veranstaltet werden. Bei vielen dieser Diners kostet die Teilnahme mindestens $ 300 – $ 500 pro Person. Darüber gibt es eine gestaffelte »Preisliste«. Als VIP-Sponsor zahlen Sie unter Umständen $ 20 000 pro Tisch und dürfen an einem vorhergehenden Empfang mit den Berühmtheiten des Abends teilnehmen. Da alles steuerlich absetzbar ist, bietet sich hier eine gute Gelegenheit für Ihr Unternehmen, das Angenehme mit dem Nützlichen zu verbinden.

Organisation von Feiern

Auch bei der Organisation von Feiern gilt wie bei allen anderen potentiellen Dienstleistungen in Amerika: Es wird genug Personen und Unternehmen geben, welche diese Dienstleistungen anbieten. So ist zum Beispiel die Organisation von Hochzeiten zu einem blühenden Zweig des Dienstleistungsgewerbes geworden. Dies entbindet uns aber nicht davon, ein Minimum der entsprechenden Etikette zu kennen und beurteilen zu können, was die entsprechenden Dienstleister anbieten.

Einladungen: Wenn Sie der Gastgeber sind und eine etwas formellere Einladung aussprechen wollen, sollten Sie dies schriftlich tun. Wenn die Gelegenheit wichtig ist und weit in der Zukunft liegt, können Sie vor der Einladung auch noch eine sogenannte *save-the-date-card* senden, der dann die eigentliche Einladung folgt.

Beispiel: Save-the-date-card

A dinner in honor of
The Secretary of State of the United States of America
will be given by
The American Council on Germany
in New York
on Tuesday, September twelfth
Details to follow

Beispiel: Einladung

Trans-Atlantic Business Strategies, Inc. (1)

Mr. Max Otte and Mr. Lewis Hayden
cordially invite you to
a dinner (2)

in honor of
Mr. James Wolstenhulme
on Tuesday, March twenty-fifth
at 6:30 o'clock (3)

The Ritz Carlton
326 E. 58th Street

New York, N.Y. 10040 (4)

RSVP *Black tie*
James Shuman
116-200 Village Boulevard
Princeton, N. J. 08540
(609) 951-2254 (5)

(1) Symbol und Name Ihres Unternehmens (wenn offizielle Einladung)

(2) Name(n) der Gastgeber und Einladung
- request the pleasure of your company
- request your presence at
- cordially invite(s) you to
- invite(s) you to
- request the honor of your presence (sehr formell, die englische Schreibweise honour ist am formellsten)

(3) Anlaß, Datum und Zeit
Anlaß I
- at dinner (förmlich, zusammen mit »requests the pleasure of your company«)
- to dinner (weniger förmlich, zusammen mit »invite you to«)
- at lunch / to lunch
- to a reception
- to a breakfast
- to a press announcement and a reception

Anlaß II
- in honor of (die englische Schreibweise ist noch formeller)
- to meet . . .
- on the occasion of
- to launch, to introduce the new line (Kampagnen, Produktvorstellungen)
- in celebration of
- to mark the tenth anniversary

Datum, Zeit
- at six-thirty o'clock (förmlich) on Friday, the tenth of May
- at 6:30 o'clock (weniger förmlich) on Friday, June tenth
- at 6:30 p.m. (am wenigsten förmlich) on Friday, June 10th

(4) Ort

(5) Adresse für Rückmeldungen (links) und spezielle Anweisungen (rechts)

Spezielle Anweisungen können sein:

- Black tie (Smoking)
- Beach wear
- Boat shoes
- Please present this invitation at the door
- This invitation admits only one
- Only those on the invitation list will be admitted
- This invitation is for your personal use only
- Map enclosed
- Car pick-up has been arranged from Kennedy Airport and LaGuardia Airport
- RSVP: Wenn Sie diese Aufforderung erhalten, antworten Sie bitte innerhalb einer Woche.
- The favor of a reply is requested by . . .

Es ist selbstverständlich, daß Sie teilnehmen, wenn Sie eine Einladung akzeptiert haben. Sollte dies aus zwingenden Gründen nicht möglich sein, sagen Sie so früh wie möglich ab. Senden Sie auch keinen Vertreter, wenn Sie dies nicht mit dem Gastgeber abgesprochen haben.

Wenn Sie eine Einladung erhalten haben, heißt das noch lange nicht, daß Sie Ihren Partner mitbringen sollten. Klären Sie dies im Zweifelsfalle mit dem Gastgeber ab. Unterstehen Sie sich, Ihre Freundin zur Feier eines Unternehmens mitzubringen, wenn Sie verheiratet sind. Was in Hollywood (oder für Schauspieler) an der Tagesordnung ist, würde Ihnen im konservativen *corporate America* wahrscheinlich übelgenommen.

Geschäftliche und private Einladungen im kleinen Kreis

Die folgenden Einladungen können Sie aussprechen, um schnell geschäftliche Themen zu besprechen. 1. Frühstück in einem *coffee shop* oder *restaurant* (45–60 Minuten). 2. *Lunch,* bestellt in einem Sandwich-Shop (20–30 Minuten). Sandwich-Shops heißen *deli,* anscheinend für *delicatessen.* (Ob es sich dabei immer um Delikatessen handelt, sei dahingestellt.) Ein solcher *lunch* kann durchaus in Ihrem Büro eingenommen werden. Geben Sie der Sache aber etwas mehr Stil, indem Sie echte Teller, Gläser und echtes Besteck bereithalten. 3. *Lunch* in einem nahen Restaurant, welches auf Geschäftsleute zum Mittagessen eingerichtet ist (60 Minuten). 4. Tee oder Kaffee (45 Minuten). Sie sehen, alle Zeiten sind genormt (*Baldrige 1985, S. 258,* vgl. auch Kapitel 2).

Wenn Sie einen größeren Aufwand betreiben wollen, bieten sich folgende Möglichkeiten an (Fragen Sie aber vorher nach, ob der Gast sich auch wirklich die Zeit nehmen will und diese Sachen als Gefallen empfindet):

1. *Lunch* in einem guten Restaurant (1½–2 Stunden).
2. ein Tennisspiel o.ä. in Ihrem Club, gefolgt von einem kurzen *lunch* (2 Stunden).
3. *Dinner* mit den Partnern in einem guten Restaurant (2–3 Stunden).
4. *Dinner* zu Hause (2–3 Stunden). Stellen Sie sicher, daß gutes Essen vorbereitet wird und daß kein *take-out* (z. B. Pizza, chinesisches *take-out* oder ähnliches von einem *fast food restaurant*) besorgt wird. Stellen Sie eine entspannte Atmosphäre her. Kleine Kinder sollten nach einer Weile ins Bett oder ins Spielzimmer geschickt werden. Vor dem Dinner sollten Sie Cocktails oder Drinks bereitstellen (45 Minuten). Gerd Kichniawy meint, daß man ruhig etwas zu spät kommen könne, daß aber die Einladung zum Ende strikt begrenzt ist. »*To overstay your welcome*« ist ein schwerer Fauxpas.

Laden Sie Personen, welche deutlich höher als Sie in der Unternehmenshierarchie stehen, nicht zu sich nach Hause ein, wenn

Sie sich nicht ganz sicher sind, daß ein gutes und warmes persönliches Verhältnis besteht. Es ist das Privileg des Vorgesetzten, Sie einzuladen. Ihre Einladung bringt ihn vielleicht in eine peinliche Situation, da seine Zeit sehr knapp ist.

5. Wenn Sie sehr mit einer Person verbunden und befreundet sind, können Sie – auch im geschäftlichen Umfeld – die ganze Familie zu einem Wochenende zu sich nach Hause einladen.

6. Wenn Sie etwas ganz Besonderes unternehmen wollen, besorgen Sie Einlaßkarten zu einem schnell ausverkauften und berühmten Sportereignis oder zu einem Galadiner, an dem auch berühmte Persönlichkeiten teilnehmen. Wenn Sie jemandem schmeicheln und ihn (geschäftlich) umwerben, heißt das in Amerika: *to woe* (formell) oder *shmooze* (informell) *a person. Shmooze (schmuus)* ist jiddisch, kommt von »schmusen« und wird allgemein verstanden und akzeptiert. *Shmoozing* haftet nichts Negatives an.

Cocktailparties

Cocktailparties sind eine gute Gelegenheit, viele Personen in einem informellen Rahmen miteinander bekanntzumachen, und erfreuen sich daher großer Beliebtheit. Wenn Sie eine Cocktailparty arrangieren wollen, denken Sie daran, die Einladungen früh genug auszusprechen. Die Gästeliste sollte eine interessante Mischung von Personen darstellen – die Cocktailparty ist kein Anlaß, im eigenen Saft zu schmoren. Platz, sowie die Zahl der Helfer und Bars haben ausreichend zu sein, damit kein Gedränge und keine Engpässe entstehen. Es sollte einige Sitzgelegenheiten geben. Wenn Gastgeber und Gäste sich nicht kennen, sollte es ein Defilée *(receiving line)* geben.

In Amerika ist der Cocktail immer noch eines der weitestverbreiteten alkoholischen Getränke bei Abendgesellschaften, obwohl Wein (bei »kulturell interessierten« und gebildeten Personen) und Bier (bei jüngeren Leuten) stark an Popularität zugenommen haben. Im folgenden der Standard für eine gut ausgerüstete Bar. (Natürlich müssen Sie auch wissen, was Sie anstellen müssen, wenn jemand nach einer *bloody mary* oder einem *martini* fragt, oder jemanden engagieren, der mit den Zutaten umgehen kann.)

Die gut ausgerüstete Cocktail-Bar

• Scotch	• Bourbon	• Gin
• Wodka	• Rum	• Wein (rot und weiß)
• Sherry	• Bier	• süßer Aperitiv
• Campari	• trockener Wermuth	• Fruchtsäfte
• Tomatensaft	•Mineralwasser	• Soda
• Cola u. ä.	• Tonic Water	• Ginger Ale

Für Gäste ist die Cocktailparty eine geradezu ideale Gelegenheit, neue Personen kennenzulernen. Wenn Sie eine Einladung mit RSVP erhalten haben, antworten Sie innerhalb einer Woche (oder *sofort*, wenn die Frist kurz ist). Lernen Sie so viele Personen wie möglich kennen. Cocktailparty-Etikette fordert Sie geradezu auf, sich nach einer so kurzen Zeit wie einer Minute (wenn Sie sehr wichtig und viele Personen anwesend sind), sonst nach 10–15 Minuten neuen Personen zuzuwenden und zu *zirkulieren* (vgl. auch Kapitel 2).

Dies ist einfacher gesagt als getan, wenn Sie niemanden im Raum kennen und wenn Sie nicht »weitergereicht« werden. Als Europäer wird man es nicht immer leicht haben, die Regeln der Cocktailparty und des *small talk* zu verinnerlichen. *Terri Mandell (1993)* gibt in ihrem Buch gute Ratschläge, was zu tun ist. Diese Ratschläge sind zwar in der extravertierten und oft show-orientierten Kultur von Los Angeles entstanden, aber sie funktionieren fast überall in Amerika. (Vielleicht mit Ausnahme von gewissen Gegenden in Neuengland und bei bestimmten Personen der *upper class*. Wenn Sie aber mit diesen Personen zu tun haben, brauchen Sie auch Terri Mandells Ratschläge nicht mehr.) Die vier Ratschläge Mandells sind: 1.

Erzählen Sie die Wahrheit. 2. Gehen Sie Risiken ein. 3. Erzählen Sie die ganze Geschichte. 4. Brechen Sie Regeln. – Ich füge hinzu: 5. Machen Sie Komplimente und 6. Lassen Sie die Konversation nicht verebben.

1. Erzählen Sie die Wahrheit: Wenn Sie eine interessante Person im Raum sehen, sprechen Sie diese Person an. Nennen Sie eine Gemeinsamkeit. Zum Beispiel: *»Hello, Michael (Douglas). My name is Max. I've seen ›Hello. Mr. President‹, and I've always wanted to ask you how you could portrait the President so realistically.«* Machen Sie Komplimente und geben Sie Ihren Gefühlen Ausdruck. Solange das Kompliment überzeugend ist, wird sich kaum jemand von Ihnen abwenden. Terri Mandell erzählt das Beispiel einer *Microsoft*-Angestellten, welche auf einer Feier *Bill Gates* vorgestellt wurde und von ihm eine technische Frage gestellt bekam. Obwohl sie die Antwort wußte, war sie so nervös, daß sie nicht darauf kam. Anstatt dies zuzugeben, gab sie keine Antwort und entschuldigte sich, daß sie die Antwort nicht wußte. Die Konversation stoppte. Hätte die Angestellte gesagt: *»Sorry, Bill, I certainly know the answer. But I've been so nervous meeting you that I completely forgot!«*, wären die Chancen 10:1 gewesen, daß sich eine interessante Konversation angeschlossen hätte.

2. und *3. Gehen Sie Risiken ein* und *erzählen Sie Ihre ganze Geschichte:* Die Ratschläge Mandells haben in meinem Falle immer gut funktioniert, lange bevor ich Mandells Buch gelesen hatte. Wenn jemand Sie fragt: *»Hi, how are you«,* haben Sie bis zu dreißig Sekunden sich vorzustellen. Danach sollte der andere am Zug sein. Diese dreißig Sekunden Selbstdarstellung sind natürlich ein Bruch der Etikette. Die Antwort würde normalerweise aus einem Satz bestehen (vgl. Kap. 2). Aber wenn Sie etwas Interessantes sagen, sind dreißig Sekunden kurz genug, den anderen nicht zu langweilen. Dies sind immerhin 5–10 Sätze, und in diesen Sätzen können Sie eine Menge loswerden.

H. Robert Heller, nach Amerika ausgewanderter Kölner, hielt zu seiner Zeit als Zentralratsmitglied der Amerikanischen Notenbank einen Vortrag in Köln. (Heute ist er *Chairman* von *VISA International.*)

Ich war Student kurz vor dem Examen. Nach dem Vortrag ging ich auf ihn zu und erzählte ihm von meinem Hintergrund und meinen Plänen, in den USA zu studieren. Obwohl Dr. Heller mich nicht kannte, schrieb er mir eine Empfehlung für die *Princeton University.* Seine Empfehlung war nicht die einzige, aber sie trug dazu bei, daß ich schließlich ein Vollstipendium für drei Jahre erhielt. Ein anderes Beispiel für die ganze Geschichte: *»I'm newly divorced and I'm really lonely out there. I'm trying to meet as many people as I can.«* Oder: *»I'm an independent management consultant specializing in Trans-Atlantic Business. So I came here to see if I could meet any people who might be interested in my services.«*

4. *Brechen Sie Regeln:* Mandell stellt eine Liste der überkommenen Regeln auf und empfiehlt, was heute zu tun ist:

Terri Mandell: Brechen Sie Regeln

Die überkommenen Regeln:
- Sprechen Sie nicht mit Fremden.
- Lauschen Sie nicht in andere Konversationen hinein.
- Unterbrechen Sie nicht.
- Prahlen Sie nicht mit dem, was Sie erreicht haben.
- Sprechen Sie leise.
- Denken Sie immer an andere, bevor Sie an sich denken.
- Nehmen Sie Komplimente nur widerstrebend entgegen.
- Erzählen Sie keine Familiengeheimnisse.
- Lehnen Sie ein Angebot zu einem Essen/Drink ab, wenn es zum ersten Mal gemacht wird.
- Geben Sie nicht zu, wenn Sie etwas nicht wissen.
- Behalten Sie Ihre Meinung für sich.
- Passen Sie sich an.
- Seien Sie stabil.
- Das Leben ist nicht dazu da, um Spaß zu haben.

Statt dessen:

- Sprechen Sie mit jedem, überall.
- Lauschen Sie in andere Konversationen hinein.
- Unterbrechen Sie andere Konversationen (wenn Sie etwas Interessantes beizutragen haben).
- Erzählen Sie Ihre ganze Geschichte.
- Strahlen Sie Selbstvertrauen aus.
- Denken Sie an sich, bevor Sie an andere denken.
- Akzeptieren Sie Komplimente mit Eleganz (with grace) – Sie haben sie verdient.
- Suchen Sie gemeinsame Interessen und Grundlagen.
- Akzeptieren Sie, was Sie möchten, und lehnen Sie ab, was Sie nicht möchten.
- Fragen Sie offen – und zeigen Sie Verwundbarkeit.
- Erlauben Sie sich eine Meinung und eine Persönlichkeit.
- Seien Sie Sie selber!
- Geben Sie zu, wenn Sie gerade arbeitslos sind!
- Das Leben ist so gut, wie Sie es machen.

Mandells Tips funktionieren überall, vielleicht mit Ausnahme Neuenglands und einiger konservativer Kreise in den Südstaaten. Trotz dieser allgemein gehaltenen Regeln unterscheiden sich natürlich die einzelnen Anlässe beträchtlich, und Sie sollten diese Unterschiede berücksichtigen. Bereiten Sie auf jeden Fall Ihre eigene Vorstellung vor (diese Vorstellung wird bei der Hochzeit Ihrer Tochter anders sein als bei einer Feier Ihres Unternehmens), bereiten Sie einige Alternativen für *small talk* vor und gehen Sie aktiv auf Personen zu. Es hilft auch, wenn Sie sich in die Rolle des Gastgebers hineinversetzen, anstatt sich als Gast zu sehen. Dies gibt Ihnen sofort ein anderes Selbstbewußtsein. Da auch die anderen Gäste einander vorgestellt werden wollen, wird man Ihre Gastgeberrolle in der Regel begrüßen, und auch der echte Gastgeber wird normalerweise über etwas Hilfe dankbar sein.

Wann sollten Sie kommen und gehen? *Mandell* empfiehlt, pünktlich zu sein, weil Sie dann den Platzvorteil haben und mit möglichst vielen Personen sprechen können. Fast alle Dinnerparties haben eine Cocktail-Stunde vorgeschaltet. Wenn Sie nicht pünktlich sind, berauben Sie sich der Chance, möglichst viele Personen zu treffen. Wenn das Dinner einmal angefangen hat, können Sie nicht mehr im Raum zirkulieren. Diese Vorschläge treffen aber nicht zu, wenn Sie eine besonders wichtige Person sind. Dann empfiehlt es sich, zu spät zu kommen, um Ihrer Wichtigkeit Ausdruck zu verleihen. Eine halbe Stunde ist völlig normal, auch noch später ist unter Umständen o.k. Sie müssen die Situation selber beurteilen. Wichtige Leute gehen auch früher. Dies führt zu dem für Europäer sehr unangenehmen Effekt, daß wenig später auch alle anderen Personen den Raum verlassen, weil sie nicht als unwichtig gelten wollen.

Dies ist selbst bei jüngeren Personen so. Als ich noch Student in Princeton war, hatten wir zu viert ein kleines Haus mit einem großen Garten. Sehr zur Freude unserer Kommilitonen (und zum Ärger unserer Nachbarn) spielte sich in diesem Haus ein reges soziales Leben mit vielen Parties ab. Da in Princeton sonst nicht gerade der Hort eines ausgeprägten Nachtlebens ist, fanden unsere Feiern einen großen Zuspruch. Aber oft verließen alle Gäste schlagartig die Szene, sobald sich die erste größere Gruppe davongemacht hatte. Sollte Ihnen dies auf einer Feier passieren, seien Sie nicht verärgert. So ist es nun einmal.

Größere offizielle Feiern

Amerikaner achten *sehr* auf Stil. Äußerlichkeiten *sind* wichtig. Zunächst einmal ist es sinnvoll, eine korrekte Einladung (siehe oben) und eine gut zusammengesetzte Gästeliste zu haben. In vielen Fällen sollten die Teilnehmer aus den verschiedensten Bereichen kommen: 1. Wichtige Geschäftskontakte – Kunden, Klienten, potentielle Kunden, Zulieferer und Vertreter der Banken, Rechtsanwaltskanzleien und Werbeagenturen, mit denen das Unternehmen zu tun hat. 2. Größen der lokalen (oder nationalen Politik), je nach Anlaß. 3. Schauspieler, Schriftsteller, Stars und Sportgrößen, möglichst aus der

Gegend. 4. Presse. Wenn Sie keine Presse wünschen, können Sie immer einen führenden Journalisten eines bekannten Magazins mit seiner Partnerin (oder natürlich eine Journalistin mit ihrem Partner) einladen. Dies baut *goodwill* auf, das Sie zu gegebener Zeit nutzen können.

Bei größeren Feiern gibt es einen *host* (Gastgeber) und einen *co-host*. Der *co-host* kann ein Kollege oder eine Führungskraft aus einem Dienstleistungsunternehmen sein, welches dem eigenen Unternehmen verbunden ist (zum Beispiel die Rechtsanwaltskanzlei des Hauses). Bei Anlässen (in Amerika heißen diese *functions* – zum Beispiel *business or social functions*), zu denen Partner eingeladen sind, ist immer Ihr Partner der *co-host*. *Host* und *co-host* zirkulieren, stellen die Gäste einander vor und leiten Anliegen weiter. Am besten hält man sich in der Nähe des Eingangs auf, so daß man die Gelegenheit hat, alle Personen zu begrüßen. Dies ist nicht die Zeit für tiefe und lange Gespräche mit alten Freunden! Man kann diese Rolle sicherlich genießen (ich tue das), aber man ist ganz schön beschäftigt. Bei sehr großen Anlässen sollte man darauf achten, daß an jedem Tisch ein Vertreter des eigenen Unternehmens sitzt, der *host*-Funktionen übernimmt.

Bei großen Parties sollte man auch ein Defilée, eine sogenannte *receiving line* in Erwägung ziehen. Trotz des offiziellen Anstriches macht dies die Party sehr viel persönlicher. Diese *receiving line* sollte nach Möglichkeit im oder in der Nähe des Partyraums sein, so daß sie »öffentlich« ist. Gleichzeitig darf sie aber den Verkehr nicht behindern. Die *line* sollte nicht zu lang sein, das heißt, nicht zu viele Gastgeber sollten die Gäste begrüßen. Dies mag alles sehr steif klingen, aber es funktioniert.

Vor einigen Jahren besuchte ich die Hochzeit einer guten Freundin, die im besten Hotel im Ort stattfand. Nachdem ich im Hotel eingetroffen war, brachte mir ein Page ein kleines Geschenk des Gastgebers. Danach ging es in die Kirche. Nach der griechisch-orthodoxen Trauung (sie war Amerikanerin griechischer, er chinesischer Herkunft) fuhr das Ehepaar in der obligatorischen Kutsche mit Schimmeln ab. Abends gab es einen Empfang im Hotel für die circa 500 Gäste, einschließlich *receiving line*. Als ich bei der Brautmutter angekommen war, die mich nicht kannte, sagte sie sofort: *»You must be Max.«* Sie können sich vorstellen, daß ich recht beeindruckt war. Die Aufmerksamkeiten der Gastgeberin gingen aber noch weiter: Man hatte mich zwischen zwei jungen ledigen Damen plaziert, die beide Deutsch sprachen. Das ist Planung!

Sitzordnungen sind wichtig und sakrosankt! Verwenden Sie geschmackvolle Platzkarten. Diese dürfen von den Gästen nicht ausgetauscht werden. Der Gastgeber hat sich etwas dabei gedacht. Nachfolgend das Beispiel für eine recht förmliche Sitzordnung.

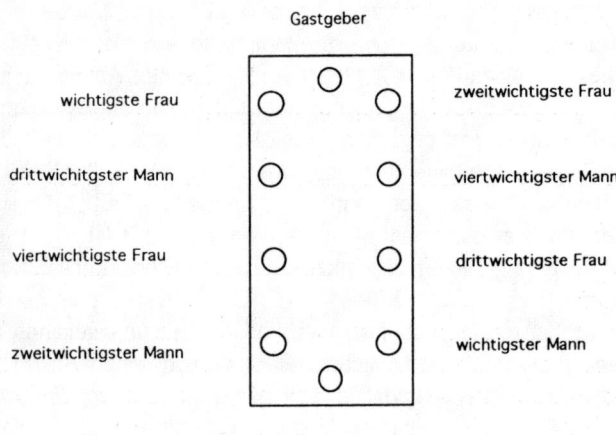

Gastgeber

wichtigste Frau — zweitwichtigste Frau

drittwichtigster Mann — viertwichtigster Mann

viertwichtigste Frau — drittwichtigste Frau

zweitwichtigster Mann — wichtigster Mann

Ehefrau/Partnerin

Sieht kompliziert aus? Ist es teilweise auch! Wichtig sind vor allem drei Prinzipien. 1. *Host* und *co-host* so weit auseinander wie möglich. 2. Bei gemischten Gruppen sollten Männer und Frauen abwechselnd nebeneinander sitzen. Die wichtigsten Frauen sitzen beim männlichen Gastgeber, die wichtigsten Männer bei der Gastgeberin. 3. Bei Gruppen, in denen ein Geschlecht ein starkes Übergewicht hat, wird nur nach Bedeutung sortiert. Dann sitzen die Gäste 1 und 2 beim *host*, 3 und 4 beim *co-host*. Wenn Sie komplizierte Protokollfragen haben, wie es vor allem dann vorkommen kann, wenn Sie Regierungsvertreter eingeladen haben, können Sie ruhig Ihre Botschaft anrufen. Normalerweise wird man Ihnen behilflich sein. Bei großen Festen werden mehrere Entwürfe notwendig sein, bevor Sie den optimalen Sitzplan entwickelt haben. Sie sollten dem Personal auch eine Einlaßliste, eine sogenannte *door list* geben, damit keine uneingeladenen Besucher kommen. Das Personal sollte angewiesen werden, den Gästen ihre Plätze zu zeigen oder zumindest den Weg zum Platz zu beschreiben. Wenn die Feier ein Podium mit Ehrengästen aufweist, gilt die folgende Sitzordnung:

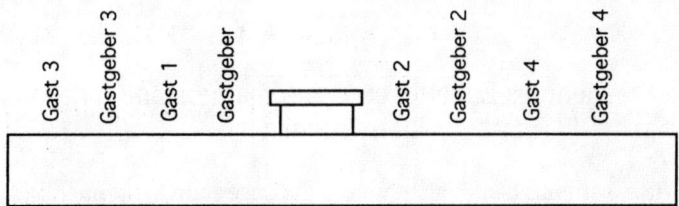

Viele Feiern mit einem offiziellen Programm haben auch einen sogenannten *master of ceremonies*. Er führt durch das Programm und preist den Gastgeber (was dieser natürlich nicht selber tun kann). Er stellt *auf jeden Fall* zu Anfang kurz sich selbst vor, danach die wichtigsten Personen des Abends. Er führt locker durch den Abend und schafft eine entspannte Atmosphäre. Wenn Redner eingeladen sind, achtet er auf die Einhaltung des Zeitplans. Er füllt kurze unerwartete Lücken im Programm. Er gibt den Teilnehmern das Gefühl, daß sie auf einer wichtigen Veranstaltung sind, ohne daß der Spaß verlorengeht.

Trinksprüche und Toasts

Gute Trinksprüche können ungemein zum Verlauf einer Feier beitragen. Normalerweise werden die Toasts nach dem Dessert ausgesprochen, aber noch bevor die Gäste anfangen aufzubrechen. Der Gastgeber hat das Recht, den ersten Trinkspruch auszubringen. Wenn Sie als Gast der Meinung sind, daß der Gastgeber dies nicht tun wird, können Sie selber aktiv werden. Vergewissern Sie sich aber vorher beim Gastgeber. Trinksprüche können humorvoll sein, Sie sollten aber auf jeden Fall den Gastgeber oder den Ehrengast besonders loben. Dies ist nicht die Stelle für zweideutigen Humor. Ein Beispiel ist: *»Jim, I want to toast you for having organized this wonderful occasion. You have given us a fantastic time, a superb meal and inspiring company. We thank you!«*

Mehr als Etikette: europäisch-amerikanische Interaktionen

Wir nähern uns dem Ende unseres Streifzuges durch die amerikanischen Sitten und Gebräuche. Vieles mag Sie überrascht haben – vielleicht haben Sie aber auch noch größere Unterschiede erwartet. Aber es besteht kein Zweifel, daß gravierende Unterschiede in Sitten, Gebräuchen und Managementstil vorhanden sind. Europa hat in den letzten fünfzig Jahren viele Einflüsse amerikanischer Kultur aufgenommen und ist doch Europa geblieben. Viele dieser Unterschiede werden fortbestehen, einige werden sich auflösen, aber es werden auch neue hinzukommen. Das einzig Permanente ist der Wandel.

Noch haben wir Europäer einen beträchtlichen Sympathiebonus in der Neuen Welt, den wir nutzen sollten. Mit der zunehmenden Vernetzung des pazifischen Wirtschaftsraumes und der zunehmenden Bedeutung Lateinamerikas mag dies aber nicht immer so bleiben. Die letzten großen Wellen europäischer Aussiedler haben Amerika vor und nach dem Zweiten Weltkrieg erreicht. Viele dieser Einwanderer haben Erstaunliches in ihrem Gastland erreicht. Heute fehlt diese »tiefe« Verbindung zunehmend. Austausch von Menschen, Gütern und Dienstleistungen findet zumeist kurzfristig statt. Die Verbesserung unserer Transportmöglichkeiten ermöglicht es immer mehr Menschen, den Atlantik zu überqueren. Ob durch diese oft kurzen Reisen wirklich ein besseres gegenseitiges Verständnis erzeugt wird, sei zumindest dahingestellt.

Aber immer noch üben die Alte und die Neue Welt eine besondere Faszination aufeinander aus. Als Europäer werden Sie normalerweise gerne gesehen. Gesprächsstoff gibt es in Hülle und Fülle – Reisen, Entwicklungen in Europa und Amerika, Beobachtungen eines »Ausländers«. Die Zahl der geeigneten Themen ist unerschöpflich.

Oft entwickelt sich ein ganz besonderer Humor. Es gibt viele Möglichkeiten für Amerikaner und Europäer, sich in einer freundlichen und nicht verletzenden Weise übereinander lustig zu machen. Das zeugt von einem soliden und sicheren Fundament. Hier ein (amerikanischer) Witz über Europäer: *»An American dies and is sent to Europe. ›But wait‹, he says, ›how do I know whether I'm in heaven or in hell?‹ ›That's easy‹, comes the reply: ›You're in heaven when all the policemen are British, the chefs are French, the mechanics are German, the lovers are Italian and it's all managed by a Swiss. And you know you are in hell when all the policemen are German, the chefs are British, the mechanics are French, the lovers are Swiss and it's all managed by an Italian.«* Und ein anderer: *»Texans are like Bavarians. They think they are the center of the world. There's one exception, however: Texans really are.«*

In gemischt europäisch-amerikanischen Kreisen entsteht manchmal eine Gesprächsatmosphäre, die mitreißt. Vertreter beider Seiten haben eine tiefe Sympathie für den anderen – und jeder möchte heimlich in die Schuhe des anderen schlüpfen. Der Europäer bewundert insgeheim die Freiheit des Amerikaners, der Amerikaner sehnt sich nach der Tradition und Gemütlichkeit der Alten Welt. In solcherlei gemischten (und gebildeten) Kreisen geht es zu wie bei einer Ehe, in welcher die Partner auch nach vielen Jahren noch miteinander flirten. Man kennt den anderen, und man hat so seine Vorurteile. Aber man bewundert den anderen gerade ob seiner Eigenheiten. Man spielt miteinander. Witz, Charme und Sympathie erfüllen den Raum. Beide Seiten fühlen sich durch die Anwesenheit des anderen aufgewertet.

Dieses Buch ist kein Buch der goldenen Regeln für den Umgang miteinander, zumindest kein starres Regelwerk. Die hohe Schule beginnt dann, wenn Sie die grundlegenden Regeln der sozialen Interaktion in Amerika kennen und gleichzeitig Ihre europäische Herkunft bewußt einsetzen. Regeln sind dazu da, gebrochen zu werden. Dazu muß man sie aber kennen – und man muß seine Grenzen kennen. Wenn das der Fall ist, kann der Aufenthalt in Amerika neben dem geschäftlichen Erfolg auch persönlich zu einer sehr lohnenden Zeit werden.

Coda: Die Zukunft des amerikanischen Experiments und der europäisch-amerikanischen Wirtschaftsbeziehungen

Von Anfang an war Amerika etwas Besonderes. Die Hoffnungen unzähliger Menschen richteten sich auf diesen Kontinent. In rasch aufeinanderfolgenden Wellen strömten die Siedler in das Land, um die Grundrechte nach Leben, Freiheit und der ungehinderten Suche nach Glück wahrzunehmen, welche in der *Declaration of Independence* festgelegt worden waren. Nach den Engländern und Franzosen kamen im neunzehnten Jahrhundert die Deutschen und Iren, Anfang des zwanzigsten Jahrhunderts die Italiener und Polen. Das Dritte Reich hatte zur Folge, daß viele der besten Köpfe Mitteleuropas sich in Amerika wiederfanden, entweder als Flüchtlinge vor dem NS-Regime oder als Wissenschaftler und Techniker, die nach Kriegsende nach Amerika gingen. Und auch heute noch suchen jährlich 1,5 Millionen Mexikaner, Asiaten, Haitianer und andere Bevölkerungsgruppen legal oder illegal ihr Glück in Amerika.

Dabei waren sich die amerikanischen Gründerväter durchaus bewußt, daß sie ein einzigartiges und schwieriges Experiment in die Wege geleitet hatten. Die europäischen Nationen waren skeptisch, wie lange die amerikanische Union existieren könnte. In seiner Antrittsrede sprach *George Washington* davon, daß »der Erhalt des heiligen Feuers der Freiheit und der Republik als Regierungsform von dem Experiment abhängen würde, welches in die Hände der amerikanischen Menschen gelegt wurde.« In seiner Abschiedsrede sagte er: »Laßt die Erfahrung das Problem lösen. Auf Spekulationen zu hören, ist kriminell . . . Unsere Regierungsform ist einen Versuch wert« *(Schlesinger 1986, S. 1986).*

Schon wenige Jahrzehnte später wurden die anfänglichen Zweifel von einem unbändigen Optimismus abgelöst. *John Winthrop* sprach von der »Stadt auf dem Berge«, auf die alle Augen gerichtet seien. »Gottes eigenes Land« sollte in diesem neuen Kontinent entstehen. Die Idee des *manifest destiny* entstand: Amerika sei das auserwählte Land, welches der Welt den Fortschritt bringen würde. Präsident *Zachary Taylor*, der auch gebildeten Europäern nicht unbedingt ein Begriff sein muß, nannte die USA »die stabilste und dauerhafteste Regierung auf Erden«. »Wir Amerikaner«, schrieb *Hermann Melville*, »sind das spezielle, auserwählte Volk – das Israel unserer Zeit; wir bauen die Arche der Freiheit in der Welt . . . Gott hat große Dinge für unser Volk vorausbestimmt, und die Menschheit erwartet dies von uns.« Und diese Einschätzung der eigenen Rolle setzte sich fort bis in die jüngste Zeit. Dies wird deutlich in einer Rede, die *Ronald Reagan* 1982 hielt: »Ich habe immer geglaubt, daß dieses geweihte Land anders als die anderen Länder ist, daß dieser große Kontinent zwischen den Ozeanen für Menschen von allen Enden der Welt bestimmt ist, die eine spezielle Liebe für die Freiheit hatten« *(Schlesinger 1986, S. 16)*.

Unterbrochen nur von einem Bürgerkrieg in der Mitte des neunzehnten Jahrhunderts und der großen Depression im zwanzigsten Jahrhundert, konnte Amerika auf zweihundert Jahre Fortschritt und Expansion zurückblicken. Und selbst der blutige Bürgerkrieg war für fortschrittsgläubige Amerikaner im Norden ein Beweis dafür, daß sich der Fortschritt nicht aufhalten ließ.

Über das »amerikanische Experiment« sind im Laufe der Jahre unzählige Bücher veröffentlicht worden. Der Historiker *Frederick Jackson Turner* hat die Erfahrung des unaufhaltsamen Fortschritts mit dem Begriff »Grenzmentalität« umschrieben, welcher in Amerika eine grundlegend andere Bedeutung hat als in Europa. In Amerika wurden Grenzen als Herausforderungen gesehen, welche es permanent zu erweitern galt. Gesellschaftliche und persönliche Ambitionen richteten sich auf die Eroberung und Urbanisierung von Neuland. Vermögen wurden schnell aufgehäuft, ebenso schnell verloren. Familien und ganze Gemeinden zogen weiter, wenn eine neue Region bessere Lebensbedingungen versprach. Selbst als Amerika seine jetzigen physischen Grenzen erreicht hatte, wurden neue Herausforderungen gesucht. In den frühen sechziger Jahren wurde das *Apollo-*Programm mit dem Ziel ins Leben gerufen, vor Ende des Jahrzehnts Amerikaner auf die Mondoberfläche zu befördern. Wenige Jahre später proklamierte Präsident *Lyndon B. Johnson* die *great society* mit dem Ziel, jedem Amerikaner das Erreichen des amerikanischen Traums zu ermöglichen.

Erstmalig richtig erschüttert wurde der Glauben an den unaufhaltsamen Fortschritt in den siebziger Jahren, als zwei Ölkrisen, zweistellige Inflationsraten und außenpolitische Mißerfolge Präsident *Jimmy Carter* dazu bewegten, von einem »nationalen Übel« zu sprechen, welches das Land befallen habe. Unter *Ronald Reagan* erlebte das nationale Selbstwertgefühl eine kurze Renaissance. Seitdem sucht Amerika seine Identität. Die Euphorie des Golfkrieges war so schnell verflogen, daß es noch nicht einmal zur Wiederwahl von *George Bush* gereicht hat. Mitglieder der *Generation X*, derjenigen die 1960 oder später geboren wurden, sind sich darüber im klaren, daß die Zukunft für sie viel schwieriger sein wird als für die *Baby-Boom-Generation*, deren Mitglieder derzeit auf der Höhe ihrer beruflichen Laufbahnen sind. Die staatliche Verschuldung ist sprunghaft gestiegen. Die Sozialversicherung steht vor demselben Dilemma wie auch in Deutschland – in wenigen Jahrzehnten werden die Sätze stark angehoben werden müssen, damit eine immer größer werdende Zahl von Empfangsberechtigten finanziert werden kann.

Das durchschnittliche Pro-Kopf-Einkommen betrug im Jahre 1991 $ 23 720. Vor Amerika lagen zum Beispiel Japan ($ 30 000), Schweden ($ 29 770) und Deutschland ($ 25 500) *(Hampden-Turner/Trompenaars 1991, S. 296)*. Weil die Einkommensverteilung in den USA wesentlich ungleicher als in Europa ist, ist Amerika mittlerweile in vielen Bereichen zu einem Billiglohnland geworden. 1994 betrug der durchschnittliche Stundenlohn in der verarbeitenden Industrie 18 DM (12 $)(, in Deutschland 24 DM, wobei der Anteil der Industriearbeiter in den Vereinigten Staaten deutlich geringer ist als in Deutschland. Für viele Amerikaner, die im Einzelhandel oder Dienstleistungsgewerbe arbeiten, sind Stundenlöhne von 12 $ völlig illusorisch. Im Dienstleistungsgewerbe und Berufen, die bezeichnenderweise *McJobs* genannt werden, werden zumeist Löhne unter 10

DM/Stunde gezahlt. Und der Abbau von Industriearbeitsplätzen geht weiter. Zwar wurden zwischen 1988 und 1990 2,1 Millionen neue Arbeitsplätze geschaffen; aber dabei wurde lediglich der Abbau von 1 Million Industriearbeitsplätzen durch die Schaffung von 3,1 Millionen Arbeitsplätzen in Handel und Dienstleistung überkompensiert.

Die ökonomischen Anpassungen der achtziger Jahre sind nicht ohne soziale Härten möglich gewesen. Und immer noch sind viele Probleme ungelöst: Genau wie in Deutschland wird die Sozialversicherung zu Anfang des nächsten Jahrtausends zahlungsunfähig sein, wenn nicht dramatische Strukturveränderungen vorgenommen werden. Das Bildungsdefizit der Bevölkerung besteht weiter, eine durchgängige Krankenversicherung ist nicht gewährleistet. 1994 hatte Amerika ein Leistungsbilanzdefizit von 100 Milliarden Dollar. Die nationale Sparquote liegt unter 5 %.

Und dennoch zeigt die amerikanische Volkswirtschaft eine ungebrochene Vitalität. Mit einem Bruttoinlandsprodukt von 10 Billionen DM war die US-Wirtschaft 1994 immerhin dreimal so groß wie die des vereinigten Deutschland (3,3 Billionen DM). Die USA ziehen einen wachsenden Strom ausländischer Direktinvestitionen an – ein sicheres Zeichen für die Attraktivität des Standortes USA. In einer umfassenden Studie hat *Michael Porter* die wettbewerbsfähigsten Industriezweige verschiedener Nationen identifiziert *(Porter 1990)*. Im Falle Deutschlands sind dies weiterhin die Industrien des neunzehnten und frühen zwanzigsten Jahrhunderts – Maschinenbau, Automobilproduktion, Chemie, Optoelektronik, Präzisionsinstrumente und Elektromechanik. In der Schweiz ist dies, mit Ausnahme der Automobilproduktion, ähnlich. Die Wachstumsaussichten dieser Branchen sind schwach.

Während die deutschsprachigen Länder ihre Stärken vor allem im *mid-tech*-Sektor haben, dominierten die USA viele *high-tech*-Industrien (Computer, Flugzeugbau, Telekommunikation, Verteidigung, Biotechnologie). Hinzu kommt, daß die USA den Unterhaltungssektor (Kinofilme, Musik, Bücher) beherrschen. Um es anders zu formulieren: Die USA sind gut plaziert, um eine führende Rolle bei den zukünftigen Wachstumsindustrien zu spielen. Amerika wird auch im 21. Jahrhundert der wichtigste Wirtschaftspartner Europas sein.

Nachdem sich die Euphorie, die mit dem Begriff *Europäische Union* verbunden war, etwas gelegt hat, können wir die transatlantischen Wirtschaftsbeziehungen in einer etwas realistischeren Perspektive betrachten. Es zeigt sich, daß die europäisch-amerikanischen Wirtschaftsbeziehungen auch im nächsten Jahrtausend von herausragender Bedeutung sein werden. Zwar hat der transpazifische Handel vor einigen Jahren tatsächlich den transatlantischen Handel überrundet, aber der (fast gleich große) europäisch-amerikanische Handel ist wesentlich ausgeglichener und harmonischer.

Noch wichtiger als der Handel sind die Direktinvestitionen. Diese stellen einen Vertrauensbeweis in die Stabilität der gegenseitigen Wirtschaftsbeziehungen dar. Hier ist die transatlantische Verflechtung deutlich stärker als die entsprechende transpazifische Verflechtung. Die deutschen Direktinvestitionen in Amerika betrugen zum Beispiel im Jahre 1993 siebzig Milliarden DM. Dies ist doppelt so viel wie die deutschen Investitionen in der zweitwichtigsten Region (Belgien und Luxemburg). Mittlerweile sind über eine halbe Million Arbeitnehmer bei deutschen Unternehmen in den USA beschäftigt, das sind fast 0,4 % der gesamten arbeitenden Bevölkerung. Die Tendenz ist stark steigend. BMW und Mercedes bauen Produktionsstätten auf, die Konzerne der chemischen Industrie haben damit begonnen, Forschung in die USA zu verlagern.

Amerika ist mit Direktinvestitionen von 58 Milliarden DM der wichtigste Investor in Deutschland. Amerikanische – und nicht europäische – Unternehmen waren diejenigen, welche sich am stärksten in den neuen Bundesländern engagierten. Die zehn größten US-Unternehmen in Deutschland (Opel, Ford, IBM, Phillip Morris, Esso, Mobil Oil, Hewlett-Packard, Coca-Cola, Procter & Gamble und Conoco) erwirtschafteten 1994 in der Bundesrepublik einen Umsatz von fast 115 Milliarden DM.

Allerdings sind die amerikanischen Direktinvestitionen im übrigen Europa in jüngerer Zeit erheblich stärker gestiegen als im deutschsprachigen Raum – ein deutliches Warnsignal. Wir Deutschen, Österreicher und Schweizer müssen uns anstrengen, wenn wir weiter von der Dynamik des nordamerikanischen Wirtschaftsraums profitieren wollen. Der Traum eines vereinten Wirtschaftsraums Europa hat große Fortschritte gemacht. Aber wir ignorieren die größte Volkswirtschaft der Welt – und die Sitten und Gebräuche derjenigen, welche für diese Volkswirtschaft verantwortlich sind – auf unsere eigene Gefahr.

Literatur

Alessandra/Hunsaker 1993 – Tony Alessandra und Phil Hunsaker: *Communicating at Work.* Simon & Shuster, New York 1993.

Arthur Andersen/Landesgirokasse 1992 – *USA – Erwartungen und Wirklichkeit. Ein Bericht mittelständischer Unternehmen.* Stuttgart 1992.

Arthur Young International/Deutsch-Amerikanische Handelskammer (ca. 1987) – *Deutsche Unternehmen in den Vereinigten Staaten. Ergebnisse einer Umfrage unter deutschen Tochterunternehmen in den Vereinigten Staaten.*

Baldridge 1981 – Leticia Baldridge: *Amy Vanderbilt's Everyday Etiquette.* Bantam, New York 1981.

Baldridge 1985 – Leticia Baldridge: *Leticia Baldridge's Complete Guide to Executive Manners.* Macmillan Publishing Company, New York 1985.

Bayerische Vereinsbank 1992 – *Marktzugang in den USA – Ratgeber für mittelständische Firmen.* New York 1992.

Bellah et. al. 1985 – Robert Bellah et. al: *Habits of the Heart: Individualism and Commitment in American Life.* University of California Press, Berkeley, CA 1985.

Bernbach 1996 – Jeffrey M. Bernbach: *Job Discrimination – How to Fight, How to Win.* Crown Trade Paperbacks, New York 1996.

Bleeke/Ernst 1994 – Joel Bleeke und David Ernst: *Rivalen als Partner – Strategische Allianzen und Akquisitionen im Globalen Markt.* Campus, Frankfurt/New York 1994.

Boswick 1990 – Burdette E. Boswick: *Résumé Writing.* John Wiley & Sons, New York 1990.

Bower 1966 – Marvin Bower: *The Will to Manage: Corporate Success through Programmed Management.* McGraw-Hill, New York 1966.

Bryson 1990 – Bill Bryson: *The Mother Tongue.* W. Morrow, New York 1990.

Chandler 1990 – Alfred Chandler: *Scale and Scope – The Dynamics of Industrial Capitalism.* Belknap Press, Cambridge, MA 1990.

Choate 1989 – Pat Choate: *Agents of Influence.* Alfred A. Knopf, New York 1989.

Cohen 1982 – Herb Cohen: *You Can Negotiate Anything.* Bantam, New York 1982.

Covey – Steven R. Covey: *Die sieben Wege zur Effektivität – Ein Konzept zur Meisterung Ihres beruflichen und privaten Lebens.* Campus, Frankfurt/ New York 1995.

Dahrendorf 1963 – Ralf Dahrendorf: *Die angewandte Aufklärung – Gesellschaft und Soziologie in Amerika.* R. Piper & Co., München 1963.

Deal/Kennedy 1982 – Terrence E. Deal and Allan E. Kennedy: *Corporate Cultures – The Rites and Rituals of Corporate Life.* Addison-Wesley, Reading, MA 1982.

Downs 1995 – Alan Downs: *Corporate Executions: The Ugly Truth About Layoffs – How Corporate Greed Is Shattering Lives, Companies and Communities.* American Management Association, New York 1995.

Droege & Company 1995 – *Unternehmensorganisation im internationalen Vergleich – Struktur, Prozesse und Führungssysteme in Deutschland, Japan und den USA.* Campus, Frankfurt/New York 1995.

Drucker 1966 – Peter F. Drucker: *The Effective Executive.* Harper & Row, New York 1966.

Fussell 1983 – Paul Fussell: *Class – A Guide Through the American Status System.* Simon & Schuster, New York 1983.

GACC 1995 – German American Chamber of Commerce, Inc.: *United States-German Economic Yearbook 1995.* New York 1995.

Garreau 1982 – Joel Garreau: *The Nine Nations of North America.* Avon Books, New York 1982.

Glaser/Smalley 1994 – Connie B. Glaser und Barbara S. Smalley: *Erfolgsfaktor Selbstbewußtsein.* Campus, Frankfurt/New York 1994.

Glouchevitch 1993 – Philip Glouchevitch: *Juggernaut – The Keys to German Business Success.* Touchstone, New York 1993.

Hacker 1995 – Andrew Hacker: *Two Nations – Black and White, Separate, Hostile, Unequal.* Ballantine Books, New York 1995.

Half 1986 – Robert Half: *On Hiring.* Plume Books, New York 1986.

Hall/Hall 1990 – Edward T. Hall und Mildred Reed Hall: *Understanding Cultural Differences – Germans, French and Americans.* Intercultural Press, Yarmouth, ME 1990.

Hammer/Champy 1995 – Michael Hammer und James Champy: *Business Reengineering – Die Radikalkur für das Unternehmen.* Campus, Frankfurt/New York 1995.

Hampden-Turner/Trompenaars 1993 – Charles Hampden-Turner und Alfons Trompenaars: *The Seven Cultures of Capitalism.* Currency Doubleday, New York 1993.

Haspeslagh/Jemison 1992 – Philipe C. Haspeslagh und David B. Jemison: *Akquisitionsmanagement – Wertschöpfung durch strategische Neuausrichtung der Unternehmen.* Campus, Frankfurt/New York 1992.

Hill 1994 – Richard Hill: *Euromanager & Martians – The Business Cultures of Europe's Trading Nations*. Europublications, Brüssel 1994.

Hill 1995 – Richard Hill: *We Europeans*. Europublications, Brüssel 1995.

Höfner et. a. 1994 – Klaus Höfner und Andreas Pohl (Hg.): *Wertsteigerungs-Management – Das Shareholder Value-Konzept: Methoden und erfolgreiche Beispiele*. Campus, Frankfurt/New York 1994.

Hofstede 1984 – Geert Hofestede: *Culture's Consequences: International Differences in Work-Related Values*. Sage Publications, Beverly Hills 1984.

Hofstede 1991 – Geert Hofstede: *Cultures and Organizations – Software of the Mind*. McGraw-Hill, London 1991.

Hoppe 1990 – Michael Hoppe: *A Comparative Study of Country Elites: International Differences in Work-Related Values and Learning and their Implication for Management Training and Development*. Ph. D. Thesis, University of North Carolina, Chapel Hill 1990.

Horowitz 1995 – David Horowitz: *Fight Back at Work!* Dell, New York 1995.

»How McKinsey does ist« – Fortune, 1. November 1993, S. 56–81.

Kichniawy 1989: Gerd W. Kichniawy: *Erfolgreich verkaufen in den USA*, in: Jan A. Eggert/John C. Gornal: Handbuch USA-Geschäft. Gabler-Verlag, Wiesbaden 1989.

Konstroffer & Partner/FAZ 1995 – Oluf F. Konstroffer und Frankfurter Allgemeine Zeitung: *Erfolgreich arbeiten bei US-Gesellschaften in Europa*. Frankfurt 1995.

Korda 1976 – Michael Korda: *Macht und wie man mit ihr umgeht*. Mosaik Verlag, München 1976.

Korda 1978 – Michael Korda: *Der M-Faktor, oder wie man sich mit Erfolg durchsetzt*. Mosaik Verlag, München 1978.

Lanier 1988 – Allisson R. Lanier: *Living in the USA*. Intercultural Press, Yarmouth, ME 1988.

Lewis – Michael Lewis: *Liar's Poker*. W. Norton, New York 1990.

Mandell 1993 – Terri Mandell: *Power Shmoozing – The New Etiquette for Social and Business Success*. First House Press, Los Angeles 1993.

Mathews 1988 – Christoper J. Mathews: *Hardball – How Politics Is Played Told By One Who Knows The Game*. Simon & Schuster, New York 1988.

McCall/Mathews/Willing 1990 – Jeffrey J. McCall, H. Lee Mathews und Thomas Willing: *Marketing in den USA*. Deutsch-Amerikanische Handelskammer, New York 1990.

Miller/Heiman 1991 – Robert B. Miller und Stephen E. Heiman: *Successful Large Account Management*. Warner Books, New York 1991.

Molloy 1988 – John T. Molloy: *John T. Molloy's New Dress for Success*. Warner Books, New York 1988.

Molloy 1988 – John T. Molloy: *The Women's Dress for Success Book*. Warner Books, New York 1977.

Otte/Grimes 1993 – Max Otte und William W. Grimes: *Die veränderte Struktur der japanisch-amerikanischen Beziehungen*. In: Hanns W. Maull (Hg.):

Japan und Europa – Getrennte Welten? Campus, Frankfurt/New York 1993.

Peters 1995 – Tom Peters: *Das Tom Peters Seminar – Management in chaotischen Zeiten.* Campus, Frankfurt/New York 1995.

Peters/Waterman 1982 – Thomas J. Peters and Robert H. Waterman, Jr.: *In Search of Excellence – Lessons from America's Best-Run Companies.* Warner Books, New York 1982.

Pickens 1989 – Jampes W. Pickens: *The Art of Closing Any Deal – How to be a Master Closer in Everything You Do.* Warner, New York, 1989.

Porter 1990 – Michael E. Porter: *The Competitive Advantage of Nations.* Free Press, New York 1990.

Porter 1995/1 – Michael E. Porter: *Wettbewerbsstrategie.* Campus, Frankfurt/New York 1995.

Porter 1995/2 – Michael E. Porter: *Wettbewerbsvorteile.* Campus, Frankfurt/New York 1995.

Price Waterhouse/Commerzbank ca. 1990 – *The Right Start in the USA- Facts and Trends for Business.* Gedruckte Broschüre. Kein Ort/Verlag/ Jahr angegeben.

Risch 1998 – Susanne Risch et. al.: *»Love it or leave it – wer sich beim deutschen Ableger eines amerikanischen Konzerns bewirbt, hofft auf Spitzengehalt und schnelle Karriere. Doch die fremde Kultur birgt auch Gefahren – und nicht selten gerät der American dream zum Alptraum«,* Manager Magazin 2/1998, Se. 165–176.

Roane 1988 – Susan Roane: *How to Work a Room – Learn the Strategies of Savvy Socializing for Business and Personal Success.* Warner Books, New York 1988.

Robin et. al. 1989 – Donald Robin, Michael Giallourakis, Fred R. David und Thomas E. Moritz: *A Different Look at Codes of Ethics.* Business Horizons, 1989.

Rowland 1994 – Diana Rowland: *Japan-Knigge für Manager.* Campus, Frankfurt/New York 1994.

Ryan/Oestreich 1991 – Kathleen D. Ryan und Daniel K. Oestreich: *Driving Fear out of the Workplace – How to Overcome the Invisible Barriers to Quality, Productivity, and Innovation.* Jossey-Bass, San Francisco 1991.

Ryle 1949 – Gilbert Ryle: *The Concept of Mind.* Barners & Noble, New York 1949.

Safire 1980 – William E. Safire: *On Language.* Times Books, New York 1980.

Salacuse 1992 – Jeswald D. Salacuse: *International erfolgreich verhandeln – Mit den wichtigsten kulturellen, praktischen und rechtlichen Aspekten.* Campus, Frankfurt/New York 1992.

Schapiro 1995 – Nicole Schapiro: *Negotiating for Your Life – New Success Strategies for Women.* Henry Holt & Company. New York 1995.

Scheuch/Scheuch 1992 – Erwin K. Scheuch und Ute Scheuch: *USA – ein maroder Gigant? Amerika besser verstehen.* Herder, Freiburg 1992.

Schlesinger 1986 – Arthur M. Schlesinger, jr.: *The Cycles of American History.* Hougton Mifflin, Boston 1986.

Schoeck – Helmut Schoeck: *Der Neid und die Gesellschaft.* Herder, Freiburg 1971.

Scholz (Hg.) 1995: *Internationales Change Management.* Schäffer–Poeschel, Stuttgart 1995.

Schoor 1992 – Juliet B. Schoor: *The Overworked American – The Unexpected Decline of Leisure.* Basic Books, New York 1992.

Schroll-Machl 1995 – Sylvia Schroll-Machl: *Die Zusammenarbeit in internationalen Teams – Eine interkulturelle Herausforderung dargestellt am Beispiel USA–Deutschland.* In: Jörg M. Scholz (Hg.): *Internationales Change-Management.* Schäffer-Poeschel, Stuttgart 1995, S. 201–25.

Scott-Morgan 1995 – Peter Scott-Morgan: *Die heimlichen Spielregeln – Die Macht der ungeschriebenen Gesetze im Unternehmen.* Campus-Verlag, Frankfurt 1995.

Smith 1994 – Hyrum W. Smith: *The 10 Natural Laws of Successful Time and Life Management – Proven Strategies for Increased Productivity and Inner Peace.* Warner Books, New York 1994.

Stewart/Bennett 1991 – Edward C. Stewart and Milton J. Bennett: *American Cultural Patterns – A Cross-Cultural Perspective.* Intercultural Press,, Yarmouth, ME 1991.

de Tocqueville 1984 Ed. – Alexis de Toqueville: *Democracy in America.* Hg. von Richard D. Heffner. Penguin Books, New York 1984.

Wallach/Metcalf 1995 – Joel Wallach und Gale Metcalf: *Working with Americans – A practical guide for Asians on How to Succeed with U.S. Managers.* McGraw-Hill Books, Singapore 1995.

Watzlawick 1995 – Paul Watzlawick: *Gebrauchsanweisung für Amerika.* Piper, München 1995.

Whyte jr. 1956 – William H. Whyte jr.: *The Organizatioin Man.* Simon & Schuster, New York 1956.

Winwood 1990 – Richard I. Winwood: *Time Management – An Introductioin to the Franklin System.* Franklin Internatioinal Institute, Salt Lake City 1990.

Veblen 1953 Ed. – Thorstein Veblen: *The Theory of the Leisure Class.* Mentor Books, New York 1953.

Anhang

1. Amerikanische Maße

Noch regiert das empirische System in Amerika, und man sollte sich zumindest einige Maße einprägen. Leider ist das empirische System trotz seines Namens alles andere als logisch aufgebaut. Es ist wie Baseball eine derjenigen Grundfesten des amerikanischen Lebens, mit denen man besser aufwächst, als sie im nachhinein erlernen zu müssen.

1.1 Temperaturen

Für die Umrechung von *Celsius* und *Fahrenheit* muß man die entsprechenden Celsiusgrade mit 1,8 multiplizieren und dann 32 addieren. Es ist wahrscheinlich besser, sich einige Referenzpunkte einzuprägen.

Celsius	Fahrenheit	Wichtige Referenzpunkte
-18	0	
0	32	. . . . Gefrierpunkt
10	50	
20	68	. . . . Zimmertemperatur
30	86	
40	104	. . . . Körpertemperatur (37 C.): 98,6 F.
100	212	

1.2 Längenmaße

Die Körpergröße wird in *feet* und *inches* angegeben. Ich bin zum Beispiel 5 *feet* und 8 *inches* groß (177 cm). Die Schreibweise dafür ist 5'8". Ein *foot* hat dummerweise nicht zehn, sondern zwölf *inches*, was das Umrechnen zunächst ziemlich erschwert. *Miles* werden wichtig für Sie, wenn Sie Ihren

Tachometer beobachten, obwohl die meisten Tachos eine doppelte Skala mit *miles* und Kilometern haben.

$$1 \text{ inch } = 2,54 \text{ cm}$$
$$1 \text{ foot } = 30,48 \text{ cm}$$
$$1 \text{ yard } = 0,9144 \text{ m}$$
$$1 \text{ mile } = 1,6093 \text{ km}$$

Körpergröße metrisch	Körpergröße amerikanisch
160 cm	5'3"
165 cm	5'5"
170 cm	5'7"
175 cm	5'9"
180 cm	5'11"
185 cm	6'1"
190 cm	6'2"

1.3 Flächenmaße

Flächenmaße werden Sie hauptsächlich bei Immobiliangelegenheiten benutzen. Büros und Häuser werden in *square foot* angegeben. Ein Quadratmeter ist ungefähr 11 *square feet*, so daß Sie auch ganz grob mit dem Verhältnis 1:10 rechnen können. Ein *acre* sind ungefähr 4000 qm. Hiermit geben Sie die Größe Ihres Grundstücks an (zum Beispiel: *a half-acre building lot*).

$$1 \text{ square foot} = 0,0929 \text{ m}^2$$
$$1 \text{ acre} = 4048,8 \text{ m}^2$$

1.4. Volumenmaße

Mit *pint* und *quart* werden Sie im täglichen Leben konfrontiert, zum Beispiel, wenn der Kellner Sie fragt, ob Sie ein *pint* Bier haben wollen. Sogar der *liter* hat sich bei fortschrittlichen Amerikanern eingeschlichen, nämlich dann, wenn es gilt, die Größe von Weinflaschen zu bestimmen.

$$1 \text{ pint} = 0,4732 \text{ Liter}$$
$$1 \text{ quart} = 0,9464 \text{ Liter}$$
$$1 \text{ gallon} = 3,7854 \text{ Liter}$$
$$1 \text{ barrel} = 0,1156 \text{ m}^2$$
$$1 \text{ barrel petrol} = 0,1588 \text{ m}^2$$

Vorsicht! Diese Maße gelten nur in den USA und nur für Flüssigkeiten. Bei

Trockensubstanzen entspricht 1 *pint* 0,5506 Liter. Und das britische *pint* für Flüssigkeiten entspricht 0,5683 Litern.

1.5 Gewichte

Ounces und *pounds* werden Ihnen im Supermarkt begegnen, manchmal sogar *kilos*, wenn Sie exotische europäische Güter (z. B. Pasta) kaufen.

1 ounce = 28,3495 Gramm

1 pound = 0,4536 kg

Haben Sie schon von solchen Gewichtsmaßen wie *grain* (0,0648 Gramm) oder *dram* (1,7718 Gramm) gehört? Wenn nicht: Es ist nicht sehr wahrscheinlich, daß Ihnen diese Maße begegnen. Die amerikanische *short ton* entspricht 0,907 metrischen Tonnen, die britische *long ton* 1,01605 metrischen Tonnen. Glücklicherweise verwenden die Amerikaner hier mittlerweile fast ausschließlich das metrische Maß.

1.6 Zusammengesetzte Maße

Das Umrechnen von *miles per hour* in Kilometer pro Stunde sollte recht einfach sein, da die Struktur dieses Bruches europäischen Gewohnheiten entspricht. Der Tag hat glücklicherweise 24 Stunden zu sechzig Minuten zu sechzig Sekunden, so daß Sie lediglich *miles* in Kilometer umrechnen müssen.

	miles per hour	Kilometer/h
Geschwindigkeitsbegrenzung in einigen Wohngebieten	25	40,25
Geschwindigkeitsbegrenzung in den meisten Wohngebieten	35	56,35
absolute Geschwindigkeitsbegrenzung in vielen Bundesstaaten	55	88,55
absolute Geschwindigkeitsbegrenzung in anderen Bundesstaaten	65	104,65

Ihre Kopfrechenkünste werden aber stark beansprucht, wenn Sie am Benzinverbrauch Ihres Fahrzeugs interessiert sein sollten. Dieser wird in *miles per gallon* angegeben! Faustregel: Über 30 ist gut, unter 20 ist schlecht.

Marktinformationen (Dienstleistungen)

2.1 Europäisch-Amerikanische Handelskammern

2.1.1 German American Chamber of Commerce Inc.

New York
40 West 57th Street
New York, N.Y. 10019–4092
Chicago

401 N.Michigan Ave., Suite 2252
Chicago, IL 60611–4212

Los Angeles
5220 Paific Concourse Drive, Suite
280
Los Angeles, CA 90045

San Francisco
465 California St., Suite 910
San Francisco, CA 94104

Atlanta
3475 Lennox Road, NE, Suite 620
Atlanta, GA 30326

Houston
5599 San Filipe, Suite 2525
Houston, TX 77056

Philadelphia
1515 Market Street, Suite 505
Philadelphia, PA 19102

2.1.2 Österreichisch-Amerikanische Handelskammer

US-Austrian Chamber of Commerce
165 West 46th Street
New York, N.Y. 10036
(212) 819–0017

Austrian Trade Commission
New York
150 East 52nd Street, 32nd Floor
New York, NY 10022
(212) 421–5250

Los Angeles
11601 Wilshire Blvd., Suite 2420
Los Angeles, CA 90025
(310) 477–9988

Chicago
500 N. Michigan Ave., Suite 1950
Chicago, IL., 60611
(312) 644–5556

Atlanta
One Peachtree Street NE
Atlanta, GA 30308
(404) 522–3335

Washington, D.C.
1350 Connecticut Ave., N.W.,
Suite 501
Washington, DC 20036
(202) 835–8962

2.1.3 Swiss-American Chamber of Commerce

New York Chapter
608 Fifth Avenue
New York, NY 10020
(212) 246–7789

Southeast U.S.A. Chapter
3343 Peachtree Rd. N.E., Suite 1800
Atlanta, GA 30326–1010
(404) 491–7924

San Francisco Chapter
P.O. Box 2269
San Francisco, CA 94126–2269
(415) 433–6679

Los Angeles Chapter
800 Wilshire Boulevard, 8th Floor
Los Angeles, CA 90017
(213) 489–3167

2.2 Market-Research

Bradford's Directory of
Marketing & Research Agencies &
Management Consultants
P.O. Box 276
Fairfax, VA 22030

Handbook of Commercial &
Financial Information Services
Special Libraries Association
235 Park Avenue, South
New York, NY 10003

International Directory of
Marketing Research Houses &
Services
American Marketing Association
527 Madison Avenue
New York, NY 10022

2.3 Werbeagenturen

Advertising Council
825 Third Avenue
New York, NY 10022

American Marketing
Association
225 S. Riverside Plaza
Chicago, IL 60608

Standard Rate & Data Services
Business Publications
5201 Old Orchard Road
Skokie, IL 60076

Advertising Research Foundation,
Inc.
Three East 54th Street
New York, NY 10022

Guide to Advertising Research
Services
Advertising Research Foundation,
Inc.
Three East 54 th Street
New York, NY 10022

2.4 Branchenverbände

Encyclopedia of Associations
Gale Research Co.
2200 Book Tower
Detroit, MI 48226

National Trade and Professional
Associations of the U.S.
Columbia Books, Inc.
917 15th Street, NW, Suite 300
Washington, DC 20005

National Trade and Professional
Association of the U.S.
B. Klein Publications, Inc.
P.O. Box 8503
Coral Springs, FL 3064

2.5 Industrievertreter

Manufacturers' Agents
National Association
P.O. Box 16878
Irvine, CA 92713

National Association of
Wholesalers-Distributors
1725 K Street, NW
Washington, DC 20006

Verified Directory of
Manufacturers' Representatives
Publishing Co.
550 Fifth Ave.
New York, NY 10036

National Association
of Wholesalers (NAW)
1725 K Street NW
Washington, DC 20006

3. Marketing-Information (Quellen)

3.1 Datenbankverzeichnisse

Directory of
Online Databases
Cuadra Associates, Inc.
2001 Wilshire Blvd., Suite 305
Santa Monica, CA 90403

Fintex International Economic
Summaries, News Net
945 Haverford Road
Bryn Mawr, PA 19010

International Trade Information Service
vice
Data Resources, Inc.
1750 K Street, NW, Suite 1060
Washington, DC 20036

Foreign Traders Index
U.S. Department of Commerce
Information Services Division
Washington, DC 20006

Omni Online
Database Directory
MacMillan Publishing Company
866 Third Avenue
New York, NY 10022

Foreign Commerce Handbook
Chamber of Commerce
of the United States
1615 H. Street, NW
Washington, DC 20006

Data Sources for Business
and Market Analysis
The Scarecrow Press, Inc.
52 Liberty Street, Box 656
Metuchen, NJ 08840

Sources of Business Information
University of California Press
2223 Fulton Street
Berkeley, CA 94120

Cambridge Information
Group Directories, Inc.
7200 Wisonsin Ave.
Bethesda, MD 20814

Encylopedia of Business
Information Sources
Gale Research Co.
100 Book Tower
Detroit, MI 48226

Guide to Reference Books
American Library Association
50 East Huron Street
Chicago, IL 60611

Statistics Sources
Gale Research Co.
7000 Book Tower
Detroit, MI 48226

Thomas Register of
American Manufacturers
461 Eighth Avenue
New York, NY 10001

U.S. Industrial Outlook
Government Printing Office
North Capitol & H Streets, NW
Washington, DC 20401

Census of Business
Government Printing Office
North Capitol & H Streets, NW
Washington, DC 20401

Business Conditions Digest
Department of Commerce
Government Printing Office
North Capitol & H Streets, NW
Washington, DC 20401

Census Population
Government Printing Office
North Capitol & H Streets, NW
Washington, DC 20401

Census of Selected Industries
Government Printing Office
North Capitol & H Streets, NW
Washington, DC 20401

Economic Census
Government Printing Office
North Capitol & H Streets, NW
Washington, DC 20401

Survey of Current Business
U.S. Department of Commerce
Government Printing Office
North Capitol & H Streets, NW
Washington, DC 20401

American Statistics Index
A Comprehensive Guide and Index
to Statistical Publications of the U.S.
Government Printing Office
North Capitol & H Streets, NW
Washington, DC 20401

Census of Manufacturers
Government Printing Office
North Capitol & H Streets, NW
Washington, DC 20401

Census of Retail Trade
Government Printing Office
North Capitol & H Streets, NW
Washington, DC 20401

Census of Wholesale Trade
Government Printing Office
North Capitol & H Streets, NW
Washington, DC 20401

Annual Survey of Manufacturers
U.S. Department of Commerce
Government Printing Office
North Capitol & H Streets, NW
Washington, DC 20401

3.4 Detaillierte Daten über einzelne Unternehmen

Durch diese Informationsquellen können Sie besonders detaillierte Daten über einzelne Unternehmen erhalten, welche Sie in dieser Form von europäischen Unternehmen zumeist nicht bekommen würden. Zusätzlich bieten sich die Jahres- und Quartalsberichte an.

Million Dollar Directory
Dun & Bradstreet Inc.
Three Century Drive
Parsippany, NJ 07054

Moody's Industrial Manual
Dun & Bradstreet Inc.
Three Century Drive
Parsippany, NJ 07054

Standard & Poor's Register of
Corporations, Directories and
Executives
Standard & Poor's Corporation
25 Broadway
New York, NY 10004

Wall Street Journal Index
Dow Jones & Company, Inc.
22 Courtland Street
New York, NY 10007

Standard & Poor's
Industry Survey
Standard & Poor's Corporation
25 Broadway
New York, N.Y. 10004

4. Warenzeichen, Produktbestimmungen und -zulassungen

Code of Federal Regulations
U.S. General Services
Administration
National Archives Building
8th and Pennsylvania, NW
Washington, DC 20408

U.S. Trademark Association
Six East 45th Street
New York, NY 10017

Consumer Protection Bureau
Federal Trade Commission
Pennsylvania Avenue
and Sixth Avenue, NW
Washington, DC 20580

Consumer Product Safety
Commission
1111 18th Street, NW
Washington, DC 20207

ETL Testing Laboratory, Inc.   TCR Service, Inc.
Industrial Park   140 Sylvan Avenue
Cortland, NY 13045   Englewood Cliffs, NJ 07632

5. Gesellschaftliche Anlässe und gemeinnützige Organisationen

Chase's Calendar of Events   (908) 665–2846
Association Meeting Directory   (800) 541–0663

6. Daten über Bundesstaaten und Landkreise

6.1 Allgemeine Quellen

Directory of Federal
Statistics for the States
Government Printing Office
North Capitol & H Streets, NW
Washington, DC 20401

Sources of State Information &
State Industrial Directories
Chamber of Commerce of the
United States
1615 Street, NW
Washington, DC 20006

The Book of States
The Council of State Governments
Ironworks Pike
Lexington, KY 40505

6.2 Liste der Bundesstaaten und Abkürzungen für Anschriften:

Alabama	AL	District of Columbia	DC
Alaska	AK	Florida	FL
Arizona	AZ	Georgia	GA
Arkansas	AR	Guam	GU
California	CA	Hawaii	HI
Canal Zone	CZ	Idaho	ID
Colorado	CO	Illinois	IL
Connecticut	CT	Indiana	IN
Delaware	DE	Iowa	IA

Kansas	KS	Ohio	OH
Kentucky	KY	Oklahoma	OK
Louisiana	LA	Oregon	OR
Maine	ME	Pennsylvania	PA
Maryland	MD	Puerto Rico	PR
Massachusetts	MA	Rhode Island	RI
Michigan	MI	South Carolina	SC
Minnesota	MN	South Dakota	SD
Mississippi	MS	Tennessee	TN
Missouri	MO	Texas	TX
Montana	MT	Utah	UT
Nebraska	NE	Vermont	VT
Nevada	NV	Virginia	VA
New Hampshire	NH	Virgin Islands	VI
New Jersey	NJ	Washington	WA
New Mexico	NM	West Virginia	WV
New York	NY	Wisconsin	WI
North Carolina	NC	Wyoming	WY
North Dakota	ND		

6.3 Vertretungen amerikanischer Bundesstaaten in Europa

State of Alabama
European Development Office
Rathenaustraße 12
30159 Hannover
(05 11) 3 68 13 43

State of California
State of California
Bockenheimer Landstraße 98
60323 Frankfurt/Main
(0 69) 75 60 06 37

State of Connecticut
European Office
Schützenstraße 4
60311 Frankfurt/Main
(0 69) 28 20 55

Georgia Department of
Industry and Trade
Avenue Louise 380
B-1050 Brüssel
(32)2–6 47 78 25

State of Indiana
European Office
Bouwerij 75
NL-1185 XW Amsterdam
(31) 20–6 43 82 17

State of Kentucky
European Office
149 Avenue Louise, Bte. 15
B-1050 Brüssel
(32) 2–5 34 13 45

State of Maryland
European Office
Chaussée de la Huple 164, BTE 10
B-1170 Brüssel
(32) 2–6 75 44 80

State of Arkansas
European Office
Avenue Louise 437, Bte, 4
B-1050 Brüssel
(32) 2–6 49 60 24

State of Colorado
European Office European Trade
Office
Avenue de la Tanche 2
B-1160 Brüssel
(32) 2–6 74 52 91

State of Florida
European Office
Schillerstraße 1
60313 Frankfurt/Main
(0 69) 1 31 07 31

State of Illinois
European Office
28–30 Boulevard de la Cambre,
BTE 2
B-1050 Brüssel
(32) 2–6 46 57 30

Iowa Department
of Economic Development
An der Hauptwache 2
60313 Frankfurt/Main
(0 69) 28 38 58

State of Louisiana
European Representative
Overasebaan 22
NL-4891 RG Rijsberrgen/Bredar
(31)(16 06 41 60

State of Michigan
European Office
41 Rue Ducale
B-1100 Brüssel
(32) 2–5 11 07 32

State of Minnesota
Trade Representative
1 rue du General Guilladot
F-35044 Rennes Cedex
(33) 99 25 41 93

State of Missouri
International Business Office
Heinrichstraße 169B
40239 Düsseldorf
(02 11) 63 10 14

State of New York
Department of Economic Development
Bockenheimer Landstraße 100
60323 Frankfurt/Main
(069) 75 60 06 20

State of North Carolina
European Office
Wasserstraße 2
40213 Düsseldorf
(02 11) 32 05 33

State of Ohio
European Office
51B Chaussée de Charleroi
B-1060 Brüssel
(32) 2–5 34 49 20

State of Oklahoma
European Office
Justinianstraße 22
60322 Frankfurt/Main
(069) 2 45 53–2 37

State of Pennsylvania
European Operations
Steinrutsch 7a
65931 Frankfurt/Main
(069) 36 36 58

Commonwealth of Puerto Rico
European Office
Rue Ducale
B-1000 Brüssel
(32) 2–5 11 13 71

State of South Carolina
European Office
Wilhelm-Leuschner-Str. 9–11
60329 Frankfurt/Main
(069) 23 40 71

State of Texas
European Office
Bockenheimer Landstraße 98–100
60323 Frankfurt/Main
(069) 75 60 06 61

State of Utah
Rue du Planeur 10
B-1140 Brüssel
(32) 2–7 27 29 46

State of Virginia
Avenue Louise 479, Bte. 55
B-1050 Brüssel
(32) 2–6 48 61 79

State of Mississippi
European Office
Holzhauerstraße 14
60322 Frankfurt/Main
(069) 55 00 96

State of Washington
European Office
Bockenheimer Landstraße 98
60323 Frankfurt/Main
(069) 75 60 06 56

State of New Jersey
European Office
St. Katharine's Way
E-London E1 9 UN
(44) 1 71–4 81 89 09

State of Wisconsin
European Office
Hamburger Allee 2–10
6046 Frankfurt/Main
(069) 77 20 29

6.4 Wirtschaftsförderungsbüros der amerikanischen Bundesländer in den USA

Alabama Development Office
401 Adams Ave.
Montgomery, AL 36130
(205) 242–0400

Arizona Dept. of Commerce
3800 North Central Avenue
Phoenix, AZ 85012
(602) 280–1300

California Dept. of Commerce
801 K Street, Suite 1700
Sacramento, CA 95814
(916) 322–1394

**Connecticut Dept. of
Economic Development**
865 Brook Street
Rocky Hill, CT 06067–3405
(203) 258–4201

Florida Dept. of Commerce
536 Collins Building
Tallahasses, FL 32399–2000
(904) 488–3104

**Hawaii Dept. of Planning
and Economic Development**
220 South King Street
Honolulu, HI 96813
(808) 586–2355

**Alaska Dept. of Commerce
and Economic Development**
P.O. Box 110800
Juneau, AK 99811
(907) 465–2500

Arkansas I.D.C.
One State Capitol Mall
Little Rock, AR 72201
(501) 682–252

**Colorado Office of
Business Development**
1313 Sherman Street, Suite 518
Denver, CO 80203
(303) 866–2205

Delaware Development Office
P.O. Box 1401
Dover, DE 19903
(302) 739–4271

**Georgia Dept. of
Industry & Trade**
P.O. Box 1776
Atlanta, GA 30301
(404) 656–9306

Idaho Dept. of Commerce
700 West State Street
Boise, ID 83720
(208) 334–2470

**Illinois Dept. of Commerce
& Community Affairs**
620 East Adams Street
Springfield, IL 62701
(217) 782–7500

**Iowa Dept. of Economic
Development**
200 East Grand Avenue
Des Moines, IA 50321
(800) 245–IOWA

**Kentucky Cabinet for
Economic Development**
Capital Plaza Tower, 24th floor
Frankfort, KY 40601
(502) 564–7670

**Maine Office of
Business Development**
State House Station 59
Augusta, ME 04333
(207) 289–2656

Michigan Dept. of Commerce
P.O. Box 3004
Lansing, MI 48909
(517) 373–7230

**Missouri Department of
Economic Development**
P.O. Box 1157
Jefferson City, MO 65102
(314) 751–4962

**Nebraska Dept. of
Economic Development**
P.O. Box 94666
Lincoln, NE 68509–4666
(402) 471–3111

Indiana Dept. of Commerce
One North Capitol, Suite 700
Indianapolis, IN 46204–2288
(317) 232–8800

Kansas Dept. of Commerce
400 SW 8th Street, Suite 500
Topeka, KS 66603–3957
(913) 296–3481

**Louisiana Dept. of
Economic Development**
P.O. Box 94185
Baton Rouge, LA 70804–9185
(504) 342–5388

**Maryland Dept. of
Economic Development**
217 East Redwood Street, 10th floor
Baltimore, MD 21202
(301) 333–6970

**Minnesota Dept. of Trade &
Economic Development**
150 East Kellog Blvd.
St. Paul, MN 55010
(612) 296–6424

**Montana Department of
Commerce**
1424–9th Avenue, Capitol Station
Helena, MT 59620–0125
(406) 444–3923

**Nevada Commission on
Economic Development**
5151 South Carson Street
Carson City, NV 89710
(702) 687–4325

**New Hampshire Office of
Industrial Development**
P.O. Box 856
Concord, NH 03302
(603) 271–2591

**New Mexico
Economic Development Dept.**
1100 St. Francis Drive
Santa Fe, NM 87503
(505) 827-0281

North Carolina Dept. of Economic & Community
Development
430 North Salisbury Street
Raleigh, NC 27611
(919) 733–4977

Ohio Office of Business Development
P.O. Box 1001
Columbus, OH 43266–0101
(614) 466–4551

Oregon Economic Development Department
775 Summer Street, N.E.
Salem, OR 97310
(503) 373–1200

Rhode Island Department of Commerce
7 Jackson Walkway
Providence, RI 02903
(401) 277–2601

South Dakota Office of Economic Development
711 Wells Avenue
Pierre, SD 57501
(605) 773–5032

New Jersey Office of Business Development
CN 823
Trenton, NJ 08625–0823
(609) 292–2462

New York Economic Development
Executive Chamber
State Capitol
Albany, NY 12224
(518) 474–1238

North Dakota Economic Development Commission
1833 Bismarck Expressway
Bismarck, ND 58504
(701) 224–2810

Oklahoma Dept. of Commerce
P.O. Box 26980
Oklahoma City, OK 73126–0980
(405) 843–9770

Pennsylvania Department of Commerce
Forum Building, Room 433
Harrisburg, PA 17120
(717) 787–3003

South Carolina State Development Board
P.O. Box 927
Columbia, SC 29202
(803) 737–0418

Tennessee Dept. of Economic & Community Development
320 6th Avenue North
Nashville, TN 37243–0405
(615) 741–3282

Texas Department of Commerce
P.O. Box 12728
Austin, TX 78711
(512)472–5059

**Vermont Economic
Development Department**
109 State Street
Montpelier, VT 05609
(802) 828–3221

**Washington State Dept. of Trade
& Economic Development**
101 General Admin. Bldg. AX-13
Olympia, WA 98504–0613
(206) 586–1850

**Wisconsin Department
of Development**
P.O. Box 7970
Madison, WI 53707
(608) 266–2747

**Utah Dept. of Commerce &
Economic Development**
324 South State Street
Salt Lake City, UT 84111
(801) 538–8700

**Virginia Dept. of
Economic Development**
P.O. Box 798
Richmond, VA 23206–0798
(804) 371–8106

**West Virginia Office of
Commerce
& Industrial Development**
State Capitol, Room M-146
Charleston, WV 25305
(304) 348–0362

**Wyoming Economic Develop-
ment & Stabilization Board**
122 West 25th Street
Cheyenne, WY 82002
(307) 777–5984

7. Personalangelegenheiten

7.1 Personnel Search and Selection

Directory of Executive Recruiters
Kennedy & Kennedy, Inc.
Templeton Road
Fitzwilliam, NH 03447
(603) 585–2200

Equifax, Security and Resource
Management
1600 Peachtree Street NW
Atlanta, GA 30309
(404) 870–2500

Fidelifacts Metropolitan
50 Broadway, Suite 1107
New York, NY 10004
(212) 425–1520

Information Resources
115 Torrane Boulevard, Suite 100
Redondo Beach, CA 90277
(213) 376–1399

Murphy & Maconachy, Inc.
1851 E. First Street, Suite 1100
Santa Ana, CA 92705
(714) 547–6541

National Employment Screening
4110 S. 100 E. Avenue, Suite 200
Tulsa, OK 74146
(918) 627–1003

Personal Employee Profiling
601 Lee Street
Des Plaines, IL 60016
(708) 803–2890

Investigations Corporation
of America
Personnel Screening
2964 Peachtree Road
Atlanta, GA 30305
(404) 239–9580

James E. Van Ella & Associates
8420 W. Bryn Mawr
Chicago, IL 60631
(312) 693–6220

Pinkerton Investigation Services
507 Exton Commons
Exton, PA 19341
(800) 232–7465

Verified Credentials, Inc.
1020 E. 146th Street, Suite 200
Burnsville, MN 55337
(612) 431–1811

7.3 Einstellungstest

Aptitude Testing for Industry
100 W. Broadway, Suite 1140
Glendale, CA 91210
(818) 244–0077

Bigby, Havis & Associates
Psychologists
12201 Merit, Suite 420
Dallas, TX 75251
(214) 233–6055

CPP Pinkerton
65 Old Route 22
Clinton, NJ 08809
(201) 730–8318

Health Evaluation Programs, Inc.
808 Busse Highway
Park Ridge, IL 60068
(708) 696–1824

International Testing Services, Inc.
955 Massachusetts Avenue
Cambridge, MA 02139
(617) 661–4560

Personnel Decisions, Inc.
2000 Plaza VII Tower
45 S. Seventh Street
Minneapolis, MN 55402–1608

Assessment Systems Corp.
2233 University Avenue, Suite 440
St. Paul, MN 55114
(612) 647–9220

Compulink
158 N. Glendora Ave, Suite J
Glendora, CA 91740
(818) 505–3421

Handwriting Research Corporation
2821 E. Camelback Road, Suite 600
Phoenix, AZ 85016
(602) 957–8870

Human Resource Associates
300 C. Waters Building
Grand Rapids, MI 49503
(616) 458–0692

Key Functional Assessment
1010 Park Avenue
Minneapolis, MN
(800) 333–3KEY

The Psychological Corp.
535 Academic Court
San Antonio, TX 78204
(800) 228–0752

Deutsch-amerikanische Geschäftsbeziehungen optimal gestalten

Amerika für Geschäftsleute macht deutlich, daß im deutsch-amerikanischen Geschäftsleben der Erfolg von einer Vielzahl zum Teil verborgener Faktoren abhängt. Wir helfen Ihnen, Ihr US-Engagement optimal zu gestalten.

Erfolgreiches Engagement im US-Markt. Der Weg zur Weltmarktführerschaft führt in jedem Fall über die USA. Daher stehen viele Unternehmen vor der Frage, wie sie den Markteintritt in die USA bewerkstelligen bzw. ihre Marketingstrategien dort radikal verbessern können. Der größte und häufigste Fehler besteht darin zu glauben, daß man die in Deutschland oder Europa erfolgreiche Strategie auf die USA übertragen kann. Simon, Kucher & Partners helfen, optimal US-Stratgien zu entwickeln und umzusetzen. Wir haben bisher mehr als 500 Marketing-Problemlösungen für viele weltweit führende Unternehmen in mehr als 25 Ländern erarbeitet.

Simon, Kucher & Partners ist ein führendes Beratungsunternehmen mit über 100 Professionals in Deutschland, Österreich und den USA.

Organisationsentwicklung und Geschäftsintegration nach deutsch-amerikanischen Unternehmenszusammenschlüssen. Max Otte ist Spezialist für Post-Merger-Business-Integration, insbesondere in einem deutsch-amerikanischen Kontext. Er steht auch als Beiratsmitglied für alle Fragen im Zusammenhang mit einem US-Engagement zur Verfügung.

Prof. Dr. Max Otte
Boston University
152 Bay State Rd. Center
Boston, MA 02215
maxotte@bu.edu
T.: (001)-617-353-9399
F.: (001)-617-353-9290

Simon, Kucher & Partners
Dr. Klaus Hilleke
Haydnstr. 36
53115 Bonn
khilleke@simon-kucher.com
T.: 0228-98 43 0
F.: 0228-98 43 120

Simon, Kucher & Partners
Dr. Boris Simkovich
One Cambridge
Cambridge, MA 02142
bsimkovich@simon-kucher.com
T.: (001)-617-576-2750
F.: (001)-617-576-2751

+++www.bu.edu/ir/faculty/otte+++www.simon-kucher.com+++

Bitte beachten Sie
die folgenden Seiten

Achtung: Steuersparmodelle!

Nach dem Wegfall der Sonderabschreibung für Ost-Immobilien ab 1999 fürchten Steuersparer harte Zeiten. Zu Unrecht. Bestseller-Autor Peter Wendling zeigt lukrative Steuerschlupflöcher und gibt einen Eindruck in die Strukturfonds der EU. Wer sich als Steuerzahler vom Fiskus nicht völlig übers Ohr hauen lassen möchte, dem wird in diesem Buch gesagt, wie er es vermeiden kann.

Peter Wendling im Bild auf dem Cover:

Peter Wendling
Finanztips für
Querdenker
Steuerschlupflöcher und
Fördertöpfe
Originalausgabe
160 Seiten
Ullstein TB 35827

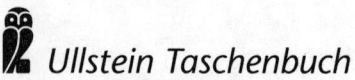

Ullstein Taschenbuch

Gewinnen mit Wachstumsaktien

Die 100 besten Aktien der
Welt, zusammengestellt
von den Spezialisten des
renommierten Stuttgarter
Aktien-Clubs. Ideal für alle
Börsenneulinge,
die sich langfristig ein
wirklich gewinnbringen-
des Depot anlegen wollen.

»Der Stuttgarter Aktien-
Club hat in seiner Börse
Aktuell die besten
Aktientips gegeben.«
MANAGER-MAGAZIN

Erfolgshandbuch des
Stuttgarter Aktien-Clubs
**Die 100 besten Aktien
der Welt**
Originalausgabe
208 Seiten
Ullstein TB 35855

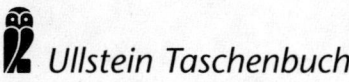

Verkaufsstil à la française

Kleineren und mittleren
Unternehmen bietet dieses
Buch die nötigen Informa-
tioen, um in den französischen Markt einsteigen zu
können. Es enthält Tips
zu Markterkundung und
-erschließung, zu Wer-
bung, Vertrieb, Personal
und zur Wahl der Rechts-
form.
»Dieser Ratgeber, aus der
Praxis für die Praxis,
genießt geradezu Selten-
heitswert. Er ist locker
formuliert, hilfreich und
über die Maßen anre-
gend.« Dr. Richard Weber,
Geschäftsführer der
Karlsberg Brauerei KG

Norbert J. Breuer
**Frankreich für
Geschäftsleute**
Den Markt erschließen
Gekonnt verhandeln
Erfolgreich verkaufen
332 Seiten
Ullstein TB 35790

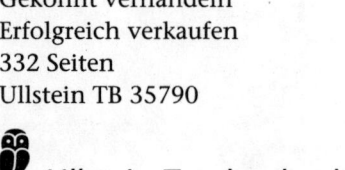

Ullstein Taschenbuch